Dr. Bernhard Steidle (Herausgeber)

Lexikon der Skandale

Dr. Bernhard Steidle

Lexikon der Skandale

Sündenregister deutscher Politiker

FZ-VERLAG

Gesamtherstellung: Druckerei Rautenberg – Leer
Printed in Germany

ISBN 3-924 309-11-6

VORWORT

Schon zu Zeiten der sozialliberalen Koalition haben handfeste Affären und die Preisgabe nationaler Rechte (erwähnt seien der Spionagefall Guillaume und die sog. „Ostverträge") das Vertrauen in unsere Politiker und den Glauben an ihren echten Einsatz für deutsche Interessen schwer erschüttert, zumal damals von denselben Leuten die immer massiver werdende einseitige Vergangenheitsbewältigung zu Lasten des eigenen Volkes maßgeblich vorangetragen wurde. Seit dem Beginn der sogenannten Wende-Regierung wird der Ausverkauf deutscher Interessen durch gewählte Volksvertreter weit stärker betrieben als vorher.
Dieses Buch zeigt anhand politischer Skandale, die den Weg etablierter Politiker säumen wie Meilensteine, eindringlich und eindeutig, wohin diese Politik führt.
Die einseitige Vergangenheitsbewältigung, Zuweisung von Kollektivschuld und Kollektivverantwortung durch die eigenen Politiker wird von Jahr zu Jahr stärker gepflegt und genährt.
Weit über 200000 Kinder werden Jahr für Jahr auf grausame Weise, meist aus „sozialen" Gründen, „legal" dem Mutterleib entrissen.
Wie den Ungeborenen fehlt auch den alten Menschen eine Lobby. Eine halbe Million alter Menschen hat weniger als den Sozialhilfesatz, von dem über 3 Millionen Menschen in Westdeutschland leben müssen, zum Lebensunterhalt zur Verfügung.
Mit Vehemenz wird der Ausverkauf deutscher Souveränität an die EG betrieben. Viele Dutzende Milliarden deutscher Steuergelder fließen ohne Gegenleistungen in die Gemeinschaftskanäle der EG.
Jede Mark kann aber auch von Politikern nur einmal ausgegeben werden. Deshalb fehlen Gelder für eine wirkliche familien- und kinderfreundliche Sozialpolitik.
Deshalb müssen Verbrauchssteuern und andere staatliche Maßnahmen dem Bürger immer mehr nehmen.
Dazu paßt die hemmungslose Selbstbedienung der etablierten Parteien und Politiker aus Steuerkassen.
Asylbetrug in größtem Ausmaß und dessen Duldung durch Behörden kosten die Bürger Milliarden und tragen zur Überfremdung bei.

Die Kriminalität steigt in bedrohlichem Ausmaß, viele Verbrecher erhalten Urlaub auf Ehrenwort und werden rückfällig, Terroristen sollen begnadigt werden. Gleichzeitig werden 70–80-jährige alte Menschen für angebliche oder tatsächliche Verbrechen noch bald ein halbes Jahrhundert nach der behaupteten Tat vor Gericht geschleppt. Verbrechen der Siegermächte werden nicht verfolgt.
Bereits diese wenigen Beispiele zeigen, daß auf diesem Weg, den uns die „Wende-Regierung" aufzwingt, unsere politische und wirtschaftliche Souveränität ebenso auf der Strecke bleibt wie unsere nationale Identität.
Viele Politiker gehen ohne Skrupel und Moral mit der ihnen anvertauten politischen Macht um. Auch hier kann das vorliegende Lexikon der Skandale traurige Beispiele aufzeigen.
Nicht wenige unserer Volksvertreter haben längst in ihrem Versprechen, den Nutzen des deutschen Volkes zu mehren und Schaden von ihm zu wenden, das deutsche Volk durch die eigene Person ersetzt.
Es wird Zeit, daß Politiker das Volk vertreten und begünstigen, von dem sie gewählt und bezahlt sind.
Es wird Zeit, daß unsere führenden Politiker ein gesundes nationales Selbstbewußtsein haben und zeigen, das Signalwirkung für Millionen haben kann, wieder stolz auf das eigene Volk und seine Leistungen zu sein, so wie es für Franzosen, Engländer, Italiener und alle anderen Völker ganz selbstverständlich ist.
Es ist allerhöchste Zeit, daß eine neue politische Kraft die Ziele deutscher Politik neu steckt: im Sinne des Grundgesetzes, demokratisch, rechtstaatlich, national orientiert.
Dann wird auch der Weg ein anderer sein und nicht mehr begleitet von politischen Skandalen, wie sie in diesem Buch aufgedeckt werden.

Dr. Gerhard Frey
Vorsitzender der Deutschen Volksunion – Liste D

EINFÜHRUNG

Wollte man sämtliche Polit-Skandale der letzten Jahrzehnte in allen Einzelheiten darstellen: Ein vielbändiges, umfangreiches und unerschwinglich teures Lexikon wäre erforderlich. Es war also eine zeitliche und thematische Begrenzung nötig, 102 eklatante Fälle der letzten Jahre wurden ausgewählt.

Die Beleuchtung weiterer Skandale muß eventuellen Fortsetzungsbänden vorbehalten bleiben. Jedem Leser werden Beispiele in den Sinn kommen: Denken wir an die verfassungswidrige Verzichtspolitik in bezug auf das Saarland, an die skandalöse Überlassung des bei Marktredwitz gelegenen Stadtwaldes Eger an die Prager Machthaber, die Abtretung des Mundatwaldes an Frankreich. Denken wir an den Skandal um Bundestagspräsident Gerstenmaier, der als Chef des Hohen Hauses eine Wiedergutmachungspraxis durchsetzte, die ihm nachträglich den „entgangenen" Professorentitel, verbunden mit enormen Nachzahlungen und allmonatlichen Bezügen, sicherte. Ein Beispiel aus jüngerer Zeit: Das erschütternde Geiseldrama von Gladbeck, Bremen und Köln. Es zeigten sich die harten Folgen der weichen Welle. Unter den Augen einer von etablierten Politikern zur Untätigkeit verdammten Polizei konnten vorzeitig aus der Haft entlassene Schwerverbrecher morden.

Andere Schurkenstreiche und deren künftige Weiterungen, beispielsweise der niedersächsische Kasino-Skandal, sind ebenso Fälle für den Folgeband.

Die Redaktion des Lexikons ist für Hinweise, Ergänzungen und Anregungen zu den behandelten Skandalen und weiteren Affären aus Geschichte und Gegenwart deutscher Politik dankbar.

ABTREIBUNG

Zu den skandalösesten Erscheinungen unserer Gesellschaft zählt das Abtreibungsunrecht. Was derzeit von herrschenden Politikern geduldet und mit öffentlichen Geldern finanziert wird, ist verfassungswidrig.

Im Bundesverfassungsgerichts-Urteil vom 22. Februar 1975, mit dem das bundesdeutsche Höchstgericht die ursprünglich den Ungeborenen noch geringeren Schutz gewährende SPD/FDP-Fristenlösung für verfassungswidrig erklärte, hieß es: „In der Rechtsordnung muß die Mißbilligung des Schwangerschaftsabbruchs klar zum Ausdruck kommen. Der Staat darf sich seiner Verantwortung auch nicht entziehen, indem er sich der Wertung enthält und diese der eigenverantwortlichen Entscheidung des einzelnen überläßt." Die gegenwärtige Abtreibungspraxis widerspricht dieser Maßgabe des Bundesverfassungsgerichts.

Die Zahl der gemeldeten Abtreibungen hat sich 1987 um fünf Prozent auf rund 88500 erhöht. Wie das Statistische Bundesamt mitteilt, werden 87 Prozent der Schwangerschaftsabbrüche mit einer „sozialen Notlage" begründet. Nach Berechnungen der Bundesregierung wird nicht einmal die Hälfte der tatsächlichen Abtreibungen gemeldet, obwohl gesetzliche Meldepflicht besteht. Man müsse von über 200000 Abtreibungen pro Jahr in der Bundesrepublik ausgehen, teilt Bonn mit. In einer Großstadt wie Bremen wird beinahe jede zweite Schwangerschaft abgebrochen. Im Jahre 1986 endeten dort 42,6 Prozent der Schwangerschaften mit einer Abtreibung.

Energische Schritte gegen das Abtreibungsunrecht zählten zu den Wendeversprechungen der Kohl-Regierung. Doch geschehen ist nichts Entscheidendes. Seit der „Wende" verloren weit über eine Million Kinder durch Abtreibung ihr Leben. Sie hatte kaum den Amtseid geleistet, den Nutzen des deutschen Volkes zu mehren und Schaden von ihm abzuwenden, da stellte Bundesfamilien- und -gesundheitsministerin Süßmuth klar: „Schwangerschaftsabbrüche sollen weiterhin von den Krankenkassen bezahlt werden."

Einigen Kräften in der Bundesrepublik geht die jetzt schon bestehende Abtreibungs„freiheit" immer noch nicht weit genug. Am 12. März 1986 bekundete die damalige Bundesvorsitzende von Pro Familia, Melitta Walter, in einem Gespräch mit der „tageszeitung": „Ich

„Kassen sollen weiter Abtreibung zahlen“

Rita Süssmuth als Familienministerin vereidigt

tz Bonn

Die 48jährige Dortmunder Erziehungswissenschaftlerin Rita Süssmuth (CDU) ist am Donnerstag von Bundespräsident Richard von Weizsäcker zum neuen Bundesminister für Jugend, Familie und Gesundheit ernannt und anschließend im Bundestag vereidigt worden. Rita Süssmuth, die bisher den Bundesfachausschuß Familienpolitik der CDU und die Kommission „Ehe und Familie“ des Zentralkomitees der Deutschen Katholiken leitete, ist die zweite Frau im Kabinett Kohl.

Die neue Ministerin, die Heiner Geißler ablöst, sieht nach ihren Worten im Gesundheitsbereich die zentrale Aufgabe ihrer Arbeit. Aber auch der Frauen- und Jugendpolitik gelte ihre besondere Aufmerksamkeit.

Im Gesundheitswesen sei ein „grundlegendes Umdenken“ notwendig. Der Gesundheitsbegriff müsse angesichts der hohen Zahl seelischer Erkrankungen möglichst weit gefaßt werden. Entschieden wandte sie sich gegen alle Forderungen, die Abtreibungen auf Krankenschein zu beenden: „Schwangerschaftsabbrüche sollten weiterhin von den Krankenkassen bezahlt werden.“

Zum Thema AIDS sagte Frau Süssmuth, die Aufklärung über die Immunschwächekrankheit müsse verstärkt werden, um einer drohenden Hysterie vorzubeugen. Mit allen zur Verfügung stehenden Mitteln müsse verhindert werden, daß AIDS-Kranke ausgegrenzt werden.

In der Frauenpolitik will sie sich besonders für eine bessere berufliche Qualifikation einsetzen. Sie begrüßte die Diskussion um Quoten – die anteilige Besetzung von Arbeitsplätzen mit Frauen – weil damit Druck ausgeübt werde.

Rita Süssmuth bei der Vereidigung im Bonner Bundestag

Sie hatte kaum den Amtseid geleistet, den Nutzen des deutschen Volkes zu mehren und Schaden von ihm abzuwenden, da stellte Gesundheits- und Familienministerin Süßmuth klar, was sie unter dieser Verpflichtung versteht.

will die ersatzlose Streichung des Paragraphen 218. Die Frauen sollen die Möglichkeit haben, morgens in eine Arztpraxis zu gehen, den Abbruch durchführen zu lassen und zwei Stunden danach nach Hause zu gehen." Erschwerungen bei der Abtreibung seien eine „Strafe für gelebte Sexualität".

Am 30. April 1988 zitierte der „Bayernkurier" die neue Bundesvorsitzende von Pro Familia, Simmel-Joachim, mit den Worten, das Ungeborene sei ein „wachsender Keimling in der Frau". Pro Familia wird mit Millionenbeträgen aus der Steuerkasse von Bund, Ländern und Gemeinden finanziert.

Ende April 1988 ging folgende Meldung durch die bundesdeutsche Tagespresse: „Man soll nicht mehr von ‚ungeborenem Leben', sondern von ‚unerwünschtem Zellgewebe im Körper der Frau' sprechen, fordert die grüne Bundestagsabgeordnete Jutta Oesterle-Schwerin in einem Positionspapier zum Paragraphen 218. In ihrem Entwurf stand wörtlich: ‚Es tut mir leid; aber das Abholzen von 50 Jahre alten Kastanien tut mir wirklich viel mehr weh als das Absaugen von Zellgewebe, das eine Frau in ihrem Körper nicht haben will." Ein Embryo sei in den ersten Wochen „Urschleim".

Dem stehen die Erkenntnisse der modernen Wissenschaft entgegen: Dr. Bernard Nathanson, einst Chef der größten amerikanischen Abtreibungsklinik, hat die Tötung eines zwölf Wochen alten Ungeborenen im Mutterleib mit allen technischen Hilfsmitteln (z. B. Ultraschall) gefilmt. Der Film zeigt ein wehrloses Menschenwesen, das mit allen physiologischen Anzeichen äußerster Angst und zuletzt mit einem zum lautlosen Schrei weit geöffneten Mund vergeblich dem gewaltsamen Tode durch die zerstückelnde Abtreibungsmaschine zu entfliehen versucht. Nathanson, dessen jüdische Vorfahren aus Deutschland stammen, beschloß, nie wieder eine Abtreibung vorzunehmen und wurde zu einem der engagiertesten Verfechter der Rechte der Ungeborenen.

In der Bundesrepublik Deutschland kam es zu Überfällen militanter Feministinnen, als Nathansons Film „Der stumme Schrei" aufgeführt werden sollte. Als Fernseh-Moderator Günther von Lojewski größere Ausschnitte zeigen wollte, wurde er daran von den Mächtigen des öffentlich-rechtlichen Fernsehens gehindert. Argument: Der Film sei „zu grausam". Dazu Professor Dr. Josef Pieper von der Universität Münster: „Jede Woche bekommt man im deutschen Fernsehen ein Dutzend Morde zu sehen, aber dieses in unserem

Prospekt der Europäischen Ärzteaktion gegen den Abtreibungsmißbrauch. Seit Kohls Regierungsübernahme sind weit mehr als eine Million Kinder im Mutterleib getötet worden. Die CDU/CSU-geführte Bundesregierung unternimmt nichts gegen das Abtreibungsunrecht.

Lande alljährlich mehrtausendfach tatsächlich Geschehende mit seinem wahren Gesicht vor die Augen zu bringen, soll zu grausam sein?"

Mutter Teresa, die sich in den Elendsvierteln von Kalkutta um Leprakranke und andere vom Schicksal geschlagene Menschen kümmert, nahm 1988 anläßlich eines Österreich-Besuchs zum Thema Abtreibung Stellung. Die katholische Ordensfrau und Friedensnobelpreisträgerin sagte: „Abtreibung ist doppeltes Töten. Ein Töten des Kindes und ein Töten des Bewußtseins der Mutter." Es sei ihr unverständlich, daß die Leute in den reicheren Ländern Angst davor haben, ein Kind mehr zu bekommen, aber einen Fernsehapparat oder ein Auto zusätzlich erstreben.

Nach Ansicht des Fuldaer Erzbischofs Johannes Dyba bedeutet das Abtreibungsunrecht an jährlich Hunderttausenden Kindern einen Holocaust, der zur Vernichtung des Volkes führe. In einem Interview betonte er im August 1988: „Uns hilft nur radikale Besinnung und Umkehr."

„Wir müssen uns fragen, ob wir uns mit unserem staatlich finanzierten Kindertötungsgeschäft nicht ganz bedenklich den Selektionen einer vergangenen Epoche nähern“, sagt der katholische Geistliche. „Auch wenn Politiker über nichts zorniger reagieren als über Vergleiche mit der braunen Vergangenheit: Hier wie dort maßt sich der Mensch die Entscheidung über Leben und Tod unschuldiger Menschenkinder an; hier wie dort erhebt er die Hand gegen von Gott gewolltes Leben; hier wie dort wird das Gericht Gottes ihn treffen.“
Dyba: „Wenn das geltende Recht die Massentötung von ungeborenen Kindern ermöglicht, dann ist entweder ein haarsträubender Mißbrauch des geltenden Rechts im Gange, gegen das die Verantwortlichen nicht einschreiten – oder aber das geltende Recht ist Unrecht. Auf jeden Fall ist der Verfassungsauftrag zum Schutz des Lebens schmählich verraten worden.“

ABTREIBUNGSKOSTEN

Ganz abgesehen von dem entsetzlichen Leid, das durch das Abtreibungsunrecht verursacht wird, entstehen auch gewaltige Kosten für die Gemeinschaft. Dieses Geld wäre sinnvoller angewendet, würde man damit tatsächlich in Not geratenen Frauen und Familien helfen.
Seit dem „Wende“-Jahr 1982 werden die Abtreibungskosten nicht mehr in den offiziellen Statistiken gesondert ausgewiesen. Laut letzter verfügbarer Statistik wurden 1981 von den gesetzlichen Krankenversicherungen 242 Millionen Mark für „Folgekosten legaler Abtreibungen“ aufgewendet.
Diese Summe zeigt nur einen Teil der öffentlichen Aufwendungen für das Töten Ungeborener. Inoffizielle Schätzungen im Bundessozialministerium gehen von insgesamt einer Milliarde Mark Abtreibungs-Kosten pro Jahr aus.
Die Obrigkeit gibt darüber hinaus Millionenbeträge jährlich als Beihilfe für Beamtinnen sowie Beamtenfrauen und -töchter, die die Schwangerschaft abbrechen. Weitere Millionenbeträge werden der Organisation Pro Familia überwiesen.
Die langfristigen Folgekosten (Erschütterung des Generationenvertrages durch mangelhafte Geburtenrate: es werden fast soviel Kinder abgetrieben wie zur Bestandserhaltung der Bevölkerung geboren werden müßten) sind gigantisch.

Im Februar 1988 meldete die Deutsche Wochen-Zeitung: „Genial, wie Heiner Geißler das Problem der Abtreibungen lösen will: Künftig soll das Geld für die Tötungen Ungeborener aus dem Steuersäckel entnommen werden statt wie bisher aus den Rücklagen der Krankenkassen. Wahrhaft eine Wende, wie sie der CDU angemessen ist! Für die leidenden Ungeborenen, die ihr Mündchen bei den ersten Zerstückelungsversuchen der Abtreibungsgeräte zum stummen Schrei öffnen, macht es kaum einen Unterschied, ob das Unrecht von den Krankenkassen oder aus Steuermitteln finanziert wird."

ABTREIBUNGSWERBUNG

Von der zum Schutz des werdenden Lebens verpflichteten Obrigkeit ungehindert, können in- und ausländische Abtreibungsprofis für ihr „Handwerk" in der Bundesrepublik Deutschland werben.
1988 berichtete der Deutsche Anzeiger über einen besonders eklatanten Fall: Die gezielten Werberundschreiben des niederländischen Abtreibungs-Arztes Charles N. Schlebaum (Amsterdam). Zum „Angebot" der Schlebaum-Klinik zählen Abtreibungen bis zur 17. (!) Schwangerschaftswoche sowie Sterilisationen. Wer ein Ungeborenes im Alter von vier Monaten töten lassen will, hat eine Gebühr von DM 675,– zu entrichten. Die Tötung eines drei Monate alten Ungeborenen kostet DM 425,–. Minderjährige brauchen lediglich eine Erklärung, unterzeichnet von einem Elternteil, mitbringen, auf der es heißt: „Ich, Unterzeichneter, Vater/Mutter der Minderjährigen . . ., bin einverstanden mit einem medizinischen Eingriff."
Dr. Schlebaum erläutert auch, warum die „Behandlung als angenehm und gut empfunden wird": „Schwangerschaftsabbruch wird bis 18 Wochen nach der letzten Regel mittels Saugkürettage unter örtlicher Betäubung vorgenommen." Bei dieser Abtreibungsmethode wird das Ungeborene mit einem Sauggerät aus dem Mutterleib gerissen, und es stirbt. Das Kind ist dabei nicht betäubt.

ACHTER MAI

Der 8. Mai 1945, also die bedingungslose Kapitulation der Deutschen Wehrmacht und der Beginn des Leidens von Millionen Ostdeutschen und Osteuropäern, konnte erst nach der „Wende" als Tag der Befreiung offiziell begangen werden. 1965, zum 20. Jahrestag der

PSE AMSTERDAM

Population Services Europe

Diezestraat 42-44
1078 JS Amsterdam
Tel. (0)20-73 72 41

Amsterdam, 1. Februar 1988.

Sehr verehrte Frau Kollegin,
Sehr geehrter Herr Kollege,

Wahrscheinlich ist unsere Klinik Ihnen bereits bekannt, weil wir seit 1975 aktiv Hilfe leisten im Bereich der Familienplanung, besonders Schwangerschaftsabbruch.

Mehrmals haben wir erfahren, dass unsere Klientinnen und ihre Begleiter grossen Wert legen auf die etspannen Atmosphähre und die persönlichte Herantretung, die sie in unsere Klinik erfahren. Das ist möglich durch die Sonderbildung unserer Angestellten, die mehrere Fremsprachen geläufig sprechen.

Die Ansicht und Anstalt der Klinik erinnert in keiner Weise an ein Krankenhaus, was für unsere Klientinnen sehr beruhigend ist.

JETZT HABEN WIR DIE GENEHMIGUNG ZUM ABBRUCH DER SCHWANGERSCHAFTEN DIE LÄNGER ALS 13 WOCHEN FORTGESCHRITTEN SIND.

Die Behandlung ist praktisch gleich wie bei Jungschwangerschaften, aber sie dauert länger. Auch ist die Ruhezeit nach der Behandlung länger und die überwachung intensiver. Dazu ist mehr Personal anwesend.

Nachstehend treffen Sie Auskunft an über die Behandelpreise in 1988.

Abbruch bis zum 13 wochen	DM 425.--
" " " 17 wochen	DM 675.--
Anti-D Gammaglobulin	DM 50.--
Spirale einlegen	DM 80.--
Spirale entfernen	DM 25.--
Schwangerschaftstest	DM 25.--
Konsultation (einschliesslich Ultraschall)	DM 50.--
Blutgruppebestimmung	DM 15.--
Vasektomie (Sterilisation des Mannes)	DM 400.--

Im Vertrauen, dass wir Ihnen hiermit gedient haben, und gerne zu weiteren Auskünften bereit, verbleiben wir

mit vorzüglichster Hochachtung,

ärztliches Team der PSE-Klinik.

Anlage: Prospekt.

Member of the World Federation of Health Agencies for the Advancement of Voluntary Surgical Contraception.
K.v.K. Amsterdam nr.: S 198242

So wirbt das Amsterdamer Abtreibungszentrum des Dr. Charles N. Schlebaum um weitere Opfer. Minderjährige deutsche Mädchen, deren Ungeborene Schlebaum tötet, brauchen lediglich eine Erklärung vorlegen, in der Vater oder Mutter ihr Einverständnis erklären „mit einem medizinischen Eingriff".

Kapitulation, erklärte der damalige bundesdeutsche Botschafter in Moskau, Hans Kroll, man könne doch nicht „auf die eigene Niederlage trinken". Zum 30. Jahrestag, 1975, begnügte sich Bonn mit einer Gedenkstunde in der Schloßkirche der Universität. Das Auswärtige Amt verbot seinen Diplomaten „eine Teilnahme an Siegesfeierlichkeiten und den aus ihrem Anlaß veranstalteten Empfängen".
Die neue Sprachregelung wurde – wie so oft – vom „Zeit"-Chef und langjährigen CDU-Bundestagsabgeordneten Gerd Bucerius vorgegeben. Er schrieb in der „Zeit" vom 18. Januar 1985: „Die Deutschen haben die Welt nicht von Hitler befreit. Ich glaube, sie wären mit dem siegreichen Führer bis ans Ende der Welt gegangen. Sollen die anderen vergessen, daß sie für die Freiheit – auch für unsere Freiheit – ihr Blut vergossen haben?"
Wenige Tage später, am 27. Januar 1985, äußerte Berlins Bürgermeister Eberhard Diepgen (CDU) öffentlich, wenn man die Frage stelle, ob der 8. Mai 1945 ein Tag der Befreiung gewesen sei, so sage er „uneingeschränkt ja". Ähnlich ließ sich der Bundeskanzler Ende April 1985 bei seiner Ansprache in der Gedenkstätte Bergen-Belsen ein.
Bundespräsident Richard von Weizsäcker griff das Wort vom „Tag der Befreiung" in seiner berühmten 8.-Mai-Rede 1985 im Deutschen Bundestag auf. Auszüge aus jener Ansprache des Bundespräsidenten: „Schonung unserer Gefühle durch uns selbst oder durch andere hilft nicht weiter. Es wurde von Tag zu Tag klarer, was es heute für uns alle gemeinsam zu sagen gilt: Der 8. Mai war ein Tag der Befreiung. Hitler hatte das ganze deutsche Volk zum Werkzeug seines Hasses gemacht. Wir alle, ob schuldig oder nicht, ob alt oder jung, müssen die Vergangenheit annehmen. Wir alle sind von ihren Folgen betroffen und für sie in Haftung genommen. Das trostlose Ergebnis der Sünde ist immer die Teilung. Die eigene Heimat ist mittlerweile anderen zur Heimat geworden. Der erzwungenen Wanderschaft von Millionen Deutschen nach Westen (der Präsident meint die grausame Vertreibung, d. Red.) folgten Millionen Polen und ihnen wiederum Millionen Russen . . . Es heißt, den widerstreitenden Rechtsansprüchen das Verständigungsgebot überzuordnen. Nie gab es auf deutschem Boden einen besseren Schutz der Freiheitsrechte als heute."
Die Rede des Präsidenten wurde zum Signal, das sich auf alle gesellschaftlichen Bereiche auswirkte: Die Münchner „AZ" z. B.

fragte junge Schriftsteller, wie sie den 8. Mai sehen: „Es ist ein Jahrestag der Befreiung." (Friederike Roth, Jahrgang 1948). „Der Gedanke, die Deutschen hätten den Krieg gewonnen, ist furchtbar." (Klaus Kordon, Jahrgang 1943). „Ich wünsche unserer Nation zum 8. Mai in jedem Jahr neue Verlegenheiten." (Friedrich Christian Delius, Jahrgang 1943). „Am 8. Mai 1945 wurde unsere Jugend gerettet." (Helmut Ruge, Jahrgang 1940). „Es ist wichtig, auch noch in 400 Jahren daran zu denken." (Ludwig Fels, Jahrgang 1946).
Am 7. November 1987 hieß es in den „Harburger Anzeigen und Nachrichten": „Zum Abschluß des Besuches des britischen Thronfolgerpaares in Hamburg hob Bürgermeister von Dohnanyi bei einem Gala-Dinner im Festsaal des Rathauses die besonders enge Verbundenheit der Hansestadt mit dem Inselreich hervor. Der Bürgermeister verwies dabei ebenso auf die historisch gewachsenen Handelsbeziehungen wie auf die Rolle Großbritanniens bei der Befreiung Deutschlands vom Nazi-Joch. Im Mai 1945 hätten britische Truppen Freiheit und Menschenwürde wieder nach Hamburg gebracht. ‚Wir vergessen das nicht', sagte Dohnanyi."

AIDS

Ende der 70er Jahre tauchten die ersten Berichte aus US-Amerika über die tödliche Immunschwäche-Krankheit auf. Ab 1981 gab es in der Fachwelt keinen Zweifel über das epidemische Ausmaß, das früher oder später auch die Bundesrepublik bedrohen würde. Die verantwortlichen Gesundheitspolitiker hierzulande jedoch trafen keine Vorsorgemaßnahmen. So konnte es geschehen, daß verseuchte Blutkonserven mit Spenderblut aus US-Slums importiert wurden, wodurch sich zahlreiche Bluter ansteckten. Auch eine ausreichende Aufklärung der Bevölkerung über die Gefahren und die hauptsächlichen Risikogruppen wurde in der Bundesrepublik unterlassen, so daß sich die Krankheit bei uns ausbreiten konnte. Als Konsequenz fiel der zuständigen Gesundheitsministerin eine verstärkte Kondom-Werbung ein.
Selbst dem „Spiegel" blieben die Versäumnisse bundesdeutscher Etablierter nicht verborgen. In der Ausgabe Nr. 47/1987 schrieb das Blatt: „‚Nutzt die drei Jahre Vorsprung, die ihr habt!' hat der

homosexuelle US-Pornostar Richard Locke 1985 seine deutschen Brüder ermahnt. Niemand hat das ernsthaft versucht, weder die Homosexuellen noch das Gesundheitsministerium . . . Der Staat und seine Gesundheitsbehörden verzichten darauf, sich einen zuverlässigen Überblick über Umfang und Ausbreitung der gefährlichsten Seuche, die wir im Lande haben, zu verschaffen. Namentlich meldepflichtig sind Masern, Scharlach, Rotz und sogar der Verdacht, jemand könne an der Papageienkrankheit leiden – Aids ist es nicht, nicht einmal anonym."

Im „Spiegel" vom 8. Juni 1987 hieß es ferner: „6000 Bundesbürger, fast ausschließlich Männer, sind Bluter. Häufig war das Blutplasma-Konzentrat, gespendet von mittellosen Bewohnern amerikanischer Slums, vom tödlichen HIV-Virus verseucht. Erst seit 1985 sind alle Blutplasma Aids-sicher." Professor Helmut Güttich schreibt in seiner 1988 erschienenen Broschüre „Aids – Eine Seuche verändert die Welt": „Die alte Weisheit ‚Wehret den Anfängen!' hätte hier ihre ganze Wahrheit beweisen können. Wir hatten eine günstige Lage, denn wir beobachteten einige Jahre, was diese Krankheit in Afrika und den USA bewirkte. Wir sahen, welche Mittel vergeblich gegen Aids versucht wurden. Dieser Vorsprung wurde völlig vertan."

Etablierte drücken sich auch darum, moralische Verfehlungen, die für die Ausbreitung von Aids mitverantwortlich sind, beim Namen zu nennen. Vergeblich mahnte der Kölner Erzbischof Höffner 1987, Sittenverfall und unmoralische Lebensweise würden die weitere Verbreitung des Todesvirus begünstigen. Höffner forderte vor allem den Staat auf, die sittliche Ordnung wiederherzustellen. Der Staat trage die größte Verantwortung für die Einhaltung der Sittengesetze. Ungehört blieb auch die Anregung der nationalen Presse. Die Deutsche Wochen-Zeitung beispielsweise schrieb am 19. Juni 1987: „Vor dem Hintergrund der tödlichen Gefahren erscheinen obligatorische Aids-Tests für alle Personen, die aus besonders Aids-gefährdeten Gebieten in die Bundesrepublik kommen, dringend geboten. Wem soll damit gedient sein, wenn die Seuche durch Zuzug infizierter Personen von außen auch in unserem Land zahllose Menschen zusätzlich ins Unglück stürzt?"

Durch Meldepflicht, vor allem jedoch durch Aids-Regeluntersuchungen bei Ausländern, ist es in der „DDR" gelungen, das Problem erheblich besser einzugrenzen als in der Bundesrepublik. „Aids dürfte, zumindest für einen gewissen Zeitraum, zu einem erheblichen

Selektionsvorteil der DDR im Vergleich zur Bundesrepublik führen", mutmaßen die Aids-Fachleute E. B. Helm und Wolfgang Stille. In Japan sind bei einer Bevölkerung von 120 Millionen 986 Aids-Infizierte registriert. Damit ist das ostasiatische Inselreich von allen Industriestaaten westlicher Prägung verhältnismäßig am geringsten von der Seuche befallen. 930 der japanischen Aids-Träger (= 95%) wurden durch Transfusionen mit verseuchtem Blut angesteckt, teilte das Gesundheitsministerium in Tokio mit.
Die relativ geringe Zahl von Aids-Infektionen wird auch auf Japans strikt abschottende Einwanderungspolitik zurückgeführt. Es leben dort nur 800000 Fremde mit ständigem Wohnsitz; die meisten von ihnen sind Koreaner. Das ergibt eine Ausländerquote von 0,6 Prozent. Personen aus besonders hart von der Aids-Seuche betroffenen Regionen haben praktisch keine Chance, sich in Japan anzusiedeln.
Nur vier Angehörigen anderer Staaten wurde im ganzen Jahr 1987 an den Grenzen der Bundesrepublik die Einreise wegen Aids verweigert.
Über besondere Gefährdungen infolge Aids und Drogensucht berichtete die Deutsche Wochen-Zeitung am 2. Oktober 1987: „Dazu fällt den Grünen, ansonsten immer vorneweg bei der Frage nach Entsorgung gefährlicher Stoffe, nichts ein: Nach Erkenntnissen der Frankfurter Polizei werfen Heroinsüchtige die neuerdings an sie gratis verteilten Einweg-Spritzen nach Gebrauch einfach weg. Solche Spritzen wurden bereits in Gebüschen nahe Kinderspielplätzen oder Schulen gefunden. Daraus ergibt sich wegen Aids eine besondere Gefährdung der dort spielenden Kinder (bei 40 Prozent der Frankfurter Heroin-Toten wurde eine Aids-Infizierung festgestellt). Ein Frankfurter Schulleiter will jetzt konkrete Schritte zur Gefahrenabwehr einleiten. Er hat um Geldbewilligung für einen hohen, undurchlässigen Zaun nachgesucht, der um das Gelände der Schule errichtet werden soll. Voraussichtliche Kosten: 43000 Mark."
Laut einer Meinungsumfrage, veröffentlicht im „Spiegel" Nr. 36/1987, stimmen 66% der Bundesbürger verstärkten Einreisekontrollen wegen Aids zu (20% Ablehnung; Rest Enthaltung). Für verstärkte Kontrollen der Risikogruppen sind 74%, für Meldepflicht der Aidskranken 55%. Bonn ergreift keine dieser Maßnahmen.

ANTIDISKRIMINIERUNGSGESETZ

Mit einem „Antidiskriminierungsgesetz“ sollen Kritiker der herrschenden Überfremdungspolitik mundtot gemacht werden. Unter dem Deckmantel der Abwehr der „Ausländerfeindlichkeit“ ist geplant, die Meinungsfreiheit einzuschränken und auf diese Weise das deutsche Volk im eigenen Land weiter zu entrechten.
Als erste Maßgebliche brachte die CDU-Ausländerbeauftragte des Berliner Senates, Barbara John, ein solches Gesetz in die Diskussion. Im September 1986 meldete die Presse: „Frau John befürwortet ein Antidiskriminierungsgesetz nach amerikanischem Muster.“
Am 2. März 1988 meldete die „Frankfurter Rundschau“: „Ausländer müssen nach Ansicht der CDU-Sozialausschüsse vor Diskriminierungen besser geschützt werden. In einem in Bonn vorgelegten Thesenpapier zum Ausländerrecht fordert eine Kommission der Christlich-Demokratischen Arbeitnehmerschaft (CDA) ein Antidiskriminierungsgesetz, in dem ausländerfeindliche Äußerungen und Verhaltensweisen unter Strafe gestellt werden. Ferner wird mehr Großzügigkeit bei der Familienzusammenführung von Ausländern und im Asylrecht verlangt. Der CDU-Bundestagsabgeordnete Alfons Müller forderte, das Ausländerrecht von einem Instrument der Gefahrenabwehr zu einem Recht der Partnerschaft und Integration umzugestalten.“
Am 22. Juli 1988 berichtete der Deutsche Anzeiger: „Die EG-Kommission hat den Regierungen der Mitgliedsstaaten eine Reihe von Maßnahmen zur Bekämpfung von Rassismus und Fremdenfeindlichkeit vorgeschlagen. Als ‚Rassisten‘ und ‚Fremdenfeinde‘ werden erfahrungsgemäß auch jene bezeichnet, die sich gegen Überfremdung mit demokratischen Mitteln wehren. Brüssel befürwortet eine Verbesserung und Ausweitung der bestehenden Gesetzesvorkehrungen. So sollen zum Beispiel Ausländerverbände mehr Möglichkeiten erhalten, gegen rassistische Umtriebe Klage vor Gericht zu erheben. Ferner sollen Presseorgane keine Aufforderungen zum Fremdenhaß veröffentlichen dürfen. Die EG-Kommissare verlangen auch ‚Erziehungsmaßnahmen‘ für die Einheimischen. Die Werbung für die Überfremdung soll schon in den Schulen beginnen.“

ANTI-TRADITIONSERLASS

Die von SPD-Verteidigungsminister Apel kurz vor dem Abtritt der sozialdemokratisch geführten Bundesregierung 1982 erlassenen neuen Traditionsrichtlinien der Bundeswehr sind nach wie vor in Kraft. Minister Wörner hat sein Versprechen, den Anti-Traditionserlaß zu ändern, bis zu seinem Amtswechsel zur Nato nicht eingelöst.
Das nach wie vor gültige Apel-Papier für die Bundeswehr stellt einen radikalen Bruch mit althergebrachten soldatischen Traditionen dar. Worum es geht, stellte Wörners Amtsvorgänger in seinen „Erläuterungen" zum Erlaß klar: „Der Traditionserlaß von 1965 enthält historisch unhaltbare Passagen. Als Beispiel ist zu nennen: Ziffer 10 ‚Nationales Bewußtsein ist eine Triebkraft, die sich seit den frühen Anfängen in der europäischen Geschichte entfaltet hat: Wir Deutsche haben an dieser Entwicklung teilgenommen.' Es gibt aber keine ungebrochene militärische Traditionslinie. Traditionen von Truppenteilen ehemaliger deutscher Streitkräfte werden an Bundeswehrtruppenteile nicht verliehen, deshalb werden auch Fahnen und Standarten früherer Verbände in der Bundeswehr nicht mitgeführt . . . Eine ‚Rudel-Affäre' ist bei der Beachtung der Richtlinien ausgeschlossen . . . Dienstliche Kontakte zu Nachfolgeorganisationen der ehemaligen Waffen-SS sind untersagt . . . Der Große Zapfenstreich wird in Zukunft nicht mehr im Zusammenhang mit Eid und Gelöbnis aufgeführt werden."
Dazu die Deutsche National-Zeitung: „Das Inkrafttreten des Anti-Traditionserlasses war ein Skandal. Nicht minder groß ist jedoch der Skandal, daß dieses Apel-Papier immer noch Gültigkeit hat. So verwandelt sich der Apel-Skandal in einen Wörner-Skandal."
Vor seiner Amtsübernahme hatte Wörner im Zuge der Wendeversprechungen die Veränderung des Erlasses zugesagt. Am 20. Oktober 1982 kündigte er als neuer Bundesverteidigungsminister bei der Kommandeurtagung der Bundeswehr in Hagen/Westfalen an, daß er nun die Apelschen Richtlinien überarbeiten lassen werde.
Ein Jahr später wurde die Nachfrage bei der Hardthöhe wie folgt beschieden (Brief, datiert vom 8. November 1983): „Die am 20. September 1982 erlassenen ‚Richtlinien zum Traditionsverständnis und zur Traditionspflege' haben nach wie vor Gültigkeit. Der Bundesminister der Verteidigung, Dr. Wörner, hat am 20. Oktober 1982 bei der Kommandeurtagung der Bundeswehr in Hagen angekündigt,

daß er diese Richtlinien überarbeiten lassen werde. Diese Überarbeitung findet statt; sie ist noch nicht abgeschlossen."
Bescheid des Bundesverteidigungsministeriums vom 12. Juli 1984: „Die am 20. September 1982 erlassenen ,Richtlinien zum Traditionsverständnis und zur Traditionspflege' sind nach wie vor noch gültig, die angekündigte Überarbeitung ist im Gange. Im Dezember 1983 hat der Generalinspekteur der Bundeswehr eine Arbeitsgruppe unter Vorsitz des Kommandeurs des Zentrums für Innere Führung beauftragt, sich mit dieser Thematik zu befassen. Die Arbeitsgruppe hat zwischenzeitlich ihre Arbeit abgeschlossen und ein Arbeitsergebnis vorgelegt. Der weitere Bearbeitungsgang ist eingeleitet. Es ist jedoch leider nicht möglich, den Abschluß fest zu terminieren."
Bescheid des Bundesverteidigungsministeriums vom 22. April 1985: „Die ,Richtlinien zum Traditionsverständnis und zur Traditionspflege in der Bundeswehr' vom 20. September 1982 sind unverändert gültig. Sie werden sicherlich Verständnis dafür haben, wenn der Herr Bundesminister der Verteidigung sich bei der Überarbeitung der Richtlinien nicht unter Zeitdruck setzen lassen möchte."
Bescheid des Bundesverteidigungsministeriums vom 1. September 1986: „Die vom ehemaligen Minister Dr. Apel am 20. September 1982 erlassenen ,Richtlinien zum Traditionsverständnis und zur Traditionspflege in der Bundeswehr' haben weiterhin Gültigkeit. Die von Minister Dr. Wörner angekündigte Überarbeitung dieser Richtlinien dauert derzeit noch an."
Bescheid des Bundesverteidigungsministeriums vom 8. Juli 1987: „Die am 20. September 1982 erlassenen ,Richtlinien zum Traditionsverständnis und zur Traditionspflege in der Bundeswehr' haben weiterhin Gültigkeit. Der Bundesminister der Verteidigung hat zwar eine Neufassung des Erlasses angekündigt, zugleich aber auch erklärt, daß er sich in dieser Frage durch die Öffentlichkeit nicht drängen lassen werde."
Kurze Zeit später schlagzeilte die bundesdeutsche Presse: „Wörner verzichtet auf neuen Traditionserlaß für Bundeswehr."

Der Bundesminister der Verteidigung

Bonn, 23. Juni 1983

☎ (02 28) 12-

Herrn
Karl-Heinz Ebert

Sehr geehrter Herr Ebert!

Haben Sie recht herzlichen Dank für Ihr Schreiben vom 21. September 1982. Sie dürfen ganz sicher sein, daß ich die Traditionsrichtlinien ändern lasse.

Im übrigen haben Sie ja gemerkt, daß sich seit meiner Amtsübernahme in der Bundeswehr in diesem Sinne einiges geändert hat. Öffentliche Gelöbnisse und auch öffentliche große Zapfenstreiche finden wieder statt.

Die Proteste der Linken und die Mobilisierung der Straße können mich hier nicht beeindrucken.

Mit freundlichen Grüßen

Wörners Wende-Versprechen schwarz auf weiß.

Der Bundesminister der Verteidigung
Fü S I 3 - Az 35-08-07

Bonn, 22. April 1985
(0 22 21) 12- 97 17

Herrn
Bernhard

Sehr geehrter Herr

Auf Ihr Schreiben vom 09.04.1985 teile ich Ihnen namens des Herrn Bundesministers mit, daß die "Richtlinien zum Traditionsverständnis und zur Traditionspflege in der Bundeswehr" vom 20.09..982 unverändert gültig sind.

Sie werden sicherlich Verständnis dafür haben, wenn der Herr Bundesminister der Verteidigung sich bei der Überarbeitung der Richtlinien nicht unter Zeitdruck setzen möchte. Wegen der Bedeutung der Aussagen zur Tradition soll die Meinung vieler eingeholt werden, um nunmehr für die Traditionspflege in der Bundeswehr eine ausgewogene Grundlage zu schaffen.

Mit freundlichen Grüßen
Im Auftrag

Seifert

Der Bundesminister der Verteidigung
Fü S I 4 - Az 35-08-07

5300 Bonn 1, 8. Juli 1987
Telefon (0228) 12- 97 17

Herrn
Sven

Sehr geehrter Herr

Auf Ihre schriftliche Anfrage vom 1. Juli 1987 teile ich Ihnen mit, daß die am 20. September 1982 erlassenen "Richtlinien zum Traditionsverständnis und zur Traditionspflege in der Bundeswehr" weiterhin Gültigkeit haben.

Der Bundesminister der Verteidigung hat zwar eine Neufassung des Erlasses angekündigt, zugleich aber auch erklärt, daß er sich in dieser Frage durch die Öffentlichkeit nicht drängen lassen werde.

Mit freundlichen Grüßen
Im Auftrag

Gülow

Fast vier Jahre nach der „Wende": Wörners Wortbruch ist offenbar.

ARBEITSLOSIGKEIT

Zu den wesentlichen Wendeversprechungen zählte die Verminderung der Arbeitslosigkeit. Tatsächlich wurden im Herbst 1988 rund 500000 Arbeitslose mehr registriert als vor der „Wende" 1982. Nicht in den offiziellen Statistiken enthalten ist die sogenannte stille Reserve. Das sind Arbeitsplatzsuchende, die sich nicht beim Arbeitsamt melden. Es handelt sich vermutlich um weit mehr als eine Million Personen. Somit gibt es mehr als drei Millionen Arbeitslose in der Bundesrepublik.
Manche Regionen sind besonders hart betroffen. So stieg die Arbeitslosenquote im Ruhrgebiet seit der „Wende" von 9,8 Prozent auf jetzt über 16 Prozent.
Seit der Wende wurden bereits über 100 Milliarden Mark aus öffentlicher Kasse für die Arbeitslosigkeit ausgegeben. 130 Milliarden Mark sind dem Staat entgangen durch ausbleibende Renten-, Kranken-, Arbeitslosenversicherungsbeiträge, Lohn- und Einkommensteuer, Umsatz- und Verbrauchssteuern. Die Gesamtkosten der Arbeitslosigkeit belaufen sich im Zeitraum 1983 bis 1988 auf annähernd 250 Milliarden Mark.
Die nicht in Mark und Pfennig auszudrückenden psychologischen Belastungen durch Arbeitsplatzverlust stehen auf einem weiteren Blatt.
Die Arbeitslosigkeit ist eine der großen Geißeln unserer Gesellschaft. Etablierte sind dieser Herausforderung mit untauglichen Mitteln begegnet.
An den Abbau der Ausländerbeschäftigung geht keine der etablierten Parteien heran. Zwar würde ein solcher Abbau die Arbeitslosigkeit nicht zum Verschwinden bringen, sicherlich aber das Arbeitsmarktproblem entschärfen. Unstreitig ist, daß heute viele Arbeitsplätze, für die es auch deutsche Bewerber gibt, von Fremden eingenommen werden.
Den Einheimischen bei den Arbeitsplätzen Vorrang vor Fremden einzuräumen, ist in den meisten Staaten der Erde selbstverständlich. Die Türkei zum Beispiel schließt Ausländer, also auch Deutsche, von zahlreichen Berufen aus. Sie dürfen nicht tätig sein als: Straßenhändler, Musiker, Fotograf, Friseur, Schriftsetzer, Makler, Schneider, Schuster, Hutmacher, Börsenmakler, Verkäufer von Monopolprodukten, Fremdenführer, Dolmetscher, Arbeiter in der Bau-, Eisen-

und Holzindustrie, Arbeiter im Transport- oder Fernmeldewesen, Chauffeur, Wächter, Hilfsarbeiter, Pförtner, Bote und Diener in Handelsfirmen, Haushalten und Fremdenverkehrsbetrieben, Hausverwalter, Künstler in Unterhaltungslokalen, Kellner, Tierarzt, Chemiker, Flugzeugmechaniker, Pilot, Lastenträger, Arbeiter im Wasser-, Heizungs- und Beleuchtungsanlagenbau. Für eine selbständige Tätigkeit erhalten Ausländer in der Türkei praktisch keine Genehmigung.
Ähnlich verfahren erprobte parlamentarisch regierte Rechtsstaaten wie Japan. Auch die Schweiz reguliert die Zahl der Gastarbeiter nach Ermessen. Beide Länder haben sehr niedrige Arbeitslosenzahlen. Selbst klassische Einwanderungsländer wie Australien und Kanada mit riesigen, unbesiedelten Weiten reservieren den Einheimischen die Arbeitsplätze und sind außerordentlich wählerisch bei der Zulassung von Ausländern.

ARMUT

Um fast eine Million ist die Zahl der Sozialhilfeempfänger seit der „Wende" 1982 gestiegen. Über drei Millionen Menschen in der Bundesrepublik leben heute von der Sozialhilfe, eine Million erleiden Wohnungsnot: 700000 leben in Behausungen unterhalb des sozial zumutbaren Standards, 200000 in Notunterkünften. 100000 sind „Nichtseßhafte", haben also überhaupt kein Zuhause. Viele von ihnen sind ohne eigenes Verschulden in die Notlage geraten, andere trifft nur geringe Schuld; sie werden von etablierten „Sozial"politikern im Stich gelassen.
31 Prozent der Sozialhilfeempfänger sind wegen Arbeitslosigkeit in Not geraten, 16 Prozent wegen zu geringer Rente, 13 Prozent wegen Ausfall oder Tod des Ernährers, 7 Prozent wegen zu geringen Verdienstes, 6 Prozent wegen Krankheit.
Längst nicht alle Sozialhilfeberechtigten machen ihre Ansprüche geltend. Viele schämen sich, zur „Fürsorge" zu gehen, oder sie befürchten, daß ihre Angehörigen zur Kasse gebeten werden.
In seiner Antrittsrede als Vorsitzender der CDU-Sozialausschüsse sagte Ulf Fink im Oktober 1987: „500000 alte Menschen in der Bundesrepublik leben mit einem Einkommen unterhalb des Sozialhilfeniveaus. 250000 alte Menschen gehen zum Sozialamt, 250000

aber nicht. Sie tun es nicht, weil sie entweder ihre Rechte nicht kennen, oder weil sie das Sozialamt nicht in Anspruch nehmen wollen, oder weil sie den Regreß auf ihre Kinder fürchten."
Besonders hart von der Armut betroffen sind ältere Frauen, die in der Nachkriegszeit das Überleben des deutschen Volkes als Trümmerfrauen und/oder als Mütter gesichert haben.
40 Prozent der bundesdeutschen Rentnerinnen erhalten monatlich weniger als 300 Mark Rente. 32 Prozent bekommen zwischen 300 und 600 Mark. 10 Prozent beziehen eine Rente zwischen 600 und 900 Mark.

ASYL-BETRUG

1988 werden – so die Bonner Schätzungen im Sommer des Jahres – 80000 Personen in der Bundesrepublik um politisches Asyl nachsuchen. Damit steigt die Zahl der Neuasylanten seit der „Wende" (Kohl versprach drastische Maßnahmen gegen den Asylmißbrauch) auf weit über 300000. In der Zeitschrift „Innenpolitik" (Nr. 1/88), herausgegeben vom Bundesinnenminister, gab Friedrich Zimmermann bekannt: „Die Anerkennungsquote ist schon seit Jahren gering. Im vergangenen Jahr ist sie auf 9,4 Prozent gesunken. Mit anderen Worten: Über 90 Prozent sind nicht politisch Verfolgte, sie kommen aus asylfremden Gründen, überwiegend als Wirtschaftsflüchtlinge, in unser Land."
1983, im ersten Jahr der Regierung Kohl, kamen 19737 Neuasylanten in die Bundesrepublik. 1984 waren es 35278, 1985 kamen 73832, 1986 waren es 99650, 1987 strömten 57379 neu herein. Für das erste Halbjahr 1988 ergab sich ein Asylantenzustrom von rund 40000 Personen.
Minister Zimmermann: „Die nach wie vor außerordentliche Belastung der Bundesrepublik Deutschland zeigt sich vor allem im internationalen Vergleich. Innerhalb Westeuropas ist die Bundesrepublik Deutschland schon seit Jahren das von Asylbewerbern am meisten bevorzugte Land. Während die Bundesrepublik 1983 noch 28 Prozent der nach Europa kommenden Asylbewerber aufnahm, die in Westeuropa um Hilfe baten, stieg dieser Anteil seither kontinuierlich an. 1984 nahm die Bundesrepublik schon 34 Prozent der nach Europa kommenden Asylbewerber auf. Berechnungen lassen schon heute

Hauptherkunftsländer der Asylsuchenden 1987

Polen	15 194 Personen
Türkei	11 426 Personen
Iran	6 538 Personen
Sri Lanka	2 285 Personen
Pakistan	1 592 Personen
Afghanistan	1 586 Personen
Tschechoslowakei	1 516 Personen

Aus einer Verlautbarung des Bundesinnenministeriums.
Bei den hier verzeichneten Polen handelt es sich natürlich nicht um deutsche Aussiedler.

darauf schließen, daß der Anteil der Bundesrepublik Deutschland an dem Asylbewerberzuzug in Europa im Jahr 1987 mehr als 40 Prozent betragen hat."
Schon 1985 gab das Bundesinnenministerium bekannt, daß hierzulande 530000 ausländische Flüchtlinge leben, davon 150000 aus der Dritten Welt.
Der eigentliche Skandal ist, daß selbst gerichtlich überführte Asylschwindler nicht etwa abgeschoben werden, sondern in der Bundesrepublik bleiben dürfen. Nach dem vom Bundestag beschlossenen Asylverfahrensgesetz aus dem Jahr 1982 sind die Bundesländer verpflichtet, abgelehnte Asylanten außer Landes zu schaffen. Doch die Deutsche Wochen-Zeitung mußte in ihrer Ausgabe Nr. 46/1987 melden: „Nach Angaben des Staatssekretärs im Bonner Innenministerium, Carl-Dieter Spranger, bleiben die meisten der abgelehnten Asylbewerber in der Bundesrepublik Deutschland. Wie das Bundesinnenministerium mitteilt, gab es im vergangenen Sommer schon etwa 270000 abgelehnte Asylbewerber, die aber trotzdem die Bundesrepublik nicht verlassen. Nach Meinung von Experten ist diese Zahl zwischenzeitlich auf über 300000 angestiegen."

Am 6. Januar 1988 meldeten die „Nürnberger Nachrichten“: „Nach Angaben der Innenexperten der Bonner CDU/CSU-Fraktion, Johannes Gerster und Hermann Fellner, werden bisher im Durchschnitt nur 6,4 Prozent der gescheiterten Asylanten außer Landes gebracht.“ Mit anderen Worten: Über 93 Prozent der entlarvten Asylschwindler werden nicht abgeschoben, sondern können hierbleiben.

Besonders deutlich werden die Mißstände in Großstädten wie Hamburg. Manfred Sorg, Leitender Regierungsdirektor und Chef des Einwohner-Zentralamtes der Hansestadt, berichtete im Februar 1988 über die Methoden von Scheinasylanten: „Allein im Januar 1988 meldeten sich 578 Polen, die bislang höchste Monatsrate aus diesem osteuropäischen Land. Die meisten verließen in Travemünde mit Kurzvisen die polnische Fähre. Sie stellten Asylanträge und erhielten sofort Sozialhilfe. Hamburg bot ihnen Gemeinschaftsunterkünfte und auch Hotelzimmer, die die Stadt bezahlt.“

Die Anerkennungsquote bei den Polen liegt unter 10 Prozent. „Bei Flüchtlingen aus Ghana und Indien beträgt die Anerkennungsquote sogar nahe Null“, fährt Sorg fort. „Aber auch bei einer Ablehnung schieben wir sie nicht ab. Sie werden weiterhin geduldet. Natürlich erhalten sie Sozialhilfe wie Ausländer mit Aufenthaltsgenehmigungen.“

Die Vorschläge der Deutschen Volksunion, den Asylmißbrauch einzudämmen, werden in den Wind geschlagen; zum Beispiel die Forderung, rechtskräftig abgelehnte Scheinasylanten konsequent abzuschieben (ebenso kriminelle Asylbewerber) sowie niemandem die Einreise als „Asylant“ zu gestatten, der einen Zwischenaufenthalt in einem Land hatte, in dem keine Verfolgung droht, ferner den Tatbestand des Asylbetruges ins Strafgesetzbuch einzufügen, um die Hintermänner dingfest machen zu können.

Etablierte beschränken sich auf Darlegung der Mißstände. So heißt es in einer Verlautbarung des Innenministeriums Bonn von Anfang 1988: „1987 wurde nicht einmal mehr jeder zehnte Asylbewerber als politischer Flüchtling im Sinne des Grundgesetzes anerkannt. Es läuft auf Dauer dem Grundgesetz zuwider, wenn Jahr für Jahr Tausende von Wirtschaftsflüchtlingen in unser Land kommen.“

Starke Kräfte in den Etablierten, auch innerhalb von CDU/CSU, fordern eine bewußte Einwanderungspolitik mit Hilfe von Neuasylanten. So veröffentlichte die „Badische Zeitung“ unter der Schlagzeile „Asylanten, Chance für die Gesellschaft“ am 9. Januar 1988

> Das **Landratsamt Aichach-Friedberg**
> sucht zur Unterbringung von Asylbewerbern
> # geeignete Gebäude und Wohnungen
> Angebote an das Landratsamt Aichach-Friedberg,
> Zimmer-Nr. 018, Telefon 0 82 51/9 22 15

Zu dieser Anzeige schrieb die Deutsche National-Zeitung in ihrer Ausgabe vom 12. August 1988:

Wohin mit den Asylanten? Diese Frage quält die bundesdeutschen Städte und Gemeinden. Auch den CSU-regierten Landkreis Aichach-Friedberg in Bayern. Ihm werden jede Woche (!) sechs Asylbewerber plus Familienangehörige von der Regierung des Freistaates zugewiesen. Macht über 300 im Jahr.

Weil die öffentlichen Unterbringungsmöglichkeiten erschöpft sind, gibt das Landratsamt in Zeitungen Anzeigen wie die hier abgedruckte auf.

Ein Mitarbeiter unserer Zeitung wollte Genaueres wissen. Eine Wohnung habe er frei in Friedberg in einem zweistöckigen Haus, Baujahr 1965, 80 Quadratmeter, Ölzentralheizung. Wie schaut es aus mit den Finanzen: Die Miete? Landratsamt: „Zahlt der Freistaat Bayern." Die Heizkosten? Landratsamt: „Zahlt der Freistaat Bayern." Die anderen Nebenkosten? Landratsamt: „Zahlt der Freistaat." Die Möblierung der Wohnung für die Asylanten? Landratsamt: „Der Freistaat Bayern richtet die Wohnung ein." Allein Miete und Nebenkosten würden 750 bis 800 Mark im Monat aus der Steuerkasse ausmachen.

Klar, daß mancher Vermieter hier ein sicheres Geschäft wittert: Da der Staat als Mietvertrags-Partner auftritt, sind die pünktlichen Überweisungen gesichert.

Wer zahlt die Zeche? Der deutsche Steuerbürger natürlich. Und wer wird hanebüchen diskriminiert? Deutsche, die Wohnungen suchen und zurückstehen müssen, weil unsere Obrigkeit keine Kosten und Mühen scheut für Leute aus Afrika und Asien, aber für Angehörige des eigenen Volkes nichts übrig hat.

Der Landkreis Aichach-Friedberg ist kein Einzelfall. Dieses teure Manöver mit deutschen Steuergeldern spielt sich derzeit bundesweit ab.

folgende Thesen von Professor Dieter Oberndörfer, der zu den „CDU-Vordenkern" zählt: „Nur 6000 politische Asylanten anzuerkennen in einem Land mit unserer Bevölkerungsgröße, das ist unzulänglich. Da steht die Glaubwürdigkeit auf dem Spiel . . . Wir müssen eine kontrollierte und sozial verträgliche Einwanderungspolitik nach amerikanischem Modell durchsetzen."

ASYL-KOSTEN

Gemäß Auskunft der Bundesregierung haben Bund, Länder und Gemeinden für ausländische Flüchtlinge im Jahre 1984 rund zwei Milliarden Mark aufgewandt. Darin nicht enthalten: die Leistungen der Kirchen und der Wohlfahrtsverbände, die ihrerseits aber wiederum staatliche Mittel erhalten. Der Gesamtaufwand für Asylanten im Jahr 1985 betrug wenigstens 2,5 Milliarden Mark aus öffentlicher Kasse. Dr. Eckart Schiffer, Ministerialdirektor im Bundesministerium des Innern: „Die Aufwendungen für Flüchtlinge insgesamt können für das Jahr 1987 bei sorgfältiger Schätzung auf über 2,7 Milliarden Mark angesetzt werden." Mittlerweile sind die Asylkosten auf über drei Milliarden Mark im Jahr emporgeschnellt. Seit der Bonner „Wende" bis 1988 wurden also insgesamt rund 12 Milliarden Mark für Asylanten ausgegeben, von denen die meisten Schwindler sind. Die Bundesrepublik Deutschland ist nach Angaben von NRW-Innenminister Schnoor (SPD) das einzige Land der Welt, in dem an Asylbewerber Sozialhilfe gezahlt wird (Schnoor in „Westdeutsche Allgemeine Zeitung" vom 23. Januar 1982).
Am 24. Juni 1988 meldete die Deutsche Wochen-Zeitung: „Die Welthungerhilfe e.V. wirbt um Spenden mit dem Hinweis, daß man mit einem Ernährungsgutschein im Wert von DM 240,– einem Kind in der Dritten Welt für ein ganzes Jahr das Überleben sichern könne. Derzeit wendet die bundesdeutsche Obrigkeit aus den öffentlichen Kassen rund drei Milliarden Mark jährlich für Asylanten auf, von denen die meisten Scheinasylanten und Asylbetrüger sind. Angenommen, man würde zwei Drittel dieser Asylanten-Aufwendungen, also zwei Milliarden Mark, armen Deutschen geben, die unverschuldet in Not geraten sind, so könnten 666000 Menschen in unserem

1987 drei Milliarden Mark für Asylanten

Von HEINZ VIELAIN

Bonn

In der Bundesrepublik leben derzeit mehr als 700 000 ausländische Flüchtlinge. Für ihre Betreuung wurden allein im vergangenen Jahr über drei Milliarden Mark öffentliche Mittel aufgewandt.

Das ergibt sich aus einem Bericht zur Ausländerpolitik, den Bundesinnenminister Friedrich Zimmermann (CSU) in Auftrag gegeben hat. Der 60 Seiten umfassende Report soll demnächst veröffentlicht werden.

Aus der „Welt am Sonntag" vom 20. März 1988.

Land zusätzlich 3000 Mark im Jahr bekommen. Und angenommen, man würde das letzte Drittel der Asylanten-Ausgaben, also eine Milliarde Mark, der Welthungerhilfe zur Verfügung stellen, könnte das Überleben von 4,1 Millionen vom Hungertod bedrohter Kinder gesichert werden (240 Mark mal 4,1 Millionen = eine Milliarde). Diese Berechnung zeigt den Wahnsinn der herrschenden Asylanten-Politik."

ATOMARE GEFAHR

Deutschland (West und Ost) ist das Gebiet mit der größten Dichte an Massenvernichtungswaffen in der Welt und in der Weltgeschichte. Nie zuvor war derart viel Vernichtungspotential auf derart relativ geringem Raum konzentriert. Die Massenmordwaffen werden von fremden Mächten kontrolliert, es gibt praktisch keine Veto-Möglichkeit der deutschen Regierungen im Ernstfall.
Auch nach Verwirklichung der abrüstungspolitischen Vereinbarungen zwischen Moskau und Washington bleibt Deutschland ein atomares Pulverfaß. Dann sind zwar Raketen abgeschafft, die weit reichen, doch die Massenvernichtungswaffen, die auf deutsches Gebiet niedergehen würden, bleiben. Germanisierung des Risikos?

Sowohl im Warschauer Pakt als auch in der Nato gibt es Planspiele, in denen Deutschland als atomares Schlachtfeld der Zukunft gilt.
Dazu notiert der Deutsche Anzeiger: „Liegt es nicht auf der Hand, die Deutsche Frage in die Abrüstungsgespräche einzubringen? Ist es wirklich ‚blühender Unsinn' – wie der Kanzler meint –, die Sicherheitspolitik mit der Deutschlandpolitik zu verknüpfen? Am sinnvollsten, dem Selbstbestimmungsrecht entsprechend und überdies friedensfördernd wäre es, zögen die Supermächte von deutschem Territorium ab, so daß sie sich nicht mehr inmitten Europas waffenstarrend direkt gegenüberstünden. Quer durch Europa zieht sich ein Gürtel blockfreier Staaten – von Schweden und Finnland über Österreich und die Schweiz bis hin nach Jugoslawien und Albanien. Es fehlt eigentlich nur Deutschland als Bindeglied. Die Verewigung des jetzigen Zustandes der Teilung und Supermachtkonfrontation kann jedenfalls nicht Ziel zukunftsgerichteter deutscher Politik sein."

AUSLÄNDER UND KINDERGELD

Die Bundesrepublik Deutschland zahlt für rund anderthalb Millionen Ausländerkinder Kindergeld. In den 70er Jahren schwankte der dafür erforderliche Betrag zwischen 700 Millionen und 1,5 Milliarden Mark jährlich. In den 80er Jahren waren jährlich zwischen 1,5 und zwei Milliarden Mark fällig. Von 1980 bis 1988 wurden rund 15 Milliarden Mark Kindergeld an Ausländer entrichtet.
Die Bundesrepublik zahlt auch an Angehörige jener Staaten Kindergeld, die in ihren Grenzen arbeitenden oder lebenden Deutschen keine Zuwendungen für Kinder geben. Fast die Hälfte der ausländischen Kindergeldbezieher sind Türken. Die Türkei weist eine höhere Geburtenzahl aus als Indien. Auch Staatsangehörige aus Staaten der Dritten Welt, deren Regierungen verzweifelt bemüht sind, die Geburtenexplosion einzudämmen, erhalten vom westdeutschen Staat Kindergeld.
Die Bundesrepublik Deutschland hat die niedrigste Geburtenrate der Welt. Für die Förderung des deutschen Nachwuchses, für zusätzliches Geld an kinderreiche oder in soziale Not geratene deutsche Familien seien keine Mittel vorhanden, argumentieren etablierte Politiker.

Kindergeldzahlungen nach der Staatsangehörigkeit der Berechtigten
Berichtszeitraum: November/Dezember 1987 bzw. Kalenderjahr 1987

Staatsangehörigkeit der Berechtigten	Berechtigte insgesamt	Kinder insgesamt	davon waren 1. Kinder	2.	3.	4.	5.	6.	7.	8.	9. und weitere	Zahlungsbetrag in DM[1]) im Jahr 1987
	1	2	3	4	5	6	7	8	9	10	11	12
Berechtigte insgesamt	**6190976**	**10133533**	**6078745**	**2940052**	**817434**	**211860**	**59219**	**17801**	**5567**	**1852**	**1003**	**10743023746**
davon												
Deutsche	5518080	8754328	5413604	2513671	636108	142852	34264	9325	2835	1025	644	9023298989
Ausländer	672896	1379205	665141	426381	181326	69008	24955	8476	2732	827	359	1719724757
davon Belgier	2175	3681	2110	1115	338	78	32	7	1	–	–	4152191
Dänen	1057	1755	1035	544	151	22	2	1	–	–	–	1812959
Franzosen	15010	25339	14792	7520	2378	486	116	32	12	3	–	27677882
Engländer	7521	13086	7360	4110	1203	296	84	25	7	1	–	14223567
Iren	345	592	341	173	54	16	4	3	1	–	–	653819
Italiener	87628	163502	86227	53526	17986	4382	1024	247	70	23	17	204316293
Luxemburger	431	689	419	211	42	11	4	1	1	–	–	697847
Niederländer	16371	28168	16066	9021	2413	526	107	22	11	1	1	30806819
Griechen	39629	69215	39352	23556	5425	727	116	26	8	2	3	76395191
Jugoslawen	101818	203090	100576	65514	23690	8392	3185	1179	390	115	49	196747062
Österreicher	27316	45110	26675	13886	3592	761	156	33	4	2	1	46456692
Portugiesen	12647	21066	12558	6608	1477	323	74	19	4	2	1	20945879
Schweizer	2289	3839	2250	1150	326	79	23	5	4	2	–	3996373
Spanier	20174	34914	20024	11029	3049	611	151	37	12	1	–	36609802
Türken	258587	609188	256952	182636	100885	44430	16393	5422	1735	521	214	837025501
Staatenlose	6027	10507	5801	3079	1039	378	142	52	11	3	2	13179774
Übrige	73871	145464	72703	42703	17278	7490	3342	1365	461	151	71	204027106

Wie diese Statistik der Nürnberger Bundesanstalt für Arbeit zeigt, wurde allein 1987 bundesdeutsches Kindergeld in einer Größenordnung von 1,719 Milliarden Mark an ausländische Staatsbürger gezahlt. Zieht man die Beträge für Luxemburger und Österreicher ab, bleiben 1,65 Milliarden Mark bundesdeutsches Kindergeld für Ausländer. Mit 837 Millionen Mark standen die türkischen Zahlungsempfänger an der Spitze. Im Jahrfünft zwischen 1981 und 1985 hat die Bundesanstalt für Arbeit insgesamt 9,713 Milliarden Mark Kindergeld an Ausländer überwiesen. Seither sind rund 5 Milliarden hinzugekommen. Da bewundert man die Logik Bonner Politiker, die behaupten, für eine stärkere Förderung kinderreicher und junger deutscher Familien sei kein Geld da.

AUSLÄNDERKRIMINALITÄT

Selbst Ausländer, die in der Bundesrepublik das Gastrecht mißbrauchen und kriminelle Delikte begehen, werden von der bundesdeutschen Obrigkeit nach Strafverbüßung nicht abgeschoben. Sie werden in der Regel weiterhin bei uns geduldet. Die Ausländerkriminalität belastet sowohl die Einheimischen wie auch die hier lebenden Fremden, die in ihrer großen Mehrheit rechtschaffen sind. Die Ausländerkriminalität belastet das Verhältnis zwischen Deutschen und Fremden. Jährlich wird rund eine Viertelmillion Ausländer von der Polizei als Tatverdächtige ermittelt.

In der offiziellen Polizeilichen Kriminalstatistik des Bundeskriminalamtes 1987 heißt es: „1987 wurden 258329 nichtdeutsche Tatverdächtige registriert. Der Ausländeranteil an allen Tatverdächtigen betrug damit 20 Prozent. Der Bevölkerungsanteil der Ausländer in der Bundesrepublik Deutschland belief sich dagegen nur auf 7,6 Prozent."

1984 wurden 207612 nichtdeutsche Tatverdächtige ermittelt. 1985 waren es bereits 231868, 1986 stieg die Zahl auf 252018 und 1987, wie oben bereits erwähnt, auf 258329.

Polizeiliche Kriminalstatistik 1987: „Während Tatverdächtigenzahlen deutscher Kinder von acht bis unter 14 Jahren seit 1984 rückläufig sind, stiegen sie bei den nichtdeutschen Kindern an. Der Ausländeranteil an den tatverdächtigen Kindern lag 1987 bereits bei 28,3 Prozent, ihr Bevölkerungsanteil bei 13,1 Prozent." Die Kriminalitätsbelastungszahl der nichtdeutschen Kinder ist nahezu dreimal höher als jene der deutschen Kinder. „Der Ausländeranteil an den tatverdächtigen Jugendlichen betrug im Berichtsjahr 22,1 Prozent. Ihr Bevölkerungsanteil 10,6 Prozent", heißt es weiter in der Polizeistatistik. Die Kriminalitätsbelastungszahl (bezogen auf 100000 Personen) liegt bei deutschen Jugendlichen bei 3477, bei ausländischen Jugendlichen liegt sie bei 8321.

Polizeibericht 1987: „Der Ausländeranteil an den tatverdächtigen Heranwachsenden lag 1987 bei 18,6 Prozent, ihr Bevölkerungsanteil bei 8 Prozent." Kriminalitätsbelastungszahl für deutsche Heranwachsende: 4228, für ausländische Heranwachsende: 11093.

Die Behörden stellen fest: „Die Kriminalitätsbelastungszahlen der jungen Ausländer bis unter 21 Jahren liegen bei der Gewaltkriminalität etwa dreimal so hoch wie diejenigen ihrer deutschen Altersgenossen und übertreffen diese damit noch deutlicher als bei der Gesamtkriminalität." Diese erschreckenden Zahlen verdeutlichen auch das Scheitern der bisherigen „Integrationspolitik" gegenüber ausländischen Kindern und Jugendlichen.

In zahlreichen Straftatengruppen lag der Anteil der nichtdeutschen Tatverdächtigen 1987 bei 25 Prozent oder höher. Beispiele (in Klammern die Prozentzahlen für 1986):

Taschendiebstahl 62,4% (51,2), Vorbereitung eines Explosions- oder Strahlungsverbrechens 50% (43,2), illegale Einfuhr von Kokain 48,5% (42,7), Inverkehrbringen von Falschgeld 45,2% (39,5), Geld- und Wertzeichenfälschung einschließlich Vorbereitungshandlungen 45% (41,2), schwerer Ladendiebstahl 41% (31,7), Glücksspiel 39,1% (54,5), Vergewaltigung überfallartig durch Gruppen 37,9% (42,4), Vergewaltigung durch Gruppen 37,9% (37,5), Urkundenfälschung 36,5% (33,3), Menschenhandel 32,3% (24,7), leichtfertige Verursachung des Todes eines anderen durch Abgabe von Rauschgiften 30% (18,1), sonstige Raubüberfälle auf Straßen, Wegen oder Plätzen 29,7% (25,0), illegaler Handel und Schmuggel von Kokain 28,7% (27,7), illegale Einfuhr von Heroin 28,4% (27,7), illegale Einfuhr von Cannabis 28,4% (31,6), einfacher Diebstahl von/aus Automaten 28,3% (22,5), illegaler Handel und Schmuggel von Heroin 28,2% (27,3), illegaler Handel und Schmuggel von Cannabis 28,0% (27,5), Abgabe, Verabreichung oder Überlassung von Rauschgift an Minderjährige 27,9% (16,7), Rauschgift-Handel, -Herstellung, -Anbau als Mitglied einer Bande 27,9% (27,3), Raubüberfälle auf Zahlstellen und Geschäfte 27,6% (23,6), illegaler Handel und Schmuggel von LSD 27,3% (20,6), Totschlag und Töten auf Verlangen 26,3% (23,5), Raub, räuberische Erpressung und räuberischer Angriff auf Kraftfahrer 26% (22,8), Mißhandlung von Kindern 25,9% (23,1), Handtaschenraub 25,8% (25,3), Sexuelle Nötigung § 178 StGB 25,1% (22,7), Mord 25% (20,9), erpresserischer Menschenraub 25% (23,6). Alle Zahlen sind der offiziellen Polizeilichen Kriminalstatistik 1987 entnommen.

Besonders bedenklich ist der hohe Ausländeranteil an den Rauschgiftverbrechen und -vergehen. Auf das Konto der Rauschgifthändler gehen mittelbar Tausende Delikte Süchtiger, die sich Geld für den „Dealer“ beschaffen. Um an das Geld für den teuren „Stoff“ zu kommen, werden Süchtige zu Einbrechern, Räubern, Zuhältern oder Prostituierten.

Im Frühjahr 1988 schlug die Frankfurter Kripo Alarm: Der Drogenhandel in der Stadt wird beherrscht von Schwarzafrikanern. Sie verüben ihre Verbrechen im Schutz der herrschenden Asylpolitik. Polizeioberrat Hans Robert Philippi nennt das Kernproblem: Die rauschgifthandelnden Afrikaner fühlen sich sicher, selbst wenn sie mit Rauschgift in der Tasche festgenommen werden. Denn, so der Oberrat: „Sie stellen sofort einen Asylantrag.“

Die steigende Ausländerkriminalität ist auch an den Gefängnisstatistiken abzulesen. In Hessen zum Beispiel sind 27 Prozent der Straf- und Untersuchungsgefangenen Ausländer (Angaben des Justizministeriums).

AUSLÄNDERPROBLEM

Die Umfrageergebnisse sämtlicher Meinungsforschungsinstitute weisen seit Jahren eine Mehrheit unter den Bundesbürgern von 70 bis 80 Prozent aus, die Ausländerstopp und Ausländerbegrenzung wünschen. Etablierte Politiker zeigen sich davon unbeeindruckt und betreiben eine Ausländerpolitik, die die Zahl der Fremden ständig steigen läßt. 1988 wurde ein Höchststand der Ausländerzahl seit Bestehen der Bundesrepublik registriert.

Über 4,7 Millionen Ausländer haben (Stand 1988) ihren Wohnsitz in der Bundesrepublik. Nicht in dieser Zahl enthalten sind die Soldaten fremder Streitkräfte und deren Familienangehörige; zusammen rund 600000. Diese Ausländer hinzugerechnet, steigt die Zahl der Fremden auf 5,3 Millionen.

Ebenfalls nicht enthalten in den offiziellen Zahlen sind die Illegalen,

Sonnabend, 21. November 1981 - 50 Pf
Nr. 271/47 • HAMBURG-AUSGABE • C 1784 A ★★★★

Bild
HAMBURG

Rummenigge: Florenz bietet 10 Mios

Ein unglaubliches Angebot aus Italien: Der AC Florenz bietet Bayern München zehn Millionen Mark für Karl-Heinz Rummenigge (26, Foto). Der Kapitän der Nationalelf selbst soll eine Million pro Jahr verdienen – netto! Seite 7

Rummenigge

die Haut und geben dem Stress keine Chance. Darum ist algemarin mit seinen wertvollen Wirk- und Aufbaustoffen aus dem Meer – Mineralien und Spurenelementen – mehr als nur ein gutes Schaumbad. algemarin ist Meer.
algemarin® das Wirkstoff-Bad

So stark sind die Bulgaren
Morgen 18 Uhr TV

Vorsicht bei Bulgariens Torjäger Mladenov – morgen im WM-Spiel in Düsseldorf (18.00, ZDF). Wer sonst noch gefährlich ist – auf den Seiten 6 und 7

Kanzler in Sorge: Zu viele Ausländer bei uns

„Wenn das so [illegible] Mord und Totschlag“

Karpow Weltmeister

Meran – Anatoli Karpow aus Moskau bleibt Schach-Weltmeister. Herausforderer Viktor Kortschnoi gab die 18. Partie auf, verlor damit 2:6. Seite 7

Warnung von SPD-Kanzler Schmidt im Jahre 1981.

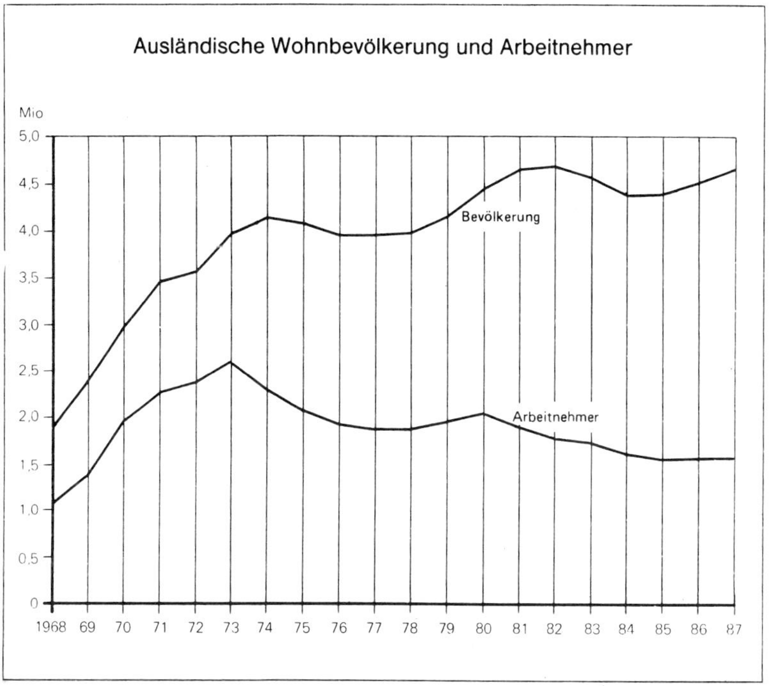

Die Zahl der registrierten Ausländer wächst, die Zahl der ausländischen Arbeitnehmer sinkt. Es handelt sich schon längst nicht mehr vorrangig um ein Gast„arbeiter"-Problem.

darunter Zehntausende untergetauchte Asylschwindler und Hunderttausende, die gesetzwidrigerweise „schwarz" beschäftigt werden. Nach zurückhaltender Schätzung gibt es rund 700000 Illegale. Infolgedessen muß von rund sechs Millionen Fremden in der Bundesrepublik Deutschland ausgegangen werden; das sind also nicht 7,4 Prozent – wie offiziell angegeben wird – sondern annähernd 10 Prozent der Gesamtbevölkerung.

Experten mutmaßen, daß bis zum Jahr 2000 mit einer halben Million Nachzügen von Familienangehörigen, mit über einer halben Million Neuasylanten und mit rund 700000 zusätzlichen Ausländern infolge Geburtenüberschusses der Fremden zu rechnen ist. Wenn dann noch die Türkei in den Genuß der vollen EG-Freizügigkeit gekommen ist

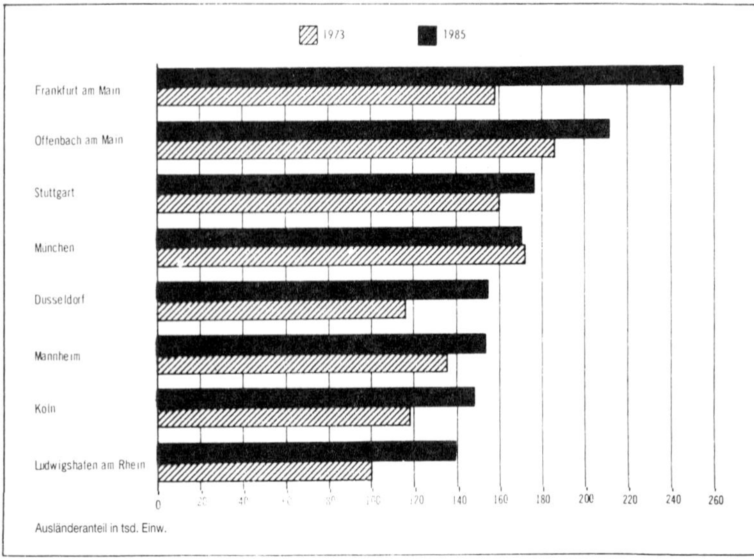

Die acht westdeutschen Großstädte mit dem höchsten Ausländeranteil. An der Spitze liegt Frankfurt/Main. Dort besteht rund ein Viertel der Einwohnerschaft aus Ausländern. Über 20 % Ausländeranteil weist Offenbach auf. Es folgen Stuttgart und München mit je rund 17 %, Düsseldorf, Mannheim und Köln mit um die 15 % und Ludwigshafen mit knapp 14 %. Nicht in diesem Zahlenspiegel enthalten sind die fremden Streitkräfte und deren Familienangehörige sowie die Illegalen. Westberlin kommt auf den neunten Platz.

und weitere „Fortschritte" in Richtung auf die Verwirklichung des „Einwanderungslandes" Bundesrepublik gemacht werden, muß mit einem Anstieg der Ausländerzahlen in Höhe von mehreren Millionen ausgegangen werden – bei gleichzeitiger geburtenmindernder Politik für die Deutschen. Immer mehr Deutsche werden in ausländerüberbelasteten Gebieten zur Minderheit im eigenen Land.
Zum Thema „Alternative Ausländerpolitik" nahm die DVU 1988 wie folgt Stellung:
„Die Alternativen liegen längst in den Schubläden. Ganze Stäbe im Bund und in den Ländern haben hervorragende Konzepte zur rechts-

staatlichen Ausländerbegrenzung und Förderung der deutschen Geburtenzahlen ausgearbeitet. Doch diese Programme werden nicht in die Tat umgesetzt. Als vorbildlich können Länder dienen, die parlamentarisch-demokratisch und rechtsstaatlich sind. Die Schweiz etwa oder auch Japan, das die Einwanderung aus Ost- und Südostasien strikt begrenzt hat. Auch das parlamentarisch-demokratisch regierte Kanada, ein riesiges klassisches Einwanderungsland, wehrt allzu großen Zustrom Fremder ab. Die Erfahrung der letzten Jahre zeigt eindeutig: Appelle und Petitionen an die etablierten deutschen Politiker fruchten nicht. Ebensowenig ist von CDU und CSU ein grundlegender Wandel zum Besseren zu erwarten. Sie sind, das zeigt die Ausländerpolitik seit 1982, nicht einmal das kleinere Übel. Die einzige Sprache, die nach Lage der Dinge halbwegs verstanden wird, ist die Drohung mit dem Stimmzettel. Die Drohung muß durch Wahl neuer Kräfte wahrgemacht werden."

Bundesanstalt für Arbeit
Der Präsident

Bundesanstalt für Arbeit, Postfach, 8500 Nürnberg 1

Sehr geehrter Herr Dr [redacted]

in den letzten 10 Jahren wurden an ausländische Arbeitnehmer (einschließlich Staatenlose) Leistungen in folgender Höhe ausbezahlt:

	Arbeitslosengeld	Kindergeld
1973	63.790.172,90 DM	nicht bekannt
1974	387.985.287,50 DM	674.000.000,-- DM
1975	1.029.314.352,40 DM	1.372.000.000,-- DM
1976	603.427.524,20 DM	1.407.500.000,-- DM
1977	490.726.422,10 DM	1.402.600.000,-- DM
1978	500.094.174,80 DM	1.537.600.000,-- DM
1979	423.726.273,29 DM	1.840.100.000,-- DM
1980	495.051.424,56 DM	1.969.100.000,-- DM
1981	947.179.849,00 DM	2.270.200.000,-- DM
1982	1.241.353.298,79 DM	2.032.100.000,-- DM

Ein Bescheid der Bundesanstalt für Arbeit aus dem Jahre 1983. Seit der „Wende" 1982 wurden 10 Milliarden Mark Kindergeld an Ausländer gezahlt.

AUSLÄNDERWAHLRECHT

Am 31. August 1987 veröffentlichte der „Spiegel“ das Ergebnis einer Emnid-Umfrage. Die Frage lautete: „Sollen die bei uns wohnenden Ausländer das kommunale Wahlrecht erhalten, also die Angelegenheiten der eigenen Stadt oder Gemeinde mitbestimmen?“ 68 Prozent der Bundesbürger sind dagegen.

Trotz dieser eindeutigen Volksmehrheit betreiben führende Politiker der etablierten Parteien, CDU/CSU eingeschlossen, offen oder auf dem Umweg über die EG die Einführung des Ausländerwahlrechts. Im EG-offiziösen Blatt „Eurofocus“ Nr. 24/1988 hieß es: „Die EG-Kommission hat den Entwurf einer Richtlinie verabschiedet, die allen Bürgern der Mitgliedsstaaten ein Kommunalwahlrecht geben soll. Nach Auffassung des für das ‚Europa der Bürger‘ zuständigen Mitgliedes der EG-Kommission, Carlo Ripa di Meana, steht einer Verabschiedung der neuen Richtlinie durch den Ministerrat nichts mehr im Wege.“

Nach Vorstellung der EG-Kommissare soll sich künftig jeder EG-Bürger aussuchen können, ob er sein Kommunalwahlrecht in seinem Heimat- oder in seinem Gastland ausüben will. Die Dauer des ununterbrochenen Aufenthaltes soll höchstens so lange sein wie das Mandat des Gemeinderates. In bezug auf die Bundesrepublik heißt das: Hält sich ein Ausländer seit vier Jahren bei uns auf, soll er das Kommunalwahlrecht erhalten.

Für das passive Wahlrecht soll die Aufenthaltsdauer nach Brüsseler Vorschlag höchstens doppelt so lang sein wie das Mandat eines Gemeinderates. In anderen Worten: Ist ein Ausländer acht Jahre bei uns, soll er das Recht bekommen, für die Kommunalvertretung zu kandidieren.

Im Bundestags-Mitteilungsblatt „Das Parlament“ vom 22. Januar 1988 wurde berichtet: „Erneut bekräftigt hat das Europäische Parlament sein Votum für ein Kommunales Wahlrecht für Ausländer.“ Das EG-Parlament empfiehlt sogar das Wahlrecht für „Drittstaatsangehörige“. Das heißt, auch Afrikaner und Asiaten, die bei uns leben, sollen wählen dürfen.

In diesem Zusammenhang meldete die Deutsche National-Zeitung am 12. Februar 1988: „Wie es um das EG-Parlament bestellt ist, verdeutlicht die Tatsache, daß an der wichtigen Abstimmung über das Ausländerwahlrecht nur knapp 200 Abgeordnete teilnahmen.

„Wahlrecht für Ausländer aus der EG“

FAZ, 11. März 1988.

ban. BONN, 10. März. Die innenpolitische Arbeitsgruppe der CDU/CSU-Bundestagsfraktion hat ein Papier ihres Vorsitzenden Gerster (CDU) in seinen Grundzügen gebilligt, das zwar ein kommunales Wahlrecht für alle Ausländer ablehnt, sich aber über ein kommunales Wahlrecht für Ausländer aus EG-Staaten zustimmend äußert. Gerster sagte am Donnerstag, er stehe einem auf Gegenseitigkeit in allen EG-Mitgliedsstaaten gewährten kommunalen Wahlrecht für EG-Ausländer „grundsätzlich positiv“ gegenüber. Ein kommunales Wahlrecht für alle Ausländer lehne er ab, weil dies den Anreiz zur Integration und zur Einbürgerung schwäche.

Die anderen 300, darunter auch die Mehrzahl der deutschen Parlamentarier, fehlten. Und das, obwohl die Straßburger Abgeordneten nur an wenigen Tagen im Monat zusammentreten, also nicht gerade unter EG-Streß leiden.“

Auch führende christdemokratische Politiker treten für das Ausländerwahlrecht ein: Vorsitzender der hessischen Europa-Union ist der CDU-Europaabgeordnete Axel N. Zarges. Auf der Landesversammlung dieser Organisation 1986 wurde ein „Kommunalwahlrecht für alle Ausländer“ gefordert. Am 1. Juli 1987 veröffentlichte das Westfalenblatt ein Interview mit dem CDU-Bundestagsabgeordneten Alfons Müller, Vorsitzender der christlich-demokratischen Arbeitnehmerschaft (CDA). Müller auf die Frage „Wie steht die CDA zum derzeit umstrittenen Ausländerwahlrecht auf kommunaler Ebene?“: „Langfristig muß dies unser Ziel sein . . . Langfristig müssen auch die Türken in die Überlegungen zum Wahlrecht einbezogen werden.“ Am 20. Juli 1987 hieß es im „Spiegel“: „Im Europaparlament hatten Christdemokraten gemeinsam mit sozialistischen Abgeordneten schon vor anderthalb Jahren unumwunden empfohlen, das Wahlrecht ‚auf kommunaler Ebene auch den Bürgern anderer Mitgliedsstaaten der EG‘ einzuräumen.“ Am 31. Juli 1987 berichtete die Deutsche Wochen-Zeitung, daß der ehemalige CDU-Bun-

desinnenminister Ernst Benda die Einführung eines Kommunalwahlrechtes für Ausländer für möglich hält: „Im kommunalen Bereich kann man darüber reden." Notiz aus dem Deutschen Anzeiger Nr. 42/1987: „Nach Ansicht der von der CDU/FDP-Landesregierung in Hannover eingesetzten niedersächsischen Ausländerbeauftragten Gabriele Erpenbeck (CDU) müsse das Amt eines Oberbürgermeisters einer deutschen Stadt nicht unbedingt von einem Deutschen bekleidet werden. Als Voraussetzung nannte sie das aktive und passive Ausländerwahlrecht, welches sie entschieden befürworte, denn Ausländer seien ‚fester Bestandteil unserer Gesellschaft'. Frau Erpenbeck beklagte außerdem, daß Ausländer in Deutschland ‚noch immer keine große Lobby' hätten." Am 11. März 1988 meldete die Frankfurter Allgemeine Zeitung: Die innenpolitische Arbeitsgruppe der CDU/CSU-Bundestagsfraktion habe ein Papier ihres Vorsitzenden Gerster (CDU) in seinen Grundzügen gebilligt, das sich über ein kommunales Wahlrecht für Ausländer aus EG-Staaten zustimmend äußerte.
Führende Verfassungsrechtler und die DVU halten das Ausländerwahlrecht für grundgesetzwidrig, da das Wahlrecht in der Verfassung ausdrücklich dem deutschen Volk vorbehalten ist.

AUSLÄNDERPOLITIK UND WENDEBETRUG

Die Ausländerpolitik ist ein Paradebeispiel für den Bonner Wendebetrug, also für nichteingelöste Versprechungen, mit denen Millionen nationaler und patriotischer Wähler für CDU und CSU geködert worden sind.
In einem vor der Wende 1982 millionenfach verbreiteten CDU-Flugblatt hieß es: „Die CDU will erreichen, daß in ca. fünf Jahren die Zahl der Ausländer in Deutschland um etwa eine Million abnimmt. Andernfalls entstehen Probleme, mit denen die nächste Generation kaum noch fertigwerden kann. Das friedliche Zusammenleben von Deutschen und Ausländern ist für die Zukunft nur gewährleistet, wenn ihr weiterer Zuzug gestoppt wird, Problemgruppen vermindert werden und der Mißbrauch des Gastrechtes nicht geduldet wird." Tatsächlich hat sich die Zahl der Fremden seit der „Wende" um Hunderttausende erhöht.

Weitere ausländerpolitische Wendeversprechen: „Zuzug von Ausländern stoppen!“ (F.J. Strauß laut „Reuter“-Meldung vom 6. August 1982). „Die Aufnahmekapazität der Bundesrepublik ist erschöpft. Sie ist kein Einwanderungsland.“ (Friedrich Zimmermann in einem „Welt“-Interview am 11. Oktober 1982). „Die Zahl der Ausländer muß langfristig verringert werden. Wir sind nicht mehr in der Lage, weitere Ausländer aufzunehmen.“ (Zimmermann im Oktober 1982 im Deutschen Bundestag). „Es ist nicht unmoralisch zu fordern, daß der uns verbleibende Rest Deutschlands in erster Linie den Deutschen vorbehalten bleibt.“ (Alfred Dregger am 21. Oktober 1982 in Bonn). „Nach den Worten von Kanzler Kohl muß ein erheblicher Teil der rund zwei Millionen in der Bundesrepublik lebenden Türken in ihre Heimat zurückkehren.“ (Nachrichtenagentur „AP“ im Januar 1983). „Harte Linie gegen Ausländer. CDU will erreichen, daß die Hälfte das Land verläßt.“ („Frankfurter Rundschau“ am 17. März 1983).
In seiner Regierungserklärung vom September 1982 führte Kanzler Kohl unter anderem aus: „Die Bundesregierung wird sofort eine Reihe von Maßnahmen beschließen, die Anreize bieten für die Rückkehrbereitschaft von Ausländern. Im Rahmen der EG ist darauf hinzuwirken, daß kein zusätzlicher Zuzug eröffnet wird. Um dem Mißbrauch des Asylrechts wirksam zu begegnen, sind weitere Maßnahmen erforderlich.“
Zur Wiederholung des Wendeversprechens kam es 1984. Am 5. Januar des Jahres schlagzeilte die westdeutsche Tagespresse: „Union will Nachzug streng begrenzen – Ausländerzahl darf nicht steigen.“ In der Meldung hieß es: „Die CDU/CSU-Bundestagsfraktion will eine harte Linie in der Ausländerpolitik durchsetzen. Vor allem beim Nachzug von ausländischen Ehepartnern und Kindern wird die Union im Bundestag nach Angaben des CDU-Bundestagsabgeordneten Paul Laufs eine strenge Begrenzung anstreben.“
Dasselbe Spiel vor der Bundestagswahl 1987. Wieder verkündeten maßgebliche CDU/CSU-Politiker: „Ein weiteres Ansteigen der Ausländerzahl in der Bundesrepublik muß verhindert werden. Die Ausländerpolitik spielt eine Schlüsselrolle bei der Lösung des Problems der Arbeitslosigkeit.“ (Meldung des Evangelischen Pressedienstes, Januar 1987).

Ausländerprobleme anpacken

Mit 4,7 Millionen im Bundesgebiet und über 500.000 in Hessen ist die Ausländerzahl in unserem Land zu hoch. Die CDU zieht daraus die Konsequenzen:

- **Aufrechterhaltung des Anwerbestopps für ausländische Arbeitskräfte,**
- **keine weitere Zureise von ausländischen Familienangehörigen außerhalb der Europäischen Gemeinschaft,**
- **Verhinderung der mißbräuchlichen Ausnutzung des deutschen Sozialsystems,**
- **bessere Gesetze gegen den Zustrom von Wirtschaftsasylanten,**
- **Ausweisung und Abschiebung straffälliger Ausländer in ihre Heimatländer,**
- **konsequentes Vorgehen gegen politische Radikalisten unter den Ausländern.**

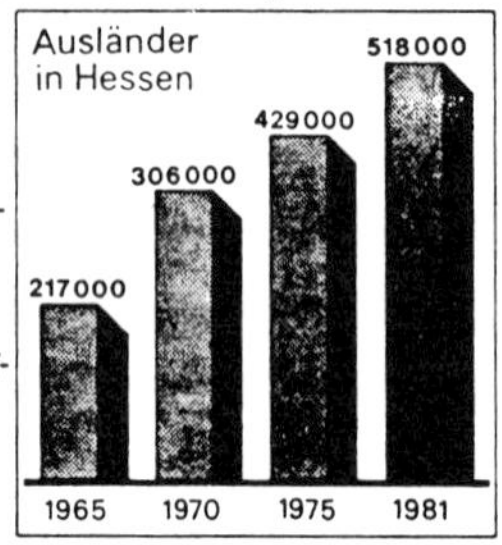

Die CDU will erreichen, daß in ca. 5 Jahren die Zahl der Ausländer in Deutschland um etwa 1 Million abnimmt. Andernfalls entstehen Probleme, mit denen die nächste Generation kaum noch fertigwerden kann.

Die CDU weiß aber auch, daß eine Vielzahl von Ausländern auf Dauer in Deutschland bleiben will, sich hier bereits zu Hause fühlt und als Mitbürger und Mitarbeiter unentbehrlich sind. Besonders für die Kinder der zweiten Generation will die CDU

- gute deutsche Sprachkenntnisse als Grundvoraussetzung für Integration vermitteln,
- Hilfen im Bereich von Kindergärten, Grund- und Hauptschulen gezielt einsetzen,
- die berufliche Ausbildung der Ausländer vergleichbar mit deutschen Jugendlichen sicherstellen.

Auch in Zukunft werden viele Ausländer in Deutschland leben, insbesondere aus dem Bereich der Europäischen Gemeinschaft. Daran will niemand etwas ändern. Aber das friedliche Zusammenleben von Deutschen und Ausländern ist für die Zukunft nur gewährleistet, wenn ihr weiterer Zuzug gestoppt wird, Problemgruppen vermindert werden und der Mißbrauch des Gastrechts nicht geduldet wird.

Am 26. September 82
CDU wählen!

Verantwortlich: CDU Landesverband Hessen

CDU
besser für Hessen!

CDU-Wendeversprechen 1982: „Etwa eine Million Ausländer weniger.“ Tatsächlich ist die Zahl der Ausländer seit der Wende um mehrere hunderttausend gestiegen. Es kamen allein über 300000 Neuasylanten.

Donnerstag, 5. Januar 1984 · Jahrgang 40 · Nr. 4

Union will Nachzug streng begrenzen

„Ausländerzahl darf nicht steigen"

Von unserer Korrespondentin Gerda Strack

BONN, 4. Januar. Die CDU/CSU-Fraktion im Bundestag will eine harte Linie in der Ausländerpolitik durchsetzen. Vor allem beim Nachzug von ausländischen Ehepartnern und von Kindern wird die Union im Bundestag nach Angaben des CDU-Bundestagsabgeordneten Paul Laufs eine strenge Begrenzung anstreben.

Wiederholung des Wendeversprechens im Jahr 1984; Titelseite der Frankfurter Rundschau.

Aufgespießt

„Man muß immer unterscheiden: vormittags Propaganda, nachmittags Politik."

CSU-Vorsitzender Franz Josef Strauß zur Frage nach der Glaubwürdigkeit seiner Partei nach der Zusammenarbeit zwischen CSU und Grünen bei Referentenwahlen im Münchner Rathaus.

Frankfurter Rundschau vom 24. März 1988.

„AUSLÄNDISCHE MITBÜRGER“

Der Manipulation politischer Gegebenheiten geht die Begriffsveränderung voran. Bestes Beispiel ist die Ausländerpolitik.
Als in den 50er Jahren – ausweislich der Meinungsumfragen gegen den erklärten Willen der Mehrheit des deutschen Volkes – mit dem Hereinholen ausländischer Arbeitskräfte begonnen wurde, hieß es zunächst, es seien „Saisonarbeiter“. Man wollte weismachen, es handele sich um eine nur vorübergehende Erscheinung. In den 60er Jahren schaltete die Meinungsindustrie auf den Begriff vom „Gastarbeiter“ um. Immerhin blieb noch das Element der Vorläufigkeit. Denn Gäste pflegen irgendwann auch wieder wegzugehen. In den 70er Jahren war dann nicht mehr von Gästen, sondern von „ausländischen Arbeitnehmern und ihren Familien“ die Rede. Trotz allem machte die Wortwahl „ausländisch“ noch deutlich, daß es sich um Fremde und nicht um Einheimische handelt. Anfang der 80er Jahre propagierten Meinungsmacher dann den „ausländischen Mitbürger“. Es blieb Bundeskanzler Kohl vorbehalten, anläßlich seiner Neujahrsansprache 1987 als erster deutscher Regierungschef dieses Wort vom „ausländischen Mitbürger“ hochoffiziell zu übernehmen. Vom „Saisonarbeiter“ zum „ausländischen Mitbürger“ – jeder Begriffsmanipulation folgten politische Manipulationen der Ausländerpolitik, die aus dem vorübergehenden Aufenthalt einiger hunderttausend Fremder einen Daueraufenthalt von Millionen Ausländern in der Bundesrepublik machten – bis hin zum Massenansturm von Scheinasylanten und bis hin zur Bekundung von Kohls Kanzleramtsminister Schäuble, wir bräuchten noch mehr „ausländische Mitbürger“, um die infolge Geburtenminus ausbleibenden Deutschen „zu ersetzen“. Vorher hatte Ministerpräsident Späth (CDU) als einer der ersten maßgeblichen Bundespolitiker festgestellt, die Bundesrepublik sei ein „Einwanderungsland“ – das zu einer Zeit, als selbst sozialdemokratische Führer noch betonten, Westdeutschland sei keineswegs ein Einwanderungsland.

AUSSIEDLER-DISKRIMINIERUNG

In zahlreichen bundesdeutschen Städten und Gemeinden bringt die Obrigkeit die Asylanten und Scheinasylanten auf Kosten des Steuerzahlers in Hotels unter. Dabei entstehen monatliche Aufwendungen in Höhe von oftmals mehr als 1000 Mark pro fremdem Flüchtling.

Anders als Ankömmlingen aus Afrika und Asien, die – wie gerichtlich bewiesen – in über 90 Prozent der Fälle politische Verfolgung in der Heimat nur vortäuschen, um sich deutsche Leistungen zu erschwindeln, ergeht es deutschen Aussiedlern aus dem Osten. Diese Deutschen haben Jahrzehnte hindurch trotz Unterdrückung und Verfolgung zu ihrem Volkstum gestanden und verdienen die solidarische Hilfe unserer Gemeinschaft.

Über skandalöse Zustände, zum Beispiel im CDU-regierten Frankfurt am Main, berichtete die dortige Ortspresse im April 1988: „Der Zustrom der Deutschen aus osteuropäischen Ländern sorgt für drangvolle Enge in den Aussiedler-Wohnheimen. Nach Aussagen der Arbeitsgemeinschaft für Flüchtlingsfragen sind die drei Frankfurter Wohnheime mit insgesamt 511 Plätzen außerordentlich stark belegt. In den Wohnheimen sind Familien auf engstem Raum untergebracht."

Nach Angaben der Abteilung Sozialarbeit im DRK leiden unter den bedrängten und bedrängenden Verhältnissen vor allem die Kinder der Aussiedler. Nicht weniger als 761 Personen warten in Frankfurt auf eine Unterkunft. Oft wohnen die aus dem Osten kommenden deutschen Familien schon seit einem Jahr im Wohnheim, teilt das DRK mit.

Anfang 1988 empörten sich CDU-Politiker über die Art und Weise der Unterbringung von Aussiedlern in SPD-regierten NRW-Großstädten. Wie mit den Aussiedlern umgegangen werde, sei „abschrekkend und skandalös". Die Deutschen aus Ost- und Südosteuropa würden in Obdachlosenunterkünften untergebracht, während asylsuchenden Ausländern Hotels zur Verfügung stünden. Auch das Lager Friedland bedürfe räumlicher und personeller Verbesserungen.

Im Mai 1988 berichtete der Düsseldorfer „Express": „Ein Teil der Aussiedler wohnt bereits in Containern." Gleichzeitig unterhielt Düsseldorf ein Hotelschiff für 80 Asylanten.

Für die Asylanten wendet die bundesdeutsche Obrigkeit jährlich über drei Milliarden Mark auf, für die Ausländerintegration insgesamt rund 30 Milliarden jährlich (zurückhaltende Schätzung). Für die Deutschen aus dem Osten jedoch soll kein Geld vorhanden sein.

Weitere Informationen brachte die National-Zeitung am 15. 7. 1988: „Was deutsche Aussiedler in der Bundesrepublik erdulden müssen, ist an Niederträchtigkeit kaum zu überbieten. Beispiel Lünen bei Dortmund: Hier sind in einem ehemaligen Hotel an der Gahmener Straße mehrere Aussiedler-Familien untergebracht. Sie, die oft nach bitteren Jahrzehnten der Unterdrückung und Entwürdigung voller Hoffnung in die Bundesrepublik gekommen sind, finden hier keine anständige Aufnahme. Eine Betreuerin berichtet: ‚Vor den Zimmern lagen Schutt und Gerümpel, alte Matratzen und dreckiges Bettzeug. Eine schwangere Frau, der von der Verwaltung hier ein Zimmer zugewiesen worden war, ist sofort wieder gegangen und hat bei einer Freundin Unterschlupf gefunden.' Diese Möglichkeit haben jedoch nur die wenigsten. Die anderen müssen mit jener Unterkunft Vorlieb nehmen. Heißes Wasser gibt es weder in Küche noch Bad, in vielen Fenstern fehlen die Scheiben, die Scherben liegen auf zerrissenen Teppichböden. Jeder Familie ist ein Zimmer von etwa 12 Quadratmetern zugewiesen." Die „Ruhr-Nachrichten" schildern ein Beispiel: „In einem solchen Zimmer lebt Familie Rickert mit sechs Personen. Sie schlafen in drei Doppelstockbetten. An einer Wand stehen drei Kleiderschränke, vor dem Fenster noch ein großer Kühlschrank. In der Mitte des Zimmers bleibt Raum für einen Tisch und Stühle. Im Nebenzimmer lebt der Sohn mit seiner Frau und drei Kindern. Die kleine Küche teilt sich die Großfamilie." Auffällig ist, daß die Betroffenen meist viel zu bescheiden sind, um gegen die entwürdigende Unterbringung zu protestieren.

BABYHANDEL

Kriminelle Geschäftemacher verdienen in der Bundesrepublik jährlich Millionen am internationalen Kinderhandel. Etablierte Politiker versäumen es, gegen diese kriminellen Machenschaften vorzugehen. Wie die Organisation Terre des Hommes im Mai 1988 bekanntgab, sind seit 1984 3200 Kinder aus dem Ausland zur Adoption in die Bundesrepublik verkauft worden. Insgesamt betrage die Anzahl der in die Bundesrepublik auf diese Weise verbrachten ausländischen Kinder mehr als 15000. Die Kinder kommen zumeist aus Südostasien, dem Fernen Osten und Lateinamerika. Sie seien in der großen Mehrzahl jünger als ein Jahr, viele sogar erst einige Tage oder

Wochen alt. Die Preise für ein solches Kind liegen durchschnittlich zwischen 15000 und 45000 Mark.
Die Geschäftemacher schrecken selbst vor Kindesentführung und anderen kriminellen Praktiken nicht zurück.
Am 27. Februar 1987 hieß es in der Deutschen National-Zeitung: „Mindestens 600 Babys haben Deutsche in diesem Jahr im Fernen Osten und in Südamerika gekauft. Es gibt einen schwunghaften Handel mit Babys aus der Dritten Welt. Der Baby-Handel ist auch vor dem Hintergrund zu sehen, daß 21000 bereits geprüfte und für würdig befundene deutsche Elternpaare auf ein deutsches Adoptivkind warten, aber nur jährlich 8500 Kinder für eine Adoption freigegeben werden."
Einer der erfolgreichsten Babyhändler ist Graf Adelmann von Adelmannsfelden. Laut Preisliste kann man bei ihm ein Kind aus Fernost für 15000 Mark erstehen, ein Baby aus Nahost kostet 30000 Mark. Der Kunde wird aufgefordert, das Baby „seiner Wahl" als sein Kind anzuerkennen. Diese vorsätzlich falsche Behauptung der Vaterschaft ist nach geltendem Recht nicht strafbar. Anträgen, das Kind für ehelich zu erklären, geben die Gerichte in der Regel statt.
Frankfurts Oberbürgermeister Brück hatte eine Mitarbeiterin des Jugendamtes als Beobachterin zu einem Seminar des Grafen geschickt. Dabei habe Adelmann davon gesprochen, Kinder „ganz frisch" kurz nach der Geburt liefern zu können. Sollte sich herausstellen, daß sie krank seien, so könnten sie „zurückgegeben werden". Der Graf: „Einmal ist uns eins gestorben, naja, war halt tot."
Adelmanns Babyhandel-Agentur will nach eigenem Bekenntnis durch das Hereinholen vieler Kinder aus der Dritten Welt dazu beitragen, daß aus dem „deutschen Volk von germaniden Untermenschen" eine Gesellschaft mit „westlichem Zivilisationsniveau" werde. Bürgern, die daraufhin Anzeige erstatteten, wurde von der Staatsanwaltschaft mitgeteilt, es liege keine strafbare Äußerung vor.

BARSCHEL-PFEIFFER-SKANDAL

Mit dem Tod des langjährigen CDU-Ministerpräsidenten von Schleswig-Holstein, Uwe Barschel, erreichte einer der größten Polit-Skandale der Bundesrepublik seinen vorläufigen Höhepunkt. Die Deutsche National-Zeitung erinnerte an die Selbstmord-Serie, mit der

Barschel in seiner Jugend konfrontiert war: „Auf Einladung des Leiters des Geesthachter Gymnasiums, Dr. Georg Rühsen, und des damaligen Schülersprechers Uwe Barschel referierte 1963 Ex-Reichspräsident Karl Dönitz in der norddeutschen Oberschule. Daraufhin setzte eine gigantische Pressekampagne ein, in deren Folge Dr. Rühsen, CDU-Kultusminister Edo Osterloh, sowie der Ex-Euthanasie-Verantwortliche, Professor Werner Heyde, den Osterloh ‚gedeckt' haben soll, und Heydes Mitarbeiter Dr. Tillmann in den Tod gingen. Barschel wäre der Fünfte der ‚Beteiligten', der Selbstmord verübte. Oder sollte man doch lieber Selbstmord in Anführungszeichen schreiben?"

Vor dem Hintergrund des Todes Barschels in Genf (der „Selbstmord" wird von der Familie angezweifelt) kamen auch die Ermittlungen wegen Barschels Flugzeugabsturz am 31. Mai des Todesjahres 1987 wieder in Gang. Damals überlebte der Politiker als einziger von vier Insassen der Maschine und erlitt einen Bruch des Kreuzbeines nebst Abriß des Querfortsatzes des linken Lendenwirbels sowie einen Bruch des Hüftgelenkes. 58 Tage mußte der Ministerpräsident in der Chirurgischen Klinik in Lübeck zubringen. Die genauen Umstände des Absturzes konnten nie geklärt werden. War es ein erster Mordanschlag?

Vermutlich muß man unterscheiden zwischen dem „offiziellen Barschel-Skandal", der in der veröffentlichten Meinung die Hauptrolle spielte, aber nicht zum Tode Barschels führte, und einem Skandal hinter den Kulissen, dessen Hintergründe weitgehend unaufgeklärt sind.

Wäre ein ausgefuchster etablierter Polit-Profi wie Barschel, der mit allen Wassern gewaschen war, wegen des „offiziellen Skandals" in den Tod gegangen? Hierzu eine bezeichnende Meldung der Münchner „tz" vom 13. November 1987: „Ministerpräsident Strauß hat nach einer Sitzung des CSU-Vorstandes gesagt, wenn alle Politiker, denen man Gleiches wie dem verstorbenen Uwe Barschel vorwerfen könnte, freiwillig ihr Mandat abgäben, ‚dann gäbe es in den Parlamenten wahrscheinlich keine beschlußfähigen Mehrheiten mehr'."

Strauß besaß zweifelsohne Kompetenz für eine solche Darlegung.

Der „offizielle" Skandal begann mit einer Berichterstattung im „Spiegel" kurz vor der Landtagswahl in Schleswig-Holstein. Barschels einstiger Medienreferent und „Mann fürs Grobe", Reiner Pfeiffer, berichtete über Denunziationen, die er im Auftrage seines

Chefs gegen den SPD-Vorsitzenden in Schleswig-Holstein, Engholm, gestartet habe. Dazu gehörte der planmäßig ausgestreute Verdacht, Engholm habe Steuern hinterzogen, bediene sich „Wanzen“ zur Bespitzelung von Gegnern, und er leide wegen seines „ausschweifenden Sex-Lebens“ an Aids. Auch sei er, so Pfeiffer weiter, von Barschel angestiftet worden, Zwietracht in eine Wählergemeinschaft zu tragen, von der der CDU-Ministerpräsident annahm, daß sie ihm Stimmen kosten werde.
Am 18. September 1987 erklärte Barschel während einer Pressekonferenz ehrenwörtlich, daß an den Pfeiffer-Vorwürfen nichts Wahres sei. Dieses Ehrenwort geriet durch Zeugenaussagen und durch Indizien ins Wanken. Als schließlich die eigenen Partei„freunde“ Barschel in den Rücken fielen, trat dieser zurück.
Kurz darauf, am 11. Oktober 1987, wurde der Ex-Ministerpräsident tot in einem Genfer Hotel von „Stern“-Reportern aufgefunden.
Um den Tod des Uwe Barschel rankten sich sofort Spekulationen. Die Selbstmord-Version wurde in Zweifel gezogen. Die „Basler Zeitung“ berichtete, sie habe „sehr zuverlässige Informationen“, nach denen die Justizbehörden deutscherseits gedrängt worden seien, es sei in aller Interesse, wenn man diesen Fall „als Selbstmord einstufen könnte“. Der Londoner Daily Telegraph mutmaßte, Barschel sei Opfer der „Iran-Gate-Waffenhändlerbande“ geworden, denn: „Schleswig-Holstein ist ein bekanntes Operationszentrum für Waffenhändler.“ Das gelte auch für Genf und das Hotel, in dem Barschel abgestiegen sei: Es handle sich um eine „Kontaktstelle für Waffenhandel“.
Neue Nahrung erhielten diese Spekulationen, als bekannt wurde, daß sich der mysteriöse Agent Mauss am Todestag unweit der Todesstelle befunden hatte. Mauss erledigt für bundesdeutsche Etablierte brenzlige Aufträge und hat sich diesbezüglich auch schon „Meriten“ im Kampf gegen die bundesdeutsche Rechte erworben.
Was den „offiziellen Barschel-Skandal“ angeht, so ist auch die Rolle führender Sozialdemokraten noch ungeklärt. Der SPD-Pressesprecher in Schleswig-Holstein, Klaus Nilius, zum Beispiel mußte am 9. Oktober 1987 einräumen, sich bereits im Juli mit Pfeiffer getroffen zu haben. Dieser habe ihn über die Machenschaften Barschels informiert. Nilius will die Information für sich behalten und nicht an Engholm, seinen engen Freund, weitergegeben haben.

BAUERNSTERBEN

Aus ernährungspolitischen und ökologischen Gründen ist die Erhaltung des Bauernstandes von herausragender Bedeutung. Die etablierte Politik jedoch, vor allem die EG, löscht das deutsche Bauerntum aus. 1949 gab es in der Bundesrepublik Deutschland 1646751 Bauernhöfe, 1986 waren es noch 707658. Die Zahl der Höfe mit einer Landfläche unter 20 Hektar ging von 1,5 Millionen auf 500000 zurück.
Anfang 1988 legte Bundeslandwirtschaftsminister Kiechle der Öffentlichkeit den Agrarbericht 1986/87 vor. Demzufolge hatte sich das Bauernsterben im Zeichen der „Wende" deutlich beschleunigt. Rund 27000 Vollerwerbsbauern gaben auf. Gleichzeitig nahm die Zahl der in der Landwirtschaft Vollbeschäftigten um 50000 ab. Diese Entwicklung verstärkte sich 1987/88. Während der Agrarbericht 1986/87 für die größeren Güter im Schnitt ein Einkommen von 61500 Mark im Wirtschaftsjahr ermittelt, kamen die mittleren Höfe auf 42000 Mark, und die kleinen mußten mit lediglich 29500 Mark auskommen. Die Arbeitsgemeinschaft Bäuerliche Landwirtschaft wertete das Bonner Dokument als Schriftstück, das „das endgültige Aus für kleine und mittelbäuerliche Betriebe" beschreibe.
Für die traurige Tatsache, daß täglich fast 50 Bauern in der Bundesrepublik aufgeben müssen, machen Agrarexperten vor allem die völlig verfehlte EG-Agrarpolitik verantwortlich. Das Realeinkommen der Bauern hierzulande sank allein 1987 um 17,2 Prozent. Betrug das Einkommen der Landwirte (Gewinn je Familienarbeitskraft in DM) 1982/83, zu Beginn der „Wende", 26740, so ist es 1987/88 auf 24880 abgesunken.

BERLINER BAUSKANDAL

Im März 1986 traten die Berliner Senatoren Heinrich Lummer (CDU), Klaus Franke (CDU) und Horst Vetter (FDP) zurück. Sie zogen damit die Konsequenzen aus der Finanz-, Spenden- und Schmiergeldaffäre, im Zuge derer gegen 29 Personen – Baulöwen, Bezirksbürgermeister, Steuerberater und Bordellbesitzer – ermittelt wurde. Die Ermittlungen dauern an.

Die Affäre hatte einen ersten Höhepunkt erreicht, als am 4. November 1985 der ehemalige Charlottenburger Baustadtrat und CDU-Kreisverbandsvorsitzende Wolfgang Antes in U-Haft genommen wurde. Man warf ihm vor, Schmiergelder in Höhe von fast einer Million Mark von Berliner Baulöwen kassiert zu haben.
Am 20. Januar 1986 wurde der Bauunternehmer Kurt Franke aufgrund des Verdachts, Bestechungsgelder gezahlt zu haben, verhaftet. Der Regierende Bürgermeister Diepgen mußte zugeben, von Franke persönlich Parteispenden von mindestens 50000 DM unquittiert entgegengenommen zu haben; in die CDU-Parteikasse sind gesetzwidrigerweise ohne öffentliche Bekanntmachung 228100 DM von Franke geflossen; auch SPD und FDP hielten die Hand auf. Vetter mußte zugeben, von Kurt Franke eine Spende von 10000 Mark erhalten zu haben.
Über eine der juristischen Weiterungen des Skandals berichtete am 8. Juli 1988 der Deutsche Anzeiger wie folgt:
„Der ehemalige Berliner Umweltsenator Horst Vetter und der frühere Bezirksbürgermeister Gottfried Wurche sind in Berlin von der Großen Strafkammer wegen Meineids zu elf Monaten Haft mit dreijähriger Bewährung und Geldstrafen in Höhe von je 25000 Mark verurteilt worden. In der die Justiz bereits seit zwei Jahren beschäftigenden Bau- und Korruptionsaffäre wurden beiden Politikern Zeugenaussagen zum Verhängnis, bei denen Vetter versicherte, er habe von dem Bauunternehmer Franke einmalig 10000 DM erhalten und an die Bundespartei überwiesen, während Wurche jedwede Zuwendungen von Franke bestritt. Das Gericht aber sah es als erwiesen an, daß beide Politiker von Franke insgesamt 50000 DM erhalten hatten. Da die Kammer mit ihrer Strafzumessung unter einem Jahr blieb, sind die Versorgungsansprüche von Vetter und Wurche nicht gefährdet."

BEVÖLKERUNGSPOLITIK

Zu den Bonner Wendeversprechen zählten auch „Maßnahmen gegen das Geburtenminus". Die Bundesrepublik Deutschland weist seit Jahren die niedrigste Geburtenzahl der Welt auf. Jährlich sterben weit über 100000 Westdeutsche mehr als geboren werden. Auch in diesem Bereich fand die Wende nicht statt.

Bezeichnend ist eine Bekundung des familien- und gesundheitspolitischen Sprechers der CDU/CSU-Bundestagsfraktion, Hermann Kroll-Schlüter. Er schrieb im März 1987 in einem FAZ-Leserbrief: „Es ist nicht entscheidend, ob es 60 oder 40 Millionen Deutsche gibt. Wohl aber ist es von größter Bedeutung, wie wir den Weg dahin bewältigen."
In seiner Weihnachtsansprache 1986 sagte Bundespräsident Richard von Weizsäcker (CDU): „Der Staat hat keine Bevölkerungspolitik zu betreiben." Kommentar der Deutschen Volksunion: „Tatsächlich betreibt Bonn Bevölkerungspolitik, nämlich negative. Zum Beispiel durch Gewährenlassen und Finanzierung der hunderttausendfachen Abtreibung aus ‚sozialen Gründen', anstatt die wirklich in Not geratenen deutschen Frauen und Familien zu unterstützen."
Auch das Hereinholen von jährlich mehreren hunderttausend Ausländern ist als aktive Bevölkerungspolitik, allerdings im antinationalen Sinne, zu verstehen. Führende etablierte Politiker sehen in den einströmenden Ausländern „Ersatz für fehlende Deutsche".
Bei Fortsetzung der jetzigen Politik würde nicht etwa ein „Raum ohne Volk" entstehen, sondern ein „Raum mit einem anderen Volk", mit einer „multikulturellen Gesellschaft".
Unter der Schlagzeile „Das deutsche Volk in der Todesspirale" schrieb Soziologie-Professor Dr. Robert Hepp 1986: „Was die Regierung Kohl von Bevölkerungspolitik hält, geht am deutlichsten aus ihren Antworten auf die Umfrage der Vereinten Nationen zur Vorbereitung der Weltbevölkerungskonferenz hervor. Für die skrupelhafte Impotenz und das schlechte Gewissen dieser Regierung ist es bezeichnend, daß sie auf die Frage, ob sie die derzeitige Bevölkerungswachstumsrate für zufriedenstellend, zu niedrig oder zu hoch halte, keine Stellungnahme abzugeben vermag."
Treffend stellte Ulf Fink, Vorsitzender der CDU-Sozialausschüsse, als Argument für aktive Familienpolitik fest: „Was hülfe es, wenn wir einem aussterbenden Volk einen sanierten Haushalt hinterließen?"
Ein bezeichnendes Detail: CDU und CSU versprachen, die staatlichen Beihilfen für die von Beamtinnen, Beamtenfrauen und Beamtentöchtern betriebenen Schwangerschaftsabbrüche zu streichen. Der zuständige Innenminister Zimmermann in Bonn nannte dafür sogar einen konkreten Termin, nämlich den 1. Juli 1983. Doch die Streichung erfolgte keineswegs. Vielmehr wurde der Beihilfekatalog noch erweitert um staatliche Zuschüsse für Beamtinnen, Beamten-

frauen und -töchter, die sich sterilisieren lassen. Es drängt sich der Eindruck auf, daß Bonn alles fördert, was die Zahl deutscher Kinder vermindert.

BLOCKFREIHEIT

Obwohl die große Mehrheit der Bundesdeutschen ein blockfreies Gesamtdeutschland wünscht, lehnt Bonn jeden Schritt in diese Richtung ab und beschwört die „Ewigkeit der Westbindung".
Der von Kanzler Kohl propagierten Politik unverbrüchlicher und unantastbarer Westbindung stehen zwei Entwicklungen entgegen. Es handelt sich zum einen um den Meinungsumschwung der Westdeutschen und zum anderen um deutliche Signale aus Moskau, die von einer erstaunlichen deutschlandpolitischen Flexibilität des Kreml zeugen.
1978 wurden die Bundesbürger unter repräsentativen Gesichtspunkten gefragt, ob sie eine Wiedervereinigung in einem blockfreien Gesamtdeutschland begrüßen würden. Die Zahl der Befürworter lag bei 38 Prozent. 1984 ermittelte das Institut für Demoskopie in Allensbach schon 53 Prozent Zustimmung für die Blockfreiheit. Nur mehr 26 Prozent sprachen sich dagegen aus. Allensbach nannte dabei folgende Bedingungen: „Die DDR tritt aus dem Warschauer Pakt aus, die Bundesrepublik aus der Nato; das wiedervereinigte Deutschland könnte sein Gesellschaftssystem in freien und geheimen Wahlen selbst bestimmen. Neutralität und Bündnisfreiheit wären garantiert."
1987 schließlich gab das Bielefelder Emnid-Institut für Meinungsforschung bekannt: 80 Prozent der Befragten sind für ein wiedervereinigtes, neutrales und blockfreies Deutschland, nur 16 Prozent befürworten den Verbleib der deutschen Staaten in den Militärallianzen. Die Frage lautete: „Die Bundesrepublik ist eingebunden in das westliche Verteidigungsbündnis und die DDR in den Warschauer Pakt; wäre es Ihrer Meinung nach für die Bundesrepublik besser, wiedervereinigt mit der DDR ein neutrales Land zu werden, oder sollten beide Teile Deutschlands in ihren Blöcken verbleiben?"
Innerhalb eines Jahrzehntes also hat sich die Zahl der Befürworter eines wiedervereinigten, blockfreien Deutschlands von 38 Prozent

auf 80 Prozent erhöht. Einen derartigen Stimmungsumschwung hat es allenfalls im Bereich der Kernenergie gegeben: Während vor zehn Jahren noch die große Mehrheit der Befragten Ja zur Kernenergie sagte, fordern heute rund 80 Prozent den möglichst raschen „Ausstieg". Kaum verändert haben sich die Meinungswerte beim Ausländerproblem: Stabile 70 bis 80 Prozent treten für Ausländerstopp und Ausländerbegrenzung ein.

Während die herrschende Politik in Sachen Kernenergie gewisse Zugeständnisse gegenüber der Mehrheitsmeinung ankündigt, verfechten Etablierte in bezug auf Überfremdung und deutscher Einheit einen Kurs, der dem Mehrheitswillen diametral gegenübersteht.

Im Juni 1987 äußerte sich Kanzleramtsminister Schäuble mit den Worten: „Die Westbindung der Bundesrepublik ist ihre Staatsräson." Tatsächlich aber kennt das Grundgesetz keine „Westbindung"; wenn überhaupt von einer Staatsräson gesprochen werden kann, so ist es die von der Präambel des Grundgesetzes geforderte Vollendung der Einheit in Freiheit.

Anläßlich des außenpolitischen CDU-Kongresses in Bonn 1988 äußerte Kanzler Kohl: „Für Europa (gemeint: EG) gibt es außerhalb des Atlantischen Bündnisses und ohne den Schutz der Vereinigten Staaten von Amerika keine Sicherheit. Die Lebens- und Schicksalsgemeinschaft zwischen Europa und Amerika steht für uns daher zu keinem noch so fernen Zeitpunkt zur Disposition."

Am 24. März 1988 berichtete die „Frankfurter Allgemeine" über eine Reise von Professor Weidenfeld (Universität Mainz) in die USA. Der von Kanzler Kohl mit der Pflege deutsch-amerikanischer Beziehungen beauftragte Politikwissenschaftler sagte drüben u. a.: „Die Ortsbestimmung der Deutschen in der Bundesrepublik liegt in der Westbindung. Die Bundesrepublik hat ein für allemal ihr Potential eingebracht in eine gemeinschaftliche Strategie des Westens. Von Anfang an haben die Deutschen in der Bundesrepublik erklärt, Freiheit sei wichtiger als Einheit. Die europäische Integration wird die Prämisse für alle weitergehenden Ziele und Wünsche der Deutschlandpolitik sein."

BOMBEN-„BEFREIUNG"

Zu den abstoßendsten Erscheinungen der herrschenden Extrem-Vergangenheitsbewältigung zählt, daß etablierte deutsche Politiker und Mediengewaltige sogar die hunderttausendfache Ermordung deutscher Zivilisten, meist Frauen und Kinder, durch alliierte Holocaust-Bomber entschuldigen, rechtfertigen oder gar begrüßen.

Im Juli 1987 legte beispielsweise der schleswig-holsteinische Ministerpräsident Uwe Barschel (CDU), dessen Name für eine der unrühmlichsten Politaffären der Bundesrepublik steht, Zeugnis ab von dieser Art des Nationalmasochismus. Einem ehemaligen US-Bomber-Kanonier, der sich dafür entschuldigte, an der Zerstörung von 35 deutschen Städten beteiligt gewesen zu sein, ließ Barschel antworten: „Bitte vergessen Sie nicht, daß die Nazis die Welt mit Krieg überzogen haben. Sie, die Amerikaner, haben uns befreit."

In ihrer Ausgabe vom 27. April 1987 berichtete die „Rheinpfalz" über eine Wahlveranstaltung des CDU-Ministerpräsidenten Bernhard Vogel wie folgt: „Was denn Rüstung mit christlicher Ethik zu tun habe, will ein offensichtlicher Alternativer wissen. Und weiter: ‚Sind Sie immer noch stolz auf Rheinland-Pfalz als größtem Flugzeug-Träger der USA?' Vogel: ‚Ich bin Winston Churchill dankbar, daß er Flugzeuge und Panzer gebaut hat, um Hitler zu hindern, die letzte Bastion der Freiheit zu stürmen.' Betretenes Schweigen im Saal." Mit „letzter Bastion der Freiheit" meint Vogel Großbritannien, das seinerzeit das größte, in einer Kette blutiger Kolonialkriege zusammengeraubte Imperium der Weltgeschichte mit über 100 versklavten Völkern beherrschte; den von Churchill gebauten Flugzeugen fielen im Zuge des Bombenterrors gegen deutsche Städte mehrere hunderttausend Zivilpersonen zum Opfer.

Über den britischen Bombenüberfall auf Hamburg im Juli/August 1943 sagte der langjährige CDU-Bundestagsabgeordnete, „Zeit"-Verleger Gerd Bucerius, vierzig Jahre später (abgedruckt in: „Reden über das eigene Land", Bertelsmann-Verlag 1983): „Ich stand an den drei Angriffstagen auf dem Dach meines Häuschens in der Hamburger Vorstadt. Oben flogen die englischen Bomber. ‚Endlich', rief ich immer wieder, ‚endlich!' Zu lange hatten mir die Alliierten gewartet, den Weltenfeind Hitler niederzukämpfen. Endlich kamen sie, die Engländer! Und dann mußte ich gegen Alarmende durch die zerstörten Straßen mit halbverbrannten Toten – zu sehen, ob mein Anwalts-

HARTMUT PERSCHAU
Vorsitzender der CDU-Fraktion in der
Hamburgischen Bürgerschaft
Rathaus 2 Hamburg 1 Postfach 10 10 26
Telefon 3 68 13 81-83

Datum 23. April 1986

Sehr geehrter Herr

Ihren Brief vom 15. April 1986 habe ich erhalten. In den Äußerungen von Herrn Dr. Bucerius (falls sie so von ihm stammen) sehe ich das Ergebnis einer Situation, in der eine Befreiung von der Nationalsozialistischen Diktatur nur noch durch die militärische Niederlage Deutschlands möglich war. Ein Hindernis für die Verleihung der Ehrenbürgerrechte kann ich darin nicht erkennen. Die Anregung zu dieser Ehrung geht im übrigen von mir aus, weil ich glaube, daß die zahlreichen Verdienste von Herrn Dr. Bucerius als Anwalt und Verleger, aber auch als Politiker der ersten Nachkriegsstunde eine solche Ehrung rechtfertigen.

Mit freundlichen Grüßen

Ihr
Hartmut Perschau

So antwortete Hartmut Perschau, CDU-Fraktionsvorsitzender in Hamburg, einem Bürger, der wegen Bucerius' Monster-Zitat angefragt hatte. Perschau, 1942 in Danzig geboren, kam im Zuge des Vertreibungsterrors mit seiner Familie nach Brokdorf, später nach Hamburg. 1970 wurde er CDU-Mitglied. Seit 1974 sitzt er in der Hamburger Bürgerschaft. Seit 1981 ist Perschau Chef der Unionsfraktion.

büro erhalten war. Was habe ich damals gedacht: Grauen und Mitleid, natürlich. Aber auch: Ihr – die Toten – habt es so gewollt und damit unseren Kindern und denen, die es nicht gewollt haben, den Tod gebracht. Um wen habe ich während des Angriffs gebangt? Um die Piloten, sie waren ja tapfer und taten das, was ich von ihnen erhoffte. Ich habe mein Land immer geliebt. Und jetzt mußte ich fast den Untergang seiner schönsten Stadt wünschen. Wie ein Monster! Nichts, was ich seitdem sage und tue, kann noch normal sein."
Bald darauf wurde Bucerius auf Vorschlag des CDU-Fraktionsvorsitzenden in der Bürgerschaft, Hartmut Perschau, Ehrenbürger Hamburgs.

BONNER ÄMTERHÄUFUNG

Niemand kann gleichzeitig den Beruf eines Bäckers, Metzgers, Maurers und Universitätsprofessors ausüben, will er die ihm obliegenden Aufgaben ordentlich bewältigen. Um so mehr nimmt es wunder, wieviele Ämter etablierte Politiker auf sich vereinen, während sie stets Zeitmangel beklagen, der sie daran hindere, an ihrem Arbeitsplatz, dem Hohen Haus, zu erscheinen. Dieselben Politiker, die gar nicht genug Posten ergattern können, empfehlen „Job sharing", also das Aufteilen eines Arbeitsplatzes unter mehreren Arbeitnehmern, als gangbaren Weg zur Minderung der Arbeitslosigkeit.
Was in anderen Demokratien schon längst der Fall war, geschieht seit 1988 auch in der Bundesrepublik: Das Präsidium der Volksvertretung teilt der Öffentlichkeit mit, welche Tätigkeiten in Vorständen oder anderen Gremien von Unternehmen und Organisationen sowie welche Funktionen in Verbänden die Abgeordneten bekleiden. Demzufolge sind zahlreiche Volksvertreter wahre Supermänner und -frauen. Denn sie nehmen neben ihren Posten als Abgeordnete bis zu 30 für Wirtschaft und Gesellschaft entscheidende Ämter ein.
Die Zahl der veröffentlichten Posten muß schätzungsweise mit zwei multipliziert werden. Denn nicht veröffentlicht sind, so Bundestagspräsident Jenninger, „bestimmte private Vereinbarungen sowie Beteiligungen an Kapital- und Personengesellschaften". Auch die Einkünfte und Spenden werden nicht veröffentlicht, ebensowenig die zahlreichen zusätzlichen Parteiposten, die die Abgeordneten verwalten.

Der FDP-Abgeordnete Dieter-Julius Cronenberg zum Beispiel bringt es fertig, nicht nur das Volk im Hohen Haus zu repräsentieren und zugleich als Vizepräsident des Bundestages zu fungieren, sondern auch noch zu wirken als: Mitglied des Beirates der Gothaer Versicherungsbank, Mitglied des Aufsichtsrates der Industrieverwaltungsgesellschaft, als stellvertretendes Mitglied des Kontrollausschusses des Bundesausgleichsamtes, als Mitglied des Beirates der Bad Nauheimer Gespräche, als stellvertretender Vorsitzender der Bundesstiftung Mutter und Kind, als stellvertretender Kuratoriumschef der Deutschen Stiftung für Politische Bildung und Völkerverständigung, als Mitglied des Beirates des Bundesverbandes der Freien Berufe, als Mitglied des Vorstandes des Wirtschaftsverbandes Stahlverformung.

CDU-Abgeordneter Hansheinz Hauser ist Mitglied des Aufsichtsrates der Bäcker- und Konditoren-Einkauf und der Bundeszentrale Deutscher Bäcker- und Konditorengenossenschaften, Aufsichtsratsmitglied der PKB Lebensversicherungs AG, der Seidenweberhaus GmbH, der Signal-Versicherungen, der Verlagsanstalt Handwerk, der Wirtschaftsförderungsgesellschaft. Er ist Präsident der Handwerkskammer Düsseldorf, Mitglied des Verwaltungsrates der Sparkasse Krefeld, Mitglied des Rates der Stadt Krefeld, Vorsitzender des Vereins zur Förderung der Wettbewerbswirtschaft, Vorstandsmitglied im Deutschen Handwerkskammertag, Vizepräsident des Zentralverbandes des Deutschen Bäckerhandwerks, Mitglied des Präsidiums des Zentralverbandes des Deutschen Handwerks.

Volkmar Köhler kann noch mehr. Der christdemokratische Bundestagsabgeordnete ist Parlamentarischer Staatssekretär, Mitglied des Aufsichtsrates des Theaters der Stadt Wolfsburg, Gouverneur der Afrikanischen Entwicklungsbank in Abidjan sowie Chef des Afrikanischen Entwicklungsfonds, Mitglied der Kammer für Entwicklungsdienst der EKD, Gouverneur der Interamerikanischen Entwicklungsbank in Washington, Vorstandsmitglied der Afrika-Stiftung, Verwaltungsratsmitglied der Deutsch-Belgisch-Luxemburgischen Handelskammer, Präsident der Deutsch-Marokkanischen Gesellschaft, Kuratoriumsvorsitzender des Deutschen Instituts für Entwicklungshilfe, Kuratoriumschef der Deutschen Orient-Stiftung, Vorstandsmitglied des Förderkreises der Niedersächsischen Landesgalerie, Beiratsmitglied der Hermann-Mai-Stiftung für Kinderheilkunde, Mitglied des Planungsausschusses der Konrad-Adenauer-Stiftung e.V.

Als Tausendsassa erscheint Ex-Wirtschaftsminister Otto Graf Lambsdorff. Er ist Mitglied des Aufsichtsrates von Alcatel (Amsterdam), Vorsitzender des Verwaltungsrates des Bankhauses Trinkhaus & Burkhardt, Vorsitzender des Beirates der Joost & Preuß GmbH, stellvertretender Chef des Aufsichtsrates der Isola-Werke, Vorsitzender des Aufsichtsrates der Löwen-Automaten GmbH, Aufsichtsratsvorsitzender der NSM-Apparatebau GmbH, Mitglied des Beirates der Peter August Lückenhaus GmbH, Mitglied des International Advisory Comitees der Robert Bosch Internationale AG, Mitglied des Aufsichtsrates der Volkswagen AG, Mitglied des Kuratoriums der Deutsch-Britischen Stiftung für das Studium der Industriegesellschaft, Präsident der Deutschen Schutzvereinigung für Wertpapierbesitz, stellvertretender Kuratoriums-Vorsitzender der Friedrich-Naumann-Stiftung, Mitglied des Stiftungsrates der Graduate School of Business Administration, Kurator des Johanniter-Krankenhauses Rheinhausen, Mitglied des Kuratoriums des Vereins „Sicherung des Friedens“, zweiter Vorsitzender des Trägervereins des Orchesters „Philharmonia Hungarica“, Kuratoriumsmitglied der Wissenschaftlichen Hochschule für Unternehmensführung. Trotz alledem fühlte sich Graf Lambsdorff nicht ausgelastet und strebte 1988 auch noch den FDP-Bundesvorsitz an. Wann schläft der Mann eigentlich?

Auch für die sozialdemokratische Vizepräsidentin des Bundestages, Annemarie Renger, hat der Tag offenbar 48 oder sogar 72 Stunden. Denn neben ihren Funktionen im Hohen Haus und in der SPD ist sie Präsidentin des Arbeiter-Samariterbundes Deutschland, Präsidiumsmitglied des Deutschen Rates der Europäischen Bewegung, Vorsitzende des Deutschen Helsinki-Menschenrechtskomitees, Kuratoriumsmitglied der Deutschen Sporthilfe, Vizepräsidentin der Europa-Union Deutschland, Vorsitzende des Fördervereins Kunsthalle Bundeshauptstadt, Mitglied des Kuratoriums der Friedrich-Ebert-Stiftung, Kuratoriumschefin der Gesellschaft zur Förderung des Friedens im Nahen Osten, Vorsitzende der Kurt-Schumacher-Gesellschaft e. V., Vorsitzende des Trägervereins des Orchesters „Philharmonia Hungarica“, Ehrenpräsidentin des Zentralverbandes demokratischer Widerstandskämpfer und Verfolgtenorganisationen e. V.

Am beeindruckendsten ist, was die CDU-Abgeordneten Wolfgang Hinrichs (Bremen) und Constantin Freiherr Heereman von Zuydtwyck (Hörstel/Westfalen) alles schaffen. Der Letztgenannte hat nicht nur den längsten Namen aller Bundestagsabgeordneten, sondern der Bauern-Präsident weist auch die umfangreichste Ämter-Liste auf. Sie umfaßt volle drei Seiten. Bei Hinrichs werden 21 Posten genannt, bei Heereman sogar 30.

BREDA

Wegen des Vorwurfs, sie hätten Kriegsverbrechen begangen, halten die Niederlande immer noch zwei Deutsche im Gefängnis Breda fest – viereinhalb Jahrzehnte nach den ihnen zur Last gelegten Taten. Das offizielle Bonn unternimmt nichts für ihre Freilassung.
Bei den beiden Kriegsverurteilten handelt es sich um Ferdinand aus der Fünten, geboren 1909, und Ernst Fischer, geboren 1902. Bundespräsident Richard von Weizsäcker erklärte im Mai 1985 anläßlich seines Staatsbesuches in den Niederlanden, die „Sensibilität der Holländer in dieser Frage" müsse „respektiert" werden. Wenn es zu einer Begnadigung der Kriegsverurteilten komme, dann solle dies nicht durch einen Appell von deutscher Seite geschehen, sondern nur „aufgrund des Rechtsempfindens der Niederländer".
Die Deutsche National-Zeitung veröffentlichte einen Bescheid des niederländischen Justizministers Korthals Altes vom 11. Dezember 1985, in dem es heißt: „Bisher ist man nicht zu dem Schluß gekommen, daß die Freilassung dieser Kriegsverbrecher angebracht wäre." Das Münchner Blatt kommentierte: „Die mit den Westdeutschen in Nato und EG ‚freundschaftlich verbündeten' Niederlande werden von der bürgerlichen Regierung Lubbers regiert. Korthals Altes gehört der VVD an, die programmatisch mit dem linken FDP-Flügel vergleichbar ist und sich ansonsten stets für ‚Liberalisierung' des Strafvollzugs einsetzt. Das Schreiben steht dem Repräsentanten eines Staates, der mit nicht gerade friedlichen Methoden ein Weltreich schuf und noch 1945 bis 1949 bzw. 1962 im fernen Indonesien blutige Kolonialkriege führte, ‚besonders gut' zu Gesicht. Für die dabei begangenen Untaten saß natürlich nie ein Verantwortlicher im Gefängnis."
Bis heute gab es keine einzige Bonner Initiative zur Freilassung der beiden alten Männer im Gefängnis Breda.

BUCHHEIM-EHRUNG

Zu den übelsten Extrem-Vergangenheitsbewältigern zählt Lothar-Günther Buchheim. Vor 1945 gehörten seine Zeichnungen und seine Veröffentlichungen zum ständigen Repertoire der NS-Propaganda. Er publizierte unter anderem im NS-Schulungsbrief und in Dr. Goebbels' Renommierblatt „Das Reich". Heute müssen sich einstige U-Boot-Fahrer, die seine radikalen Angriffe zurückweisen, von Buchheim als „sklerotische alte Säcke" beschimpfen lassen. Den Großadmiral und letzten Reichspräsidenten Dönitz, der Millionen Ostdeutschen das Leben rettete, nennt Buchheim einen „verrückten Einpeitscher", und einem kritischen Lokaljournalisten schlug das „Ungeheuer aus Feldafing" (Süddeutsche Zeitung) ins Gesicht.
Dieser Buchheim wird von Etablierten hofiert. 1987 erhielt er auf Geheiß des Bundespräsidenten das Große Bundesverdienstkreuz.
Anläßlich des 70. Geburtstages Buchheims, 1988, erschien ein Jubelbuch mit Beiträgen prominenter Politiker. Darin schreibt Kurt Biedenkopf: „Sein literarisches Schaffen habe ich mit viel Freude und Anerkennung verfolgt. Ein herzliches Glückauf und alle guten Wünsche." CDU-Senator Kewenig aus Berlin: „Buchheim ist ein Naturereignis. Ein Naturereignis kann man nicht kritisieren." Kanzler Kohl: „An Ihrem 70. Geburtstag müssen Sie uns die Chance geben, Sie so zu ehren und zu feiern, wie dies ein solcher Festtag gebietet." Kohl erwähnt, daß er Buchheim seit anderthalb Jahrzehnten kenne, daß auf des Literaten Erzeugnisse nicht verzichtet werden dürfe, daß Buchheim sein „Lebenswerk zielstrebig fortführen" möge. Bayerns langjähriger Kultusminister Hans Maier bescheinigt Buchheim: „Er paßt so gut nach München." Daß der so Gelobte behauptet, Bayern habe eigentlich gar keine eigenständige Kultur, hindert Maier nicht daran, Buchheim inständig zu bitten, „Person und Werk endgültig an Bayern zu binden". Denn: „Es wäre so schön angesichts der Wahlverwandtschaft, die dem Kundigen bei jeder Begegnung in die Augen, in die Ohren springt." Der Ex-Kultusminister sieht in Buchheim sogar eine Art Reinkarnation des großen deutschen Reformators: Buchheims Gattin stehe ihrem Mann zur Seite „wie Melanchthon dem Luther".
CSU-Chef Strauß schrieb: „Darum muß uns dieses Kraftwerk aus Bayern (Anm.: Buchheim ist Sachse) noch recht lange den Stark-

strom liefern, aus dem Funken zur Erhellung der bayerischen Kulturlandschaft sprühen!“
Am 17. Juni 1988 meldete die Deutsche National-Zeitung: „Seit 1957 wurde der mit Gesetz geschaffene bayerische Pour le mérite-Orden an 3617 Personen des öffentlichen Lebens verliehen. Dieser wird als Zeichen für hervorragende Verdienste um den Freistaat Bayern verstanden. Vergangene Woche kamen 50 Preisträger hinzu, die von Ministerpräsident Franz Josef Strauß den Orden im Rahmen einer feierlichen Ehrung überreicht bekamen. Unter den Geehrten ist in diesem Jahr u. a. Lothar-Günther Buchheim zu finden.“

DEKADENZ

Die Dekadenz ist von Etablierten bereits dermaßen verankert worden, daß jene, die vor Sittenverfall warnen, als „rechtsextremistisch“ gelten. Eine treffende Charakterisierung der um sich greifenden Dekadenz veröffentlichte die jüdische Schriftstellerin Salcia Landmann im April 1978: Unsere Gesellschaft steuere dem „totalen Verlust von Scham und Ekel“ entgegen. „Solchen Totalmangel kannte man bisher nur als schweren seelischen Defekt, den die Psychiater Koprophilie nennen.“
Ausgehend von der gerichtlichen Billigung der Aufführung des Pasolini-Filmes „Salo“ (u. a. Szenen, in denen Kot verzehrt wird), schrieb Frau Landmann: „Daß so etwas heute sowohl die Freiwillige Selbstkontrolle als auch die höchsten Gerichte unbeanstandet passiert, signalisiert einen tiefgreifenden Bewußtseinswandel in unserer Gesellschaft, einen totalen Verfall.“
Derartige „stumpfsinnige Enthemmung“ sei im gesamten modischen Sexleben vorzufinden: „Progressistische Berliner Studenten haben in ihren Kinderläden die lieben Kleinen zu Pornodeklamationen und – soweit in diesem Alter praktikabel – Gruppensex angehalten; ein neues westdeutsches Schulbuch schildert lobend, wie ein Junge und ein Mädchen während der Schulpause im leeren Klassenzimmer ihre Genitalien gegenseitig abtasten usw. usw.“
Abschließend schreibt die jüdische Schriftstellerin: „Ob unser eigentümlicher Verlust an Ekel- und Schamgefühl nur eine vorüberge-

hende Krankheit und Epidemie oder ein Symptom der Krankheit zum Tode Westeuropas ist, wird die Zukunft zeigen."

Einige der eklatantesten Fälle von Etablierten massiv unterstützter Dekadenz:

Mit Hunderttausenden Mark aus der Steuerkasse ist das filmische Werk des Regisseurs Achternbusch gefördert worden. In seinem Film „Das Gespenst" tritt Achternbusch als „Jesus" auf, der Obszönitäten von sich gibt und Frösche kreuzigt; eine Ochsenzunge hängt dem gekreuzigten „Christus" aus dem Hals.

In seinem Werk „Gust", das von steuergeldabhängigen Bühnen aufgeführt wird, funktioniert Achternbusch das Theater zur Bedürfnisanstalt um. Das Stück besteht in einem fast zweistündigen Monolog eines senilen Bienenzüchters. Während sich der Imker in seinen Lebensbetrachtungen ergeht, liegt seine Frau im Sterben und untermalt den Monolog ihres Mannes mit einem Todesstöhnen. Der Hauptdarsteller uriniert auf die Bühne und verrichtet danach auch größere Geschäfte. Die Ausscheidungen flößt er seiner Gattin ein.

Das mit deutschen Steuergeldern finanzierte Goethe-Institut erwählte im April 1988 die Punk-Frau Nina Hagen zur Botschafterin deutscher Kultur im Ausland. Sie wirkt auf einem Videofilm als Präsentatorin moderner Rockmusik. „Deutsch ist wirklich nicht schwer", verkündet sie im Film und schreibt an die Tafel die Wörter „Supergeil" und „Zeitgeist". Am 8. Juli 1988 schrieb der Deutsche Anzeiger zu einem Bild, das Nina Hagen und Heiner Geißler in trauter Eintracht zeigte: „Zwei Repräsentanten der bundesdeutschen ‚Wende'-Ära: Rock-Röhre Nina Hagen und CDU-Generalsekretär Geißler. Sie, die sich mit Selbstmasturbation im Fernsehen darstellte, ist neuerdings Aushängeschild deutscher Kultur beim weltweit tätigen und mit Bonner Zahlungen aus der Steuerkasse versorgten Goethe-Institut. Er, der beim CDU-Parteitag die Versuche von Lebensschützern sabotierte, das Abtreibungsunrecht zu beenden, steht für die herrschende bundesdeutsche Politik." Im Goldmann-Verlag sind 1988 die Erinnerungen der Nina Hagen erschienen. Titel: „Ich bin ein Berliner." Man kann einiges erfahren über ihre Drogen- und Lesbenaffären, über ihre Meinung zu Berühmtheiten wie Brecht („Er war ein geiles Tier") und über sie selbst: „Ich bin Nina Hagen, eigentlich Levi, aber meine jüdischen Großeltern haben sich einen arischen Namen zugelegt. Das war zur Zeit des großen Deutschwahns." Warum sie aus der „DDR" in den

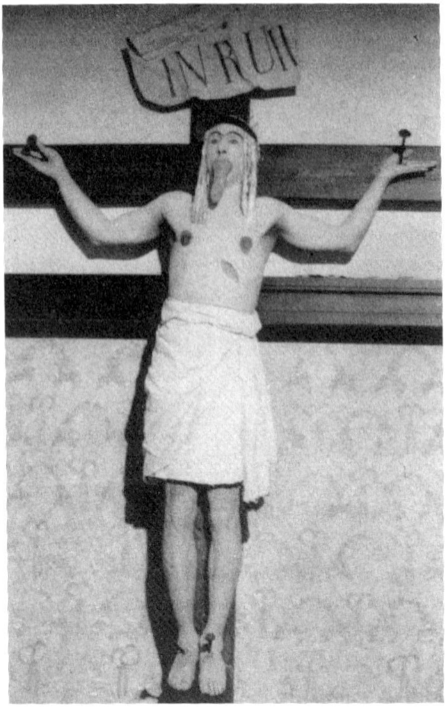

Herbert Achternbusch, dessen filmisches Werk mit Hunderttausenden aus der deutschen Steuerkasse finanziert wurde, als Jesus in seinem Film „Das Gespenst"; dem Gekreuzigten ragt eine Ochsenzunge aus dem Hals.

Westen gekommen ist? Nina Hagen: „Ich hoffe, das deutsche Volk und die ganze Welt vor dem Wahnsinn zu retten."

Kultfiguren der etablierten Dekadenz waren Regisseur Rainer Werner Faßbinder sowie dessen enge Freunde und Mitarbeiter Kurt Raab und El Hedi Ben Salem. Letztgenannter war Hauptdarsteller des Faßbinder-Films „Angst essen Seele auf", der von Herrschenden als Anklage gegen „deutsche Ausländerfeindlichkeit" gefördert wurde. Faßbinder hatte den Nordafrikaner auf dem Pariser Sauna-Strich kennengelernt und versprochen, mit ihm eine „neue Familie" zu gründen, worauf Ben Salem Frau und fünf Kinder verließ. Später hängte er sich in einer Pariser Polizeizelle auf, nachdem ihm Interpol, weil er drei Menschen niedergestochen hatte, eine wilde Verfolgungsjagd quer durch Europa geliefert hatte. Raab, der in zahlrei-

chen Faßbinder-Filmen mitwirkte und auch Drehbücher beisteuerte, starb 1988 nach langem Siechtum im Hamburger Tropeninstitut an Aids.
Faßbinder selbst fand man 1982 auf einer Matratze, umgeben von 65 Whisky-Flaschen und mit einer tödlichen Mischung Kokain, Tabletten und Alkohol im Körper. Bundeskanzler und Bundesinnenminister, die auch große Geldmengen zur Förderung des Faßbinderschen Schaffens aus der Steuerkasse zweckentfremdet hatten, trauerten um „einen großen Künstler".
Über Dekadenz-Erscheinungen in Österreich berichtete am 1. Juli 1988 die Deutsche National-Zeitung:
„Am 7. Juni vor 20 Jahren wurde in der Wiener Universität ‚Kunst und Revolution' gemacht. Bei diesem Happening des SDS-Ablegers SÖS las der Schriftsteller Oswald Wiener einen langen Text, den niemand verstand. Peter Weibel, der sich von Valie Export, der Erfinderin des ‚Tapp- und Tastkinos', am Halsband durch die Kärntner Straße hatte führen lassen, verspottete österreichische Politiker. Otto Mühl beschimpfte den kurz zuvor ermordeten Robert Kennedy und peitschte den heutigen ORF-Journalisten Malte Olschewski aus. Der Höhepunkt kam, als Günter Brus auf den Hörsaaltisch stieg und unter dem Absingen der österreichischen Bundeshymne die Notdurft verrichtete. Die Obrigkeit ließ sich diese unverschämte Provokation nicht gefallen. Der SÖS wurde aufgelöst, sein Vorsitzender Peter Jirak von der Universität entfernt. Die ‚Uni-Ferkel' Oswald Wiener, Otto Mühl und Günter Brus wurden verhaftet und vor Gericht gestellt. Brus, der von sich selbst bemalt als ‚lebende Skulptur' durch die Wiener Innenstadt zu spazieren pflegte, wurde wegen ‚Herabwürdigung österreichischer Symbole' verurteilt. Um die Strafe nicht absitzen zu müssen, wanderte er nach Westberlin, wo er in der Grunewaldstraße 76 den Verlag ‚Die Drossel' betreibt. Nachdem er sieben Jahre später vom ‚bekennenden Katholiken' Dr. Rudolf Kirchschläger in dessen Eigenschaft als Bundespräsident begnadigt worden war, brachte der von Vranitzky bewunderte Brus in seinem Verlag ‚Die Eroberung von Jerusalem' heraus. In diesem gotteslästerlichen Machwerk, von Hermann Nitsch ‚meinem lieben Freund Günter Brus, dem Großschlächter der Unterleiber und Heiligen des Sexualprunkes gewidmet', heißt es unter anderem:
‚30 elfjährige nackte Mädchen, deren Köpfe kahlgeschoren sind, kommen zur Leiche von Jesus Christus. Die Bienen werden von der

Seitenwunde entfernt, die Mädchen klaffen die Seitenwunde auf, stecken ihre Zunge tief in die Wunde, küssen sie und saugen und lutschen an ihr . . . Die Leiche von Jesus Christus wird eine Stunde mit Lederriemen gegeißelt und gepeitscht, das Fleisch bricht an vielen Stellen auf, Akteure und Spielteilnehmer ohrfeigen die Leiche von Jesus Christus, schlagen ihm mit der Faust ins Gesicht . . . In die Hand des toten Gottes wird ein weißer, mit Blumen umwundener Silberstab gegeben, mit einem Skalpell werden die Augen der Leiche ausgestochen. Blut tropft auf das weiße Hemd, über dem Kopf des toten Jesus Christus werden aus Kübeln folgende Flüssigkeiten geschüttet: Schafblut, Ziegenblut, laues Salzwasser, heißes Wasser, Ziegenmilch, Kuhmilch, Schafmilch, saure Milch, Essig, saurer Wein, Erbrochenes, Urin, Jauche. Die Leiche von Jesus Christus wird entkleidet, das besudelte Kleid wird vor seine Füße geworfen, seine Brust wird geöffnet und aufgeklafft. Ein großes weißes Schwein wird in den Raum getrieben. Das Schwein stellt sich auf, stützt die Vorderfüße auf den Schenkeln des sitzenden Jesus Christus ab und wühlt in den blutigen Gedärmen und Innereien der Leiche.'"

Neben den Gotteslästerungen enthält das Buch auch noch zahllose weitere Scheußlichkeiten, die wegen ihres perversen Charakters hier nicht wiedergegeben werden können. Hermann Nitsch hat seine anfänglichen „Abreaktionsspiele" mit geschlachteten Tieren und Blutschüttungen zum „Orgien- und Mysterientheater" weiterentwikkelt, bei dem Elemente der katholischen Liturgie pornographisch verfremdet werden. Im kommunalen Grazer Kulturhaus durfte Nitsch neben gekreuzigten Hammeln auch gebrauchte Damenbinden ausstellen, die um Monstranzen und anderes kirchliches Kulturgut gruppiert waren. Im Februar 1987 überschüttete Nitsch („Einen Becher Schleim noch, bitte") in der Wiener Secession unter den Klängen des Gregorianischen Chorals Monstranzen und Meßgewänder mit Tierblut. Die Seitenwunde Jesu Christi verspottete er, indem er einem Lammkadaver die Seite öffnete.

Während Hermann Nitsch die Kirche kompromittiert, geht es seinem Kumpan Otto Mühl („Der geile Wotan") um die Zerstörung der Familie. In der Überzeugung, daß das Leben in der Hölle der Kleinfamilie („KF") das Individuum vom ersten Tag an kaputt macht, konstituierte er auf einem aufgelassenen burgenländischen Bauernhof in der Pandorfer Heide eine Kommune unter der Bezeichnung „Lebensgemeinschaft Friedrichshof". Mittlerweile hat sich

Mühl („Ich habe die freie Sexualität erfunden") auf die Kanaren-Insel Gomera zurückgezogen, wo 300 Personen auf der „Finca El Cabrito" bei San Sebastian unter seiner Leitung totale Promiskuität praktizieren. Die genauen Begattungstermine werden von einem Computer fixiert.

DEMOKRATIEFEINDLICHKEIT

Nichtetablierte werden in der Bundesrepublik mit verfassungsfeindlichen Methoden verfolgt und bekämpft. Besonders gegen die politische Rechte werden Methoden angewendet, die faschistoid in des Wortes heutiger Bedeutung sind. Häufig bedient man sich bei diesem Kampf aus der Steuerkasse. Eines der bekanntesten Beispiele: Fünf Millionen Mark entnahmen Etablierte 1969 aus der Steuerkasse, um die NPD niederzukämpfen.

Bezeichnend auch, wie die Deutsche Volksunion – Liste D im Bremer Wahlkampf 1987 bekämpft wurde. Die Etablierten suchten nicht etwa die sachgerechte Auseinandersetzung, sondern griffen zu Hetze und Verleumdung. Außerdem wurden Tausende von Plakaten der DVU planmäßig zerstört. Ein besonders vornehmes Beispiel von Demokratieverständnis gab während einer Pressekonferenz im „Gustav-Heinemann-Bürgerhaus" zu Bremen ein Detmar Leo vom SPD-Ortsverein Aumund-Vegesack. Die Ermittlungen der Polizei wegen der Entwendung und Zerstörung von Plakaten der DVU könne er „nicht anerkennen". Leo wörtlich: „Ich erwarte als Lehrer, daß meine Schüler die Zivilcourage aufbringen und solche Schilder beseitigen. Das bringe ich ihnen im politischen Unterricht bei."

Im Februar 1988 sollte am Bremer Kippenberg-Gymnasium eine Podiumsdiskussion stattfinden. Gegenstand des Streitgesprächs: Unter anderem der DVU-Wahlerfolg und der Einzug der neuen Partei (trotz Terrors!) in die Volksvertretungen von Bremen und Bremerhaven. Auf Wunsch der Schüler wurden nicht nur Abgesandte der etablierten Parteien eingeladen, sondern auch ein DVU-Vertreter. Unmittelbar vor Beginn der Veranstaltung jedoch untersagte SPD-Bildungssenator Horst-Werner Franke dem Schulleiter, dem DVU-Vertreter Zutritt zur Schule zu gewähren. Solche Machenschaften sind seit Jahren in der Bundesrepublik an der Tagesordnung, von Versammlungsverboten und dort, wo sich die Rechten vor Gericht durchsetzen konnten, von gewalttätigen Versammlungsstörungen ganz zu schweigen.

Etablierte geben vor, durch den Kampf gegen rechts die Verfassung schützen zu wollen und veröffentlichen deshalb sogar Verfassungsschutzberichte. Tatsächlich geht es jedoch lediglich um die Bewahrung der Macht und Abwehr lästiger Konkurrenz. Daß das Bundesverfassungsgericht schon in 150 Fällen Etablierte beim Verfassungsbruch auf frischer Tat ertappt hat, findet natürlich keinen Niederschlag in den „Verfassungsschutzberichten".

Wenn es gegen „Neonazis", „Neofaschisten" und „Rechtsextreme" (Sammelbezeichnungen für rechtsalternative Kräfte) geht, sind auch alle Schwüre von Demokratie und Liberalität vergessen. Am 22. Januar 1987 berichtete die Berliner „Morgenpost" mit folgenden Worten über eine „Neonazismus-Debatte" im Abgeordnetenhaus: „Der Abgeordnete Wolfgang Fabig (FDP) sagte, gegen Faschismus und Neonazismus habe jeder Bürger nicht nur ein Widerstandsrecht, sondern eine Pflicht dazu. Gegenwehr sei angebracht und nicht Toleranz. Wer solches Gedankengut auf Schriften vor Schulen verteilt, sollte ‚eine gehörige Tracht Prügel' bekommen."

Am 31. Juli 1986 hieß es in den „Herner/Wanne-Eickel-Nachrichten": „Bei einer Sitzung des Polizeibeirates sprach sich Hernes Oberbürgermeister Willi Pohlmann auch erneut dafür aus, gegenüber der NPD eine Pressezensur durchzuführen. In diesem Zusammenhang lobte er ausdrücklich die Herner Westdeutsche Allgemeine Zeitung, die zwar Meldungen der Deutschen Kommunistischen Partei, nicht aber die der Nationaldemokratischen Partei Deutschlands veröffentlicht. Dies sei, so der Herner Oberbürgermeister, ein vorbildlich demokratisches Verhalten."

Offen bekennen sich auch Repräsentanten der angeblich „geistig-moralischen Wende" dazu, einen „Vernichtungskampf" gegen Andersdenkende zu führen. Beispiel: 1988 erschien das Buch „Die Grünen auf dem Prüfstand", herausgegeben von MdB Manfred Langner, dem Justitiar der CDU/CSU-Bundestagsfraktion. Bezeichnend ist das Vorwort des Adenauer-Biographen und Politikwissenschaftlers Professor Hans-Peter Schwarz. Er schreibt, ein großer Fehler sei in der ersten Hälfte der 80er Jahre gemacht worden: „Alle

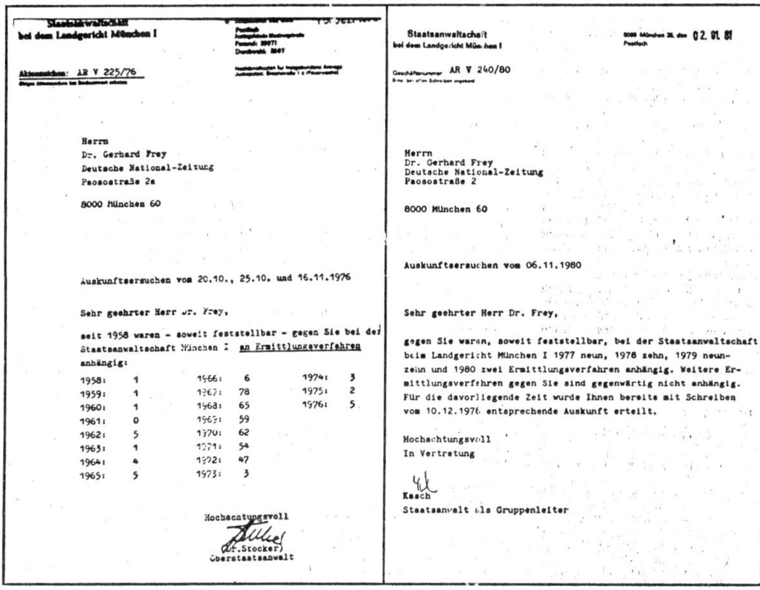

Staatsanwaltschaft
bei dem Landgericht München I

Aktenzeichen: AR V 225/76

Herrn
Dr. Gerhard Frey
Deutsche National-Zeitung
Paosostraße 2a

8000 München 60

Auskunftsersuchen vom 20.10., 25.10. und 16.11.1976

Sehr geehrter Herr Dr. Frey,

seit 1958 waren - soweit feststellbar - gegen Sie bei der Staatsanwaltschaft München I <u>an Ermittlungsverfahren</u> anhängig:

1958:	1	1966:	6	1974:	3
1959:	1	1967:	78	1975:	2
1960:	1	1968:	65	1976:	5
1961:	0	1969:	59		
1962:	5	1970:	62		
1963:	1	1971:	54		
1964:	4	1972:	47		
1965:	5	1973:	3		

Hochachtungsvoll
(Dr. Stocker)
Oberstaatsanwalt

Staatsanwaltschaft
bei dem Landgericht München I

8000 München 35, den 02. 01. 81
Postfach

Geschäftsnummer AR V 240/80

Herrn
Dr. Gerhard Frey
Deutsche National-Zeitung
Paosostraße 2

8000 München 60

Auskunftsersuchen vom 06.11.1980

Sehr geehrter Herr Dr. Frey,

gegen Sie waren, soweit feststellbar, bei der Staatsanwaltschaft beim Landgericht München I 1977 neun, 1978 zehn, 1979 neunzehn und 1980 zwei Ermittlungsverfahren anhängig. Weitere Ermittlungsverfahren gegen Sie sind gegenwärtig nicht anhängig. Für die davorliegende Zeit wurde Ihnen bereits mit Schreiben vom 10.12.1976 entsprechende Auskunft erteilt.

Hochachtungsvoll
In Vertretung

Kasch
Staatsanwalt als Gruppenleiter

Der nationalfreiheitliche Zeitungsverleger und DVU-Vorsitzende Dr. Frey wurde von Etablierten mit weit über 600 Strafverfahren behelligt. Die CDU/CSU-geführte Bundesregierung wollte Dr. Frey in den 60er Jahren sogar die Grundrechte absprechen lassen. Alle diese Versuche der Meinungsknebelung scheiterten an bundesdeutschen Richtern, die sich dem Gesetz, nicht aber den politisch Etablierten verpflichtet fühlten.

Parteien hätten alles daran setzen müssen, die Grünen unter der 5-%-Marke zu halten. Dies war in erster Linie ein Versäumnis der SPD, und sie hat auch den größten Schaden davon. Anders als die CDU/CSU, die vor allem bei den Bundestagswahlen 1969 den Einzug der NPD mit größtem Einsatz verhindert und damit der Demokratie viel erspart, sich selbst allerdings den Weg auf die Oppositionsbänke planiert hat, konnten die Sozialdemokraten nicht die Kraft zum politischen Vernichtungskampf aufbringen. Jetzt zahlen sie die Zeche dafür."

In einem vom christdemokratischen Fraktionsjustitiar herausgegebenen Buch wird also der von CDU und CSU gegen die Nationaldemokraten betriebene und aus der Steuerkasse finanzierte Vernichtungskampf als nachahmenswertes Modell für die politische Auseinandersetzung empfohlen.

Am 30. August 1987 strahlte der Deutschlandfunk ein Interview mit dem CDU-Generalsekretär aus. Geißler sagte unter anderem: „Wenn rechts sich irgendetwas entwickeln würde, dann darf man nicht denselben Fehler machen wie ihn die Sozialdemokraten gemacht haben gegenüber den Grünen, indem man nämlich eine solche Partei aufwertet, indem man bestimmte Themen für richtig und wichtig erklärt. Die CDU hat in den 60er Jahren gegenüber der NPD vorgemacht, wie es richtig gemacht werden muß. Wir haben gegenüber der NPD klar erklärt: Das ist eine Nazipartei, die kann ein anständiger Bürger nicht wählen. Dadurch haben wir sie politisch praktisch auf 0,5 Prozent gebracht. Wenn sich etwas bewegt, dann muß man die Inhalte bekämpfen, dann darf man ihnen nicht nachlaufen."

Für CDU-Führer Kohl sind die Rechten ohnehin nur „Geisteskranke", „Idioten", „medizinische Fälle". So ließ er sich schon als junger Abgeordneter Anfang 1960 im rheinland-pfälzischen Landtag ein (damals ging es gegen die DRP). Über die rund 200000 Wähler, die 1976 nationaldemokratisch votierten, sagte Kohl: „Und wir hatten 0,5 Prozent Rechtsradikale, über die brauchen wir auch nicht zu reden. Das sind Leute, die nicht mit politischen, sondern mit medizinischen Argumenten anzugehen sind, da kommen keine Wähler für uns heraus." (Kohl-Rede vor dem Bundesparteiausschuß der CDU, zitiert in „Informationsdienst der CDU – Union in Deutschland, Nr. 41/1977). Als „Geisteskranke" bezeichnete Kohl die Rechten auch bei einer Pressekonferenz in Moskau. Und er wiederholte es im Dezember 1986 vor dem Deutschen Bundestag: Der „minimale Prozentsatz" von Rechtsextremen in der deutschen Gesellschaft sei für ihn „immer mehr eine Frage der Medizin als der Politik" gewesen.
Ein in der Geschichte des deutschen Parlamentarismus beispielloser Skandal ereignete sich im Herbst 1987 bei der konstituierenden Sitzung der Stadtverordnetenversammlung Bremerhaven. Mehr als 100 zum Teil vermummte und gewalttätige Personen überfielen die Volksvertretung. Ihre Absicht war es, die beiden neugewählten

Abgeordneten der Deutschen Volksunion – Liste D zusammenzuschlagen und die Parlamentssitzung auffliegen zu lassen. Im Verlaufe des saalschlachtartigen Tumultes wurde ein DVU-Abgeordneter verletzt. Ein Ordnungshüter erlitt schwere Schnittwunden im Gesicht. Die Polizei erschien, nachdem die Kriminellen bereits in den Sitzungssaal eingedrungen waren und zahlreiche Straftaten begangen hatten. Dem Skandal unmittelbar vorausgegangen waren Kundgebungen von Linken und Etablierten gegen die DVU unweit des Abgeordnetenhauses.

Wedemeier warf Frey-Sohn aus dem Rathaus

Unter Polizeischutz verließ Gerhard Frey junior das Bremer Rathaus

BREMER MORGENPOST

Dienstag, 15. September 1987 · 50 Pf · C 3430 A

Nr. 214/38 · Redaktion: (0421) 18581/83 · Anzeigen: (0421) 18584

Spanien: Ptas. 65,–; Kanar. Inseln: Ptas 70,–; Italien: Lire 700,–; Dänemark: dkr. 4,–; Portugal: Esc. 75,–; Griechenland: Dr. 80,–

Nur fünf Minuten dauerte sein Auftritt im Sitzungssaal des Rathauses: Gerhard Frey, Sohn des DVU-Parteivorsitzenden Dr. Gerhard Frey aus München, wurde von Bürgermeister Klaus Wedemeier (SPD) rausgeworfen. Frey junior war für den DVU-Neuparlamentarier Hans Altermann bei der Landespressekonferenz erschienen, um zum Wahlergebnis Stellung zu nehmen. Sein Vater, millionenschwerer Verleger und Herausgeber der „Nationalzeitung", hatte den Wahlkampf seiner rechtsradikalen Bremer Freunde mit mehr als zwei Millionen Mark unterstützt: Seite 10

Foto: dpa

Großes Medienecho auf das Rathaus-Verbot für die DVU in Bremen. Bürgermeister Wedemeier verbot sowohl dem vom Volk gewählten DVU-Landtagsabgeordneten wie auch anderen Volksunions-Repräsentanten den Zutritt zum Bremer Rathaus. Ein feines Beispiel für das Demokratieverständnis von Etablierten.

Fanatische Wut von Rechtsbrechern richtete sich während des Bremer Wahlkampfes 1987 gegen die Großflächenplakate der Deutschen Volksunion – Liste D. Das Abreißen (Bild oben) genügte den Polit-Chaoten vielfach nicht, so daß sie die Plakattafeln sogar zertrümmerten.

DESERTEUR-EHRUNG

Desertion, in allen Staaten der Welt und zu allen Zeiten der Weltgeschichte ein mit schweren Strafen geahndetes Verbrechen, kommt in der Bundesrepublik Deutschland zunehmend zu Ehren. Gleichzeitig soll die Ehre des pflichtgetreuen Soldaten in den Dreck gezogen werden. Nicht nur in Bremen ist Fahnenflüchtigen, die ihre Kameraden im Stich gelassen haben, mit offizieller Unterstützung ein Denkmal gesetzt worden, sondern auch in Kassel. In zahlreichen Städten haben sich bereits entsprechende „Initiativen" gebildet, die weitere „Ehrenmale" für Deserteure errichten möchten.
Über die Vorgänge in Bremen berichtete die Deutsche Wochen-Zeitung wie folgt: „Die Bremer Gruppe ‚Reservisten verweigern sich' setzte 1986 denjenigen Soldaten, die ihren Fahneneid brachen, indem sie desertierten, ein Denkmal. Die Skulptur ‚Dem unbekannten Deserteur', die im April 1986 in der Bremer Fußgängerzone enthüllt wurde, ist im Herbst des Jahres dem Gustav-Heinemann-

Die Skulptur „Dem unbekannten Deserteur" (Bild), aufgestellt im Bremer Gustav-Heinemann-Bürgerhaus, ehrt die Fahnenpfüchtigen. Rechts im Bild Rolf Meyer-Pabst, Vorsitzender des Bürgerhaus-Trägervereins, links Dr. Hans-Joachim Manske vom Bremer Senat für Bildung, Wissenschaft und Kunst.

Desertion, in allen Staaten und zu allen Zeiten der Weltgeschichte ein mit schweren Strafen geahndetes Verbrechen, kommt in der Bundesrepublik Deutschland zunehmend zu Ehren. Nicht nur in Bremen ist Fahnenflüchtigen, die ihre Kameraden im Stich gelassen haben, ein „Ehrenmal" gesetzt worden, sondern auch in Kassel (Bild).

Haus übergeben worden und fand dort seinen Platz im unteren Foyer. In seiner Rede zur Übergabe des Denkmals (ein auf einem Sockel ruhender Kopf mit einem schief sitzenden Helm drauf) führte ein Mitglied der Gruppe aus: ‚Eines steht fest: Wir sind die Deserteure von morgen.' Weitere Redner waren Pastor Walter Petermann von der Vereinigung der Verfolgten des Naziregimes, Dr. Joachim Manske vom Senator für Bildung, Wissenschaft und Kunst sowie der Vorsitzende des Bürgerhaus-Trägervereins, Rolf Meyer-Pabst, der berichten konnte, daß sich der Vorstand des Vereins einstimmig für das Deserteur-Denkmal ausgesprochen habe."

Am 8. Januar 1988 hieß es in der Deutschen National-Zeitung: „Zu den neuentdeckten Gepflogenheiten hiesiger Umerzieher gehört das

,Ehren' von Deserteuren, also von Fahnenflüchtigen, die ihre Kameraden in schwerer Lage im Stich lassen. Nach der Einweihung der Skulptur ,Dem unbekannten Deserteur' in Bremen, an der auch Vertreter des SPD-regierten Senates teilnahmen, schreckte wenig später Kassel nicht vor einer Gedenktafel ,zu Ehren' von Fahnenflüchtigen zurück. Kürzlich wurde in München ein Denkmal unter dem Motto ,Dem Anti-Helden, Deserteur aller Kriege' vorgestellt. Verantwortlich ist eine ,Spätverweigerer-Gruppe München'. Mittlerweile hat die Suche nach einem ,geeigneten Standort' für das Denkmal begonnen."

Parallel dazu findet in etablierten Medien eine planmäßige Aufwertung des Deserteurs statt. Am 15. Januar 1988 zum Beispiel druckte die „Zeit" (Chef: der langjährige CDU-Bundestagsabgeordnete Bucerius) folgenden Rundfunkkommentar des WDR-Journalisten Otto Köhler ab: „Ich genieße die Gnade der späten Geburt. 1945 war ich zehn Jahre alt. Aber ich weiß sehr gut, was aus mir hätte werden können, wenn uns 1945 die Alliierten nicht die Gnade ihres Sieges erwiesen hätten. Jeder, der sich dem Wehrdienst entzog, verdient unsere Hochachtung."

DEUTSCHENHETZE

Sich über angebliche Ausländerfeindlichkeit zu empören, ist bei Etablierten sehr in Mode. Sogar – in der Tat geschmacklose – „Türkenwitze" werden hierzulande streng bestraft. Für etablierte Medien, für herrschende Politiker und für die Justiz hingegen keine Rolle spielen Inländerfeindlichkeit und Deutschenhetze.

So konnte die Psychoanalytikerin Margarete Mitscherlich 1986 im öffentlich-rechtlichen deutschen Fernsehen sagen: „Daß die Deutschen aussterben, so wie sie bisher waren, kann man eigentlich nicht bedauern." Dann nämlich könnten die in der Bundesrepublik lebenden und weiter zuströmenden Ausländer „ihren ganzen kulturellen Reichtum einbringen".

Auf derselben Linie liegt die stellvertretende Vorsitzende der SPD-Bundestagsfraktion, Renate Schmidt. Sie sagte am 14. März 1987 im öffentlich-rechtlichen Bayerischen Rundfunk: „Sterben die Deutschen aus? Das ist für mich nicht das Problem. Diese Frage stelle ich

Im TV: Deutsche können ruhig aussterben

Psychoanalytikerin und Buchautorin: Margarete Mitscherlich.

Hier leben ja genug Gastarbeiter, die gut deutsch sprechen

Von HANS-JOSEF ERLEI

400 Zuschauer riefen empört beim ZDF an. In der Sendung „Keine Lust auf Kinder?" (Montag 22 Uhr 05) hatte Dr. Margarete Mitscherlich (69) gesagt, die Deutschen könnten ruhig aussterben. Wörtlich: ***„Daß die Deutschen aussterben, so wie sie bisher waren... kann man eigentlich nicht bedauern."*** Gut deutsch sprechende Gastarbeiter könnten ihren ganzen „kulturellen Reichtum" einbringen.

Eine bezeichnende Schlagzeile der „Bild" vom 17. Dezember 1986.

an allerletzter Stelle, weil dieses mir verhältnismäßig wurscht ist."
Im April 1988 äußerte Ex-Minister Schmude in den USA über den Holocaust: „Alle Deutschen wurden Zeugen des Verbrechens, schweigende Zeugen, Komplizen durch Zustimmung oder auch Mittäter." Der Politiker fuhr fort: „Es waren typisch deutsche Eigenschaften und Haltungen, mit denen das Verbrechen ausgeführt wurde: Fleiß, Zuverlässigkeit, Gründlichkeit, Ausdauer und Disziplin."
Mit von der Partie bei der hemmungslosen Deutschenhetze sind auch maßgebliche CDU-Politiker, zum Beispiel der langjährige christdemokratische Bundestagsabgeordnete Gerd Bucerius. Er schrieb in seiner „Zeit": „Unsere Nation hat mehr verspielt als irgendeine andere in der Welt – durch Schuld verspielt." „Ich mußte erleben, daß mein Volk der tierischsten Verbrechen schuldig wurde, die die Weltgeschichte kennt. Noch auf dem Sterbebett wird uns die Rechnung vorgehalten werden." „Die Schuld aller Deutschen ist unstreitig." „Vom Satz ‚Wir sind wieder stolz auf unser Land' bis zu Hochmut und Arroganz ist es nur ein kleiner Schritt." „Es waren keine ‚Taten Hitlers', wie oft gesagt und geschrieben wird, sondern deutsche Verbrechen." „Die Landesverräter hatten damals eine gute Verteidigung. Sie handelten in Notwehr." „Die Gnade der späten Geburt bewahrt keinen Nachgeborenen vor Scham und Verantwortung." Bucerius erhielt übrigens vom Bundespräsidenten von Weiz-

„Die Deutschen" zerschmettern kleine Kinder an der Wand. Szenen eines 1987 in den USA weitverbreiteten Comics von Mister Spiegelman. Bonn unternimmt nichts, dieser Hetze durch Aufklärung entgegenzuwirken.

säcker das Schulterband zum Großen Bundesverdienstkreuz und – auf Vorschlag des CDU-Fraktionsvorsitzenden der Bürgerschaft, Perschau – die Ehrenbürgerwürde Hamburgs.
Zitat des Frankfurter CDU-Politikers Michel Friedmann: „Den Erben des judenmordenden Staates kommt gar nichts anderes zu, als die schwere historische Verantwortung auf sich zu nehmen. Generationenlang. Für immer." Der von bundesdeutschen Etablierten hochdekorierte Schriftsteller Rolf Italiaander, einst ein fanatischer NS-Propagandist, geißelt deutsche „Ausländerfeindlichkeit" im Buch „Ausländer raus?" mit folgenden Worten: „Im Blute vieler

Deutscher ist noch das Erbe des Nationalsozialismus virulent; nicht nur in jenen, die ihn leibhaftig erleben mußten, sondern auch in ihren Kindern."
Noch brutaler geht der von Etablierten hofierte Literat Joseph von Westphalen zur Sache. In „Westermanns Monatsheften" Nr. 9/1986 schrieb er unter dem Pseudonym „stern": „ Wer die deutsche Bestie nicht wahrhaben will, jenen widerlichsten Typus des Zweibeiners, den die menschliche Rasse bisher hervorgebracht hat, jenes infame Volk von größenwahnsinnigen Sadisten, massenhaften Mitmachern, Mitläufern und Augenzudrückern, der ist blind und unbelehrbar." Ferner meint von Westphalen: „Unsere Väter, die Nazis, diese Ausgeburten, haben unsere ganze psychische Struktur durcheinandergebracht."

In der Ausgabe April/Mai 1988 rief die Zeitschrift „Die Brücke" auf zur „Sterbehilfe für die deutsche Seele". Ein gewisser Cumali Yabanci schreibt: „Warum heißt der Rassismus hierzulande nicht Rassismus, sondern ‚Ausländerfeindlichkeit'? Liegt es an der Verkommenheit der deutschen Sprache oder am politischen Analphabetentum der Muttersprachler? Erst die Tötung der deutschen Seele gibt dem antirassistischen Kampf eine Chance. Die Erfahrungen zeigen, daß es für die Eingeborenen keine leichte Sache ist. Der Weg dahin ist voller Steine, Dornen und Windungen. Nur Mut." Für solche Darlegungen interessiert sich die Justiz nicht. Was den Skandal komplettiert: „Die Brücke" ist das Organ eines „gemeinnützigen Vereins", dem die bundesdeutsche Obrigkeit Steuervergünstigungen gewährt, den also der Steuerzahler mitfinanziert.

Für Justiz und Etablierte unbeachtlich ist es auch, wenn Babyhändler und Asylanten-Einschleuser Graf Adelmann in aller Offenheit verlautbaren läßt: „Aus dem verkommenen deutschen Volk von germaniden Untermenschen soll eine gehobene internationale Gesellschaft werden, die westliches Zivilisationsniveau erreicht."

Nationalmasochismus pflegen auch manche Linke. „Liedermacher" Degenhardt bekundet, er mißgönne der deutschen Fußball-Nationalmannschaft den Sieg. Er fährt fort: „Wer wie ich noch die Siegesfanfaren und Sondermeldungen im Ohr hat, die deutsche Siege und damit eine Verlängerung der Unerträglichkeiten ankündigten, kann auch nicht zum Bewunderer von Boris Becker werden." Und Schriftsteller Arno Schmidt schrieb an seinen Kollegen, den „lieben Herrn

KÖPRÜ PIR Η ΓΕΦΥΡΑ A PONTE EL PUENTE IL PONTE MOST

DIE BRÜCKE

NACHRICHTEN • MEINUNGEN • KULTUR
FÜR GLEICHBERECHTIGUNG UND VÖLKERVERSTÄNDIGUNG

erscheint zweimonatlich

ISSN - 0931 - 9514

Herausgeber: »DIE BRÜCKE e.V.«, gemeinnütziger Verein zur Förderung politischer, sozialer und kultureller Verständigung zwischen Mitbürgern deutscher und ausländischer Herkunft.

Anschrift der Redaktion: Necati Mert, Im Stadtwald, Bau 14 a, 6600 Saarbrücken 11, Telefon 0681 / 302 2960.

Sterbehilfe für die »deutsche Seele«

Von Cumali Yabanci

Warum heißt der Rassismus hierzulande nicht Rassismus, sondern »Ausländerfeindlichkeit«? Liegt es an der Verkommenheit der deutschen Sprache oder am politischen Analphabetentum der Muttersprachler?
Erst die Tötung der »deutschen Seele« gibt dem antirassistischen Kampf eine Chance.
Die Erfahrungen zeigen, daß es für die Eingeborenen keine leichte Sache ist.
Der Weg dahin ist voller Steine, Dornen und Windungen.
Nur Mut!

Solche Artikel erscheinen in der Zeitung „Die Brücke", Organ eines Vereins, dem die bundesdeutsche Obrigkeit Gemeinnützigkeit, also Steuervergünstigung, gewährt. (Faks. aus „Die Brücke", April/Mai 1988.)

„Das verblödete deutsche Volk aufrütteln“

Die Frankfurter Babyhandel-Agentur nimmt Stellung zur Schließungsandrohung

bwi. In einem offenen Brief an die „Oberbürgermeisterei“ hat jetzt die Agentur Hamel und Keller GmbH, die sich selbst „Gesellschaft für Familiensicherung“ nennt und mit Babys handelt, zur Schließungsandrohung des Frankfurter Oberbürgermeisters Wolfram Brück Stellung genommen. Die Stadt will, wie berichtet, die in der Mendelssohnstraße ansässige Agentur wegen „eklatanter Verletzung der Menschenwürde und Störung der öffentlichen Ordnung“ schließen.

In dem Brief, der mit der Zeile „Betreff: Vollzug der Nürnberger Rassegesetze“ überschrieben ist, heißt es: „Wir räumen ein, daß die Kinder fremdrassig sind und nicht den Vorschriften entsprechen, die in Nürnberg 1935 im Gesetz zum Schutz der deutschen Rasse aufgestellt worden sind.“

Die vermittelten Kinder, schreibt der Geschäftsführer der Agentur, Uwe Hamel, seien „allesamt nicht-ehelich, gehören keinem Kulturkreis an“ und seien in ihren Heimatländern „ausnahmslos rechtlos“. Falls sie dort nicht der hohen Kindersterblichkeit zum Opfer fielen, würden sie von ihren Müttern getötet. Viele kinderlose Ehepaare in Deutschland dagegen, so wird weiter argumentiert, seien durchaus bereit, ein „fremdrassiges“ Kind aufzuziehen und als das ihre anzuerkennen. Zur Tätigkeit der Agentur gebe es deshalb „keine Alternative“, das Leben der Kinder zu erhalten: „Schon deswegen können wir nicht sittenwidrig handeln und die öffentliche Ordnung muß sich eben stören lassen.“

In dem Brief an den Oberbürgermeister bezeichnet Hamel dessen Vorgehensweise als „verbrecherisch“: „Man kann problemlos feststellen, daß Sie auf dem politischen Niveau von Auschwitz stehen.“ Zu der nach eigenem Eingeständnis „aggressiven“ Werbung schreibt Hamel: „Angesichts des allgemeinen Auschwitz-Niveaus ist es uns nicht anders möglich, das verblödete deutsche Volk aufzurütteln und den einzelnen deutschen Homiden auf seine individuelle Möglichkeit aufmerksam zu machen, ein Kind zu retten.“ Hierbei trete die Agentur „vermittelnd und unterrichtend zur Seite“. Deren erklärtes Geschäftsziel sei es, „durch die gezielte und planmäßige Hereinholung fremdrassiger Kinder zu Kosten ab 12 000 die Grundlagen dieses Volkes zu verändern helfen.“

Der Brief an den Oberbürgermeister schließt mit den Worten: „Kein Deutscher kann seit Hamel und Keller durch Brot-für-die-Welt-Spenden sein Gewissen mehr reinigen, sondern nur mehr durch individuelle Aufnahme eines Kindes. Und er kann – ähnlich wie bei Auschwitz – nicht mehr sagen, nichts gewußt zu haben, auch wenn es offensichtlich erklärtes Ziel Ihrer verbrecherischen Politik ist, diese rassistische Veränderung der hiesigen Bevölkerung zu vereiteln, wobei Sie den Tod der Kinder billigend in Kauf nehmen. Aus dem verkommenen deutschen Volk von germaniden Untermenschen soll eine gehobene internationale Gesellschaft werden, die westliches Zivilisationsniveau erreicht.“

Im Büro des Oberbürgermeisters war der Brief gestern nicht eingetroffen. Wie Stefan Lauer, der persönliche Referent Brücks, mitteilte, wird das Ordnungsamt die Stellungsnahme der Agentur überprüfen und bewerten. Lauer rechnete damit, daß Brück in der zweiten Wochenhälfte über das Ergebnis dieser Überprüfung unterrichten werde.

Aus der „Rhein-Main-Zeitung“ vom 19. April 1988.

Andersch“: „Die Deutschen sind doch immer derselbe unveränderbare Misthaufen, ganz gleich, welche Regierungsform. Schließlich ist es ja auch wirklich egal, ob ein Kuhfladen rund oder ins Quadrat getreten ist: Scheiße bleibt's immer.“

Ohne daß offizielle deutsche Stellen dagegen Verwahrung einlegen würden, ist Deutschenhetze hierzulande auch an US-Kasernen weit verbreitet. Den bei uns stationierten US-Truppen werden haufenweise Bücher, Broschüren und Comics angeboten, in denen der Deutsche grundsätzlich Schurke, Mörder, Kindesmißhandler, Frauenschänder ist.

DEUTSCHLANDLIED

Wie weit die nationale Verwahrlosung bereits gediehen ist, zeigt der Umgang mit dem Deutschlandlied, also der Nationalhymne. Entweder aus Unkenntnis oder in vorsätzlicher Verdrehung der Tatsachen wird die Hymne verleumdet, lächerlich gemacht, herabgewürdigt.

Die Melodie zum Deutschlandlied stammt vom deutschen Klassiker Joseph Haydn, der zu den größten Genies der abendländischen Kultur zählt. Der Text wurde 1841 verfaßt vom nationalfreiheitlichen Germanistik-Professor und Dichter August Heinrich Hoffmann von Fallersleben, den man wegen seiner nationalen und demokratischen Gesinnung verfolgte. Der sozialdemokratische Reichspräsident Ebert erklärte die drei Strophen des Deutschlandlieds zur Nationalhymne.

Im maßgeblichen Kommentar zum Grundgesetz für die Bundesrepublik Deutschland, verfaßt von den Professoren Maunz (namhaftester bundesdeutscher Staatsrechtler), Dürig (langjähriger Richter am Verwaltungsgerichtshof Baden-Württemberg) und Herzog (Präsident des Bundesverfassungsgerichtes), heißt es (Rund-Nummer 31 zu Artikel 22 Grundgesetz): „Mitunter wird es noch bis in die jüngste Zeit als zweifelhaft angesehen, ob alle drei Strophen oder nur die dritte Strophe des Deutschlandliedes das Nationallied darstellen. Nach dem Wortlaut des Briefwechsels zwischen Bundeskanzler und Bundespräsident sollten ersichtlich alle drei Strophen die Nationalhymne bilden; nur bei staatlichen Veranstaltungen soll lediglich die dritte Strophe gesungen werden. Bei dieser Deutung des Briefwechsels steht es frei, bei nichtstaatlichen Veranstaltungen alle drei Strophen als Nationallied zu singen."

Die Kommentatoren des Grundgesetzes fahren fort: „Auch das Nationallied genießt den Schutz des Strafrechts wie die anderen Symbole des Bundes. Es darf daher nicht in kabarettistischen Aufführungen oder in ähnlicher Weise mißbraucht oder verhöhnt werden."

Im Strafgesetzbuch-Kommentar von Dreher/Tröndle heißt es: „Die Symbole der Bundesrepublik Deutschland sind geschützt. Sie haben für Leben und Bestand der staatlichen Gemeinschaft einen hohen Rang. Die Hymne der Bundesrepublik Deutschland ist das Deutschlandlied in allen drei Strophen (Bulletin der Bundesregierung vom 6. Mai 1952)."

Im Paragraphen 90a StGB steht: „Wer öffentlich, in einer Versammlung oder durch Verbreiten von Schriften die Farben, die Flagge, das Wappen oder die Hymne der Bundesrepublik Deutschland oder eines ihrer Länder verunglimpft, wird mit Freiheitsstrafe bis zu drei Jahren oder mit Geldstrafe bestraft."

DER GENERALSTAATSANWALT
IN STUTTGART

E
10. [illegible] 1988
Erledigt

Der Generalstaatsanwalt · Postfach 839 · 7000 Stuttgart 1

Herrn Landesvorsitzenden der NDP
Jürgen Schützinger
Postfach 2881

7000 Stuttgart 1

Aktenzeichen: (Bitte bei Antwort angeben)	Fernsprecher (07 11) 2 12 - 1	Datum
25 Zs 404/88	Durchwahl 2 12 3361	13.05.88

Betr.: Anzeigesache gegen Herrn Ministerpräsidenten
Dr. h. c. Lothar Späth
wegen Verunglimpfung des Staates und seiner Symbole

Bezug: Ihre Beschwerde vom 06.04.88 gegen die Einstellungsverfügung der Staatsanwaltschaft Stuttgart vom 16.03.88
- 7 Js 20 049/88 -

Beil.: 0

Sehr geehrter Herr Schützinger,

Ihrer Beschwerde vermag ich nicht stattzugeben.

Ob die erste Strophe des Deutschlandliedes positivrechtlich (hiergegen mit beachtlichen Argumenten Hümmerich-Beucher, NJW 1987, 3227 ff) oder gewohnheitsrechtlich (hiergegen die insoweit wohl divergierende Rechtsüberzeugung der Bevölkerung in der Bundesrepublik Deutschland) zur Nationalhymne geworden ist, kann für den vorliegenden Sachverhalt dahingestellt bleiben. Der Beschuldigte, Ministerpräsident Späth, hat unter den gegebenen Umständen einer Podiumsdiskussion zwar eine stark ablehnende Kritik am politischen Inhalt der ersten Strophe des Deutschlandliedes und an ihrer Eignung geübt, heute gesungen zu werden, sie jedoch nicht "verunglimpft". Dieses würde nach der Rechtsprechung (BGHSt 12, 364) eine erheblichere Kundgabe der Mißachtung voraussetzen, welche nicht vorliegt. Die Anwendbarkeit von § 90 Abs. 1 Nr. 2 StGB wurde somit in der von Ihnen angefochtenen Verfügung zutreffend verneint.

Hochachtungsvoll

(Waller)

Bescheid, mit welchem die Strafanzeige gegen Ministerpräsident Späth abgewiesen wurde, der bekundet hatte, seine Kinder schlagen zu wollen, würden sie die 1. Strophe der Nationalhymne singen.

Bezeichnend ist folgende Meldung der Nachrichtenagentur dpa von Anfang 1988, abgedruckt unter anderem in der Süddeutschen Zeitung vom 2. Januar 1988: „200 rechtsextreme Jugendliche sangen ungehindert die beiden ersten Strophen des Deutschlandliedes . . . Die bayerische Polizei leitete später 112 Strafverfahren ein. Als Grund der Strafverfahren gab ein Polizeisprecher in Schweinfurt das Absingen der verbotenen (!) ersten Strophe der Nationalhymne an . . . Der bayerische Polizei-Einsatzleiter bestätigte, daß die Rechtsextremisten mit dem Singen verbotener Strophen des Deutschlandliedes gegen geltendes Recht verstoßen haben."
Bezeichnend auch, daß die Obrigkeit nicht einschreitet, wenn die Nationalhymne von etablierten Umerziehern wie Gerhard Zwerenz als „Hauptlosung des Neonazismus" und „altnazistische Parole" denunziert wird. Zwerenz: „Ist der Text der ersten Strophe tatsächlich ernst zu nehmen, dann verletzt er offensichtlich das Friedensgebot des Grundgesetzes." (in: „Badische Zeitung", 13. April 1988.)
Am 9. März 1988 berichtete die Frankfurter Allgemeine Zeitung, daß der baden-württembergische CDU-Ministerpräsident Lothar Späth nach seiner Reaktion befragt worden sei, sängen seine Kinder die erste Strophe der Nationalhymne. Späth: „Dann würde ich sie ohrfeigen." Die Strafanzeige gegen den christdemokratischen Politiker wurde mit folgender Begründung eingestellt: „Der Beschuldigte, Ministerpräsident Späth, hat unter den gegebenen Umständen einer Podiumsdiskussion zwar eine stark ablehnende Kritik am politischen Inhalt der ersten Strophe des Deutschlandliedes und an ihrer Eignung geübt, heute gesungen zu werden, sie jedoch nicht verunglimpft. Dieses würde eine erheblichere Kundgabe der Mißachtung voraussetzen, welche nicht vorliegt." (Bescheid des Generalstaatsanwaltes in Stuttgart vom 13. Mai 1988; Aktenzeichen 25 Zs 404/88.)

EHRENMALSCHÄNDUNG

Die Zahl der Ehrenmalschändungen hat im Zeichen der „geistig-moralischen Wende" drastisch zugenommen. Die Wehrlosesten in der Gesellschaft, die Gefallenen und die Ungeborenen, sind heutzutage weitgehend schutzlos.
Die nationalfreiheitlichen Blätter Deutsche National-Zeitung, Deut-

scher Anzeiger und Deutsche Wochen-Zeitung haben zwischen 1983 und 1988 Meldungen über insgesamt 800 Ehrenmalschändungen erhalten. Und das ist nur die Spitze des Eisberges. Kein etablierter Politiker in Bonn setzt sich für den Ehrenschutz der Gefallenen ein. Im folgenden einige Beispiele von Ehrenmalschändungen, über die die genannten drei Zeitungen im Laufe der letzten Jahre berichteten:

„Schandtat auf dem Ehrenfriedhof Helrath, wo 186 deutsche Soldaten des 2. Weltkrieges ihre letzte Ruhestätte gefunden haben. Die Täter zerstörten alles, was sie auf dem unweit Aachen gelegenen Ehrenfriedhof zum Zerstören vorfanden. Das Buch mit den Namen der Gefallenen wurde zerfetzt, kein Grab blieb verschont. Sogar schwere Natursteinplatten wurden aus der Erde gerissen." (Deutsche National-Zeitung, 16/1986.)

„Die Soldaten-Gedenkstätte Eschenburg wurde Anfang 1987 mit Parolen wie ‚Deutsche Mörder' beschmiert und zudem mit blutroter Farbe übel zugerichtet." (Deutsche National-Zeitung 4/1987.)

„Das Soldaten-Ehrenmal im Göttinger Rosengarten, errichtet 1925, wurde geschändet. Die Kriegerfigur wurde umgestürzt." (Deutsche National-Zeitung, 46/1987.)

„Übel zugerichtet wurde das Ehrenmal für die Gefallenen und Vermißten beider Weltkriege in Offenbach." (Deutsche Wochen-Zeitung vom 26. Juni 1987.)

„Polit-Kriminelle schändeten eine Gedenkstätte in Rastatt mit Parolen wie ‚Staat, hau ab', ‚Kriege sind doof', ‚Mördergedenkstätte'." (Deutsche Wochen-Zeitung vom 26. Juni 1987.)

„Die Grünen werten es als Erfolg, daß die kürzlich geplante öffentliche Kranzniederlegung von ehemaligen Angehörigen und Freunden des früheren Luftwaffenkampfgeschwaders 55 zu Ehren der Gefallenen am Gießener Ehrenmal verhindert wurde." (Deutsche Wochen-Zeitung, 3. Juli 1987.)

„Mit Parolen beschmiert und besudelt wurde die Gedenkstätte Altmannshöhe in Bremen." (Deutsche Wochen-Zeitung vom 4. September 1987.)

„Tod den Kriegsdenkmälern! wurde auf ein Soldaten-Ehrenmal in Coburg geschmiert." (Deutsche Wochen-Zeitung vom 11. September 1987.)

„Auf besonders niederträchtige Weise schändeten Polit-Kriminelle in Leverkusen ein Denkmal zu Ehren der Gefallenen des Ersten

Weltkrieges. Der steinerne Soldat wurde ‚symbolisch geköpft‘ und der Sockel in blutroter Farbe mit Parolen beschmiert.“ (Deutscher Anzeiger, Nr. 42/1987.)

„Ehrenmal-Schändung nun auch in Celle/Niedersachsen. Über Nacht fielen Polit-Chaoten über das Standbild des trauernden Kriegers her und zerstörten es auf besonders niederträchtige Weise. Dabei wurden dem steinernen Soldaten die Arme abgeschlagen und seine Gesichtszüge völlig entstellt. In roter Farbe besudelten die Täter das Ehrenmal zudem mit RAF-Parolen.“ (Deutsche National-Zeitung, Nr. 50/1987.)

„In Wuppertal ist ein besonders eindrucksvolles Ehrenmal für die Gefallenen beider Weltkriege geschändet worden. Ein mächtiger steinerner Adler, der am Königshöher Weg auf einer 10 Meter hohen Säule thronte, wurde abgerissen und gestohlen. Dieser Anschlag ist Höhepunkt einer ganzen Reihe von Ehrenmalschändungen in Wuppertal. In den vergangenen Wochen wurden bereits Gedenkstätten mit üblen Parolen beschmiert und besudelt. Daß von den Tätern ‚jede Spur fehlt‘, versteht sich leider fast von selbst.“ (Deutscher Anzeiger, Nr. 50/1987.)

„Das Soldaten-Ehrenmal auf dem Valdorfer Friedhof bei Vlotho wurde mit roter Farbe und Parolen besudelt. Auch ein wenige hundert Meter entfernt liegendes Ehrenmal wurde geschändet.“ (Deutsche National-Zeitung, Nr. 47/1987.)

„Von unbekannten Straftätern wurde das Ehrenmal in Bochum-Langendreer geschändet. Der Skulptur, die einen Soldaten darstellt, wurde der Kopf abgeschlagen.“ (Deutscher Anzeiger, Nr. 48/1987.)

„Mit der Parole ‚Helden = Mörder‘ wurde das Soldaten-Ehrenmal in Dortmund-Somborn geschändet.“ (Deutscher Anzeiger vom 15. Januar 1988.)

„Auf ein Soldaten-Ehrenmal in Unna wurden ein Hakenkreuz und das Wort ‚Nazischweine‘ geschmiert. Das Relief zeigt einen Soldaten, der seinen tödlich getroffenen Kameraden hält.“ (Deutsche National-Zeitung, Nr. 4/1988.)

„Seit dem 4. Januar dieses Jahres befindet sich das Denkmal zu Ehren der Gefallenen vor der Hochschule an der Langemarck-Straße in Bremen in jenem Zustand, in dem es Polit-Kriminelle zurückgelassen haben, nachdem sie ihren Haß an dem steinernen Zeugnis soldatischen Opfergangs ausgetobt hatten. Der Gedenkstein wurde

geschändet und von seinem Sockel gestoßen. Haushaltsmittel aber sollen für die Wiedererrichtung keinesfalls eingesetzt werden." (Deutsche Wochen-Zeitung vom 26. Februar 1988.)
„Auch vor dem im Jahre 1900 eingeweihten Bismarck-Denkmal in Pforzheim machen Ehrenmal-Schänder nicht halt. Es wurde heruntergerissen. Täter, natürlich, ‚unbekannt'." (Deutsche National-Zeitung, Nr. 18/1988.)
Am 18. März 1988 meldete der Deutsche Anzeiger: „Die Bundesregierung will 100000 Mark für die Errichtung eines Marine-Ehrenmals in Washington zahlen. Das Monument trägt den Titel ‚US Navy-Memorial'. Es soll nicht nur die Heldentaten der amerikanischen Seesoldaten würdigen, sondern auch alle Marinen, ‚mit denen die US-Navy gemeinsam Seefahrtgeschichte geschrieben und Traditionen entwickelt hat'. Die großzügige Unterstützung für das US-Navy-Memorial in der Hauptstadt der Vereinigten Staaten stammt von jener deutschen Bundesregierung, die sich im eigenen Land außerstande sieht, den Ehrenschutz für die deutschen Soldaten zu gewährleisten."

1987 und 1988 wurde das Soldaten-Ehrenmal im Göttinger Rosengarten, errichtet 1925, geschändet. Das Bild zeigt die umgestürzte Krieger-Figur.

Von Polit-Kriminellen im Juni 1987 geschändete Gedenkstätte in Rastatt.

Auf besonders niederträchtige Weise schändeten im Herbst 1987 Polit-Kriminelle in Leverkusen ein Denkmal zu Ehren der Gefallenen des Ersten Weltkrieges. Der steinerne Soldat wurde „symbolisch geköpft" und der Sockel in blutroter Farbe mit Parolen beschmiert.

Januar 1988: Ehrenmal-Schändung in Dortmund-Somborn.

Das 1988 geschändete Ehrenmal in Lippramsdorf bei Recklinghausen.

ELSASS-LOTHRINGEN

Die Volkstumsrechte der rund anderthalb Millionen Deutschen in Elsaß-Lothringen sind nicht gewährleistet; die deutsche Sprache wird planmäßig zurückgedrängt. Trotz aller EG-Verbrüderung und Freundschaftsbekundungen: Das offizielle Bonn unterläßt es, in Paris wegen dieses Mißstandes vorstellig zu werden.

1980 forderten 60 bekannte elsässische Kulturschaffende in einem Aufruf die Rettung ihrer Sprache durch Verleihung eines offiziellen

Status für den elsässischen Dialekt und seine Schriftsprache Hochdeutsch. Andernfalls sei zu befürchten, daß die elsässische Jugend im Jahr 2000 kein Elsässerdeutsch mehr sprechen könne. Alarmiert wurden die Schriftsteller, Sänger, Theaterleute und Pädagogen auch durch die Umfrage eines österreichischen Sprachforschers. Dabei ergab sich, daß zwar 83 Prozent der Erwachsenen Elsässisch miteinander sprechen, die Kinder untereinander jedoch nur zu 34 Prozent. In ihrer Ausgabe Nr. 4/1980 kommentierte die Deutsche National-Zeitung: „Paris verweigert die Anerkennung des Elsässischen als Regionalsprache bisher mit der abwertenden Behauptung, es handele sich dabei um eine ‚niedere Form einer ausländischen Sprache‘. Aus Bonn erntete die französische Regierung keinen Widerspruch, geschweige denn den gebotenen Protest.“

Daß sich die Lage nicht grundlegend verbessert hat, offenbart eine Zuschrift des Bürgermeisters von Wittringen, Raymond Sadler, veröffentlicht am 1. April 1987 von der Frankfurter Allgemeinen Zeitung: „Im Elsaß und in unserem Teil Lothringens laufen seit Ende des 2. Weltkrieges nicht nur die deutsche Hochsprache, sondern auch die alemannischen und fränkischen Mundarten Gefahr, auszusterben. Schuld daran sind vor allem unsere Zentralregierungen aller Schattierungen und leider auch einheimische ‚Hurrapatrioten‘, denen seit jeher unsere germanische Herkunft und Kultur ein Dorn im Auge ist. So wurde bislang in unseren Grundschulen sowohl der Gebrauch der deutschen Hochsprache wie die Benutzung unseres Dialektes strengstens ‚verboten‘. Falls die Lehrer es versäumten, die zuwiderhandelnden Schüler zu bestrafen, wurden sie selbst von ihren meist innerfranzösischen Schulräten gemaßregelt.“

Seit 1972 dürfe wieder ab der Mittelstufe Deutsch gelehrt werden, fährt der Bürgermeister fort, aber es handele sich um eine reine Kann-Bestimmung. Auch die Mundart sei neuerdings als französische Regionalsprache anerkannt. Doch fehle es vor allem an der Anerkennung der deutschen Standardsprache, ohne die kein deutscher Dialekt bestehen könne.

Bürgermeister Sadler abschließend: „Würde die deutsche Hochsprache in unserer Region weiterhin als bloße Fremdsprache behandelt werden, ginge unsere Mundart rasch verloren, und zwar für immer. Auf keinen Fall dürfen aber unsere Landsleute und alle echten Europäer dulden, daß unsere spezifische Kultur auf eine so tückische und schändliche Art und Weise ausgelöscht wird.“

EUPEN-MALMEDY

Der deutschen Volksgruppe in Belgien droht französische Assimilierung. Auf diese alarmierende Lage macht der Rat der deutschen Volksgruppe die Öffentlichkeit aufmerksam. Dr. Herbert Funk, Vorsitzender des Rates, bezeichnet die Sprachengesetze als diskriminierend, weil sie Deutschbelgien zu einem zweisprachigen Gebiet machen, während Flandern und die Wallonie einsprachig sind und mit der Verfassungsreform 1980 zu echten Sprachgemeinschaften erhoben wurden. Das deutsche Gebiet in Belgien sei dagegen zu einem Teil der Wallonie herabgestuft worden. Die heutige Wirklichkeit widerspreche der Menschenrechtskonvention. Bonn kümmert sich nicht hinreichend um die Belange der deutschen Minderheit im belgischen Staatsgebiet.

Seit seiner Gründung 1830 umfaßt der belgische Staat auch Bürger deutscher Sprache. Zunächst waren es nur die 50000 Deutschen im Areler und Montzener Gebiet. Nach dem Ersten Weltkrieg entriß Belgien dem Reich aber auch Teile der preußischen Rheinprovinz um Eupen-Malmedy und St. Vith mit rund 65000 Deutschen. Sie verfügen über keinen eigenen autonomen Teilstaat wie die Flamen und Wallonen, sondern sind in den beiden wallonischen Provinzen Luxemburg und Lüttich französischem Assimilierungsdruck ausgesetzt.

EUROPÄISCHE GEMEINSCHAFT (EG)

Die jetzige EG-Politik Bonns hat verheerende Folgen für die Bundesrepublik: Der deutsche Bauernstand wird ebenso akut bedroht wie die deutsche Werft-, Kohle- und Stahlindustrie. Die EG-„Freizügigkeit“ schafft weitere Millionen Fremde nach Westdeutschland, und die einseitig auf den Ausbau der EG gerichtete bundesdeutsche Politik führt weg vom Grundgesetz-Auftrag, die nationalstaatliche Einheit Deutschlands zu vollenden.

Viele hundert Milliarden Mark wurden bereits von Bonn an die EG gegeben. Die Bundesrepublik ist der Zahlmeister, während die anderen Staaten Geldempfänger sind. Ist das „Partnerschaft“? Am 8. August 1985 meldete die Frankfurter Allgemeine Zeitung: „Der

Bund hat 1986 Steuermittel in Höhe von vier Milliarden Mark zusätzlich an die Europäische Gemeinschaft abzuführen. Dieser Betrag erhöht sich bis 1989 auf etwa 4,7 Milliarden Mark. Damit beteiligt sich die Bundesrepublik 1986 über Zolleinnahmen, Agrarabschöpfungen und Mehrwertsteuerzahlungen an der Finanzierung der EG mit 20,8 Milliarden Mark. Dieser Betrag dürfte bis 1989 auf fast 24 Milliarden Mark ansteigen."
Mit Beginn der 90er Jahre steigen die bundesdeutschen EG-Zahlungen infolge des 1987 von Kanzler Kohl eingefädelten „Brüsseler Kompromisses" auf über 30 Milliarden Mark jährlich. Bonn finanziert dies durch Erhöhung von Steuern (zu den „Wende"-Versprechungen 1982 zählten Steuersenkungen!).

Wegen des „Brüsseler Kompromisses" ergeben sich laut Angaben des Bundesfinanzministeriums folgende Zusatzbelastungen für den deutschen Steuerzahler: 1988 rund 4,1 Milliarden; 1989 zwischen 4,4 und 5,4 Milliarden; 1990 zwischen 5,6 und 6,9 Milliarden; 1991 zwischen 7 und 8,4 Milliarden; 1992 zwischen 8,5 und 10 Milliarden Mark.
Pro Legislaturperiode verschlingt allein das sogenannte Europäische Parlament rund zweieinhalb Milliarden Mark. 1987 waren es knapp 600 Millionen. Der Löwenanteil wird aus bundesdeutschen Mitteln bestritten. Das EG-Parlament leistet sich nicht weniger als 3000 Bedienstete, die mitsamt Zulagen auf ein durchschnittliches Monatseinkommen von 7000 Mark kommen.

In der Ausgabe vom Januar 1988 schreibt das Blatt „Der Steuerzahler" : „In schier unglaublichem Tempo sind die Ausgaben der Europäischen Gemeinschaft bisher aufgestockt worden. Seit 1968, als zum ersten Male ein Gesamthaushalt für die EG aufgestellt wurde, um etwa das Neunzehnfache. 1987 waren es fast 80 Milliarden Mark. Die immense Ausgabenexplosion der EG schlägt sich in einer immer stärkeren Belastung der Steuerzahler nieder, wobei die Steuerzahler der Bundesrepublik die Hauptlast zu tragen haben." Der EG-Haushalt 1989 ist mit 95 Milliarden Mark veranschlagt.

Wie deutsche Interessen innerhalb der EG vernachlässigt werden, zeigt auch folgendes Beispiel: Am 7. November 1987 veröffentlichte die FAZ eine Zuschrift von Professor Dr. Werner Münch, Mitglied des Europaparlamentes und bildungs- und kulturpolitischer Sprecher der EVP-Fraktion: „Auch im Europäischen Parlament wird die deutsche Sprache zurückgedrängt. Sie ist zwar neben acht anderen Sprachen offizielle Amtssprache, wird aber in der Praxis nicht gleichwertig mit Französisch und Englisch behandelt." Für vorbereitende Sitzungen, bei Reisen von Interparlamentarischen Delegationen, bei informellen Gesprächen, bei der Übersetzung wichtiger Dokumente werde das Deutsche nicht gebraucht. Münch weiter: „Im Europarat ist Deutsch lediglich Arbeitssprache, nicht aber Amtssprache." Und das, obwohl Deutsch für die relativ meisten EG-Bewohner Muttersprache ist, obwohl Deutsch neben Russisch die am weitesten verbreitete Sprache in Europa ist, obwohl die Bundesrepublik über die größte Wirtschaftskraft in der „Gemeinschaft" verfügt und am meisten in die EG-Kasse einzahlt. Die Bundesrepublik war zudem EG-Gründungsmitglied, England kam erst später hinzu.

Die Bundesregierung plant, im Zuge der Verwirklichung der „Europäischen Union" alle Grenzkontrollen abzubauen. Nach Angaben des Bundesgrenzschutzes sind 1987 an den Grenzen der Bundesrepublik 91800 Personen aufgegriffen worden. Gegen 310 habe der Verdacht einer Straftat wider das Leben bestanden, gegen 6500 der eines Rauschgift-, bei 10000 der eines Urkunden- und bei 11000 der eines Eigentumsdeliktes. Auch 871 jugendliche Ausreißer konnten ihren Eltern wieder zugeführt werden. Mehrere zehntausend Ausländer konnten am illegalen Grenzübertritt gehindert werden. Der von Bonn geplante Abbau der Grenzkontrollen würde also bedeuten: Pro Jahr einige hundert mutmaßliche Mörder und Totschläger weniger gefaßt, 6500 Rauschgifttäter und Zehntausende andere Gauner mehr in Freiheit, viele zehntausend illegale Ausländer mehr in der Bundesrepublik.

Am 12. September 1983 teilte das Bonner Auswärtige Amt auf Anfrage mit: „Es sind keine EG-Vereinbarungen oder -Erklärungen bekannt, die eine Festlegung auf die Wiedervereinigung Deutschlands enthalten." Im „Spiegel" Nr. 40/1977 wurde der langjährige EG-Kommissar Ralf Dahrendorf mit folgenden Worten zitiert: „Sicherlich liegt es im Interesse der Nachbarn der Bundesrepublik, durch die europäische Einigung auch die deutsche Teilung zu zementieren."

In dem 1970 im Bruckmann-Verlag erschienenen Buch „Europa – Mutter unserer Welt" hat Graf Coudenhove-Kalergi, Gründer der Paneuropa-Bewegung, jene Grundsätze zusammengefaßt, die heute nahtlos von der Regierung Kohl übernommen worden sind. Deutlich

Jenninger unterstützt EG-Beitritt der Türkei

BONN (AP). Bundeskanzler Helmut Kohl hat am Dienstag mit dem türkischen Parlamentspräsidenten Necmettin Karaduman im Bundeskanzleramt in Bonn aktuelle politische Fragen erörtert. Karaduman, der auf Einladung von Bundestagspräsident Philipp Jenninger (CDU) mit einer Delegation die Bundesrepublik besucht, hat vor allem für die Vollmitgliedschaft der Türkei in der Europäischen Gemeinschaft geworben. Bundestagspräsident Jenninger hatte vor dem Meinungsaustausch Karadumans mit Kohl die Türkei als wichtigen Verbündeten der Bundesrepublik bezeichnet und zum weiteren Ausbau der bilateralen Beziehungen aufgefordert. Es gelte, das solide Fundament der Partnerschaft beständig zu sichern. „Die wichtigsten Elemente dieses Fundaments sind unsere politische und sicherheitspolitische Zusammenarbeit, unsere engen Handels- und Wirtschaftsbeziehungen, unser kultureller Austausch und die menschliche Verflechtung", erinnerte Jenninger. Er unterstützte die angestrebte Vollmitgliedschaft der Türkei in der EG und anerkannte die Bemühungen der Türkei um Demokratie.

Aus der „Süddeutschen Zeitung" vom 19. Juni 1987. Eine EG-Vollmitgliedschaft der Türkei bedeutet zusätzlichen Massenzustrom von Vorderasiaten.

wird, daß der Kanzler nicht nur ein „Enkel Adenauers", sondern vor allem auch ein Schüler Coudenhove-Kalergis ist.

Der Paneuropa-Graf führte aus, daß der „europäische Gedanke" vor allem bedroht werde durch den „deutschen Neutralismus": „Die deutschen Neutralisten gehen von dem Gedanken aus, daß die deutsche Wiedervereinigung das höchste Ziel der deutschen Außenpolitik bleiben muß; da aber dieses Ziel ohne russische Zustimmung unerreichbar ist, müsse die russische Zustimmung erkauft werden durch eine Loslösung des wiedervereinigten Deutschland vom westlichen Bündnissystem. Sie fordern darum ein vereinigtes, neutrales und freies Deutschland . . . Rußland ist aber allein unter allen Großmächten in der Lage, eine Revision der Oder-Neiße-Grenze zu erreichen. Aus diesem Grund ist zu befürchten, daß eine Neutralität

Deutschlands eines Tages zu einem deutsch-russischen Bündnis führen könnte."
„Nur die rasche Bildung eines europäischen Bundesstaates kann diese Gefahren bannen", fährt der Graf fort, „eines Bundesstaates mit gemeinsamen Behörden, einem gemeinsamen Parlament und Bundesgericht, einer gemeinsamen Währung, einer gemeinsamen Außen-, Verteidigungs- und Wirtschaftspolitik."
Coudenhove-Kalergi weiter: „Nichts Großes aber kann ohne Opfer verwirklicht werden – auch nicht Europa. Überall muß früher oder später der Augenblick kommen, da das nationale Interesse in irgendeiner Frage in Widersprüche gerät mit den Interessen Europas. Unter den heutigen Verhältnissen würde die Entscheidung gegen Europa fallen. Nur ein europäischer Bundesstaat kann hier Wandel schaffen; eine Bundesregierung, die verpflichtet ist, die europäischen Interessen über die nationalen zu stellen."

EXTREMBEWÄLTIGUNG

Unter Extrembewältigung ist jene Geisteshaltung zu verstehen, die zur Totalverdammung der deutschen Geschichte, zu Kollektivschuldzuweisungen an das deutsche Volk und zur Verengung des historischen Blickwinkels auf die 12 NS-Jahre führt. Im folgenden sind einige von zahlreichen Beispielen solcher Extrembewältigung, die das geistige Klima zusehends vergiftet, angeführt.
Bei einer Veranstaltung des Leo-Baeck-Institutes in Westberlin sagte Kanzler Kohl im Oktober 1985: „Wir schämen uns als Deutsche. Die Deutschen wurden individuell schuldig, aber sie sühnen kollektiv."
Am 21. April 1986 äußerte Kohl anläßlich seiner Rede in der Gedenkstätte Bergen-Belsen: „Versöhnung mit den Hinterbliebenen und den Nachkommen der Opfer ist nur möglich, wenn wir unsere Geschichte annehmen, so wie sie wirklich war, wenn wir uns als Deutsche bekennen: zu unserer Scham, zu unserer Verantwortung vor der Geschichte. Bergen-Belsen, ein Ort mitten in Deutschland, bleibt ein Kainsmal, eingebrannt in die Erinnerung unseres Volkes. Für die Untaten der NS-Gewaltherrschaft trägt Deutschland die Verantwortung vor der Geschichte. Diese Verantwortung äußert sich auch in nie verjährender Scham. Der Zusammenbruch der NS-

Diktatur am 8. Mai 1945 wurde für die Deutschen ein Tag der Befreiung. Und deshalb haben wir uns auch unwiderruflich an die Wertegemeinschaft der freiheitlichen Demokratien des Westens gebunden und mit ihnen dauerhaft verbündet."

1986 sagte der damalige CDU-Vorsitzende von NRW, Professor Kurt Biedenkopf, anläßlich der „Woche der Brüderlichkeit", Deutschland sei wegen der NS-Geschehnisse eine „unbefristete Bewährung" auferlegt, so als ob es sich beim deutschen Volk um einen Schwerverbrecher handeln würde. Entscheidend, so Biedenkopf, sei eine Formulierung im Talmud: „Eine Sünde kann nützlich sein, wenn der Sünder sich ihrer dauernd bewußt wird und daran gehindert wird, neue Sünden zu begehen." Daher dürfe es in bezug auf das NS-Unrecht „kein Vergessen geben". Biedenkopf behauptete: „Der Blick zurück ist der Auftrag unserer Geschichte." Aus diesem Auftrag erwüchsen „Bindungen für uns und die, die nach uns kommen".

Die Extrembewältigung führt sogar dazu, daß die deutsche Teilung als gerechtfertigt erscheint. Präsident von Weizsäcker sagte anläßlich seiner 8.-Mai-Rede im Deutschen Bundestag 1985: „Das Ergebnis der Sünde ist immer die Teilung." 1986 schrieb Winfried Fest, Sprecher des CDU-Senates und Leiter des Presse- und Informationsamtes des Landes Berlin, im Senats-Informationsblatt „Aktuell": „Aufzuzeigen und offenzulegen gilt es aber auch die Bezüge zwischen der historischen Vergangenheit und der Gegenwart, in der wir leben. In der Berliner Mauer spiegelt sich das deutsche Schicksal in diesem Jahrhundert. Vom verlorenen 1. Weltkrieg zum Zusammenbruch der Weimarer Republik, von der Machtübernahme Hitlers zum totalen Ende dieser mörderischen Diktatur, vom befreiten und okkupierten Deutschland zur Teilung in zwei deutsche Staaten. Die Mauer ist der Preis für Großmachtwahn, für nationales Fehlverhalten."

Unter der Schlagzeile „Frauen standen bei den Nazis knapp unter Kühen" berichtete die „Frankfurter Rundschau" am 6. November 1987 über ein Symposium „Der faschistische Körper", bei dem einige besonders prägnante extrembewältigende Äußerungen fielen: „Auch die Frankfurter Psychoanalytikerin Margarete Mitscherlich erinnerte in ihren Überlegungen zur Hitlerzeit daran, wie sehr der deutsche Frauenkörper der Sauberkeit des Heiligen Deutschland zu dienen hatte. Frauen hätten im Dritten Reich ‚knapp unter den Kühen rangiert', meinte sie im Hinblick auf die NS-Institution ‚Lebensborn' . . . Nicht nur als Opfer des Faschismus sind Frauen aber Thema der Tagung. Auch als ‚Mitläuferinnen' und damit ‚Mittäterinnen' sieht sie Margarete Mitscherlich. Die harte Nazi-Frau ist für die US-Historikerin Claudia Koonz ‚nicht sanft und nicht schön, sondern Mitglied einer überzeugten Frauengruppe'."

Ein weiteres Beispiel von Extrembewältigung lieferte Kanzler Kohl 1988 anläßlich der Festlichkeit zum 200. Geburtstag von Joseph von Eichendorff. Er warf in seiner Rede dem Dichter vor, es den Verderbern Deutschlands zu leicht gemacht zu haben, ihn als „Vorbote schwärmerischer Deutschtümelei" zu vereinnahmen. Eichendorff habe dazu beigetragen, Deutschland von der „freiheitlichen Verfassungsentwicklung in Ländern wie den Vereinigten Staaten abzukoppeln". Das alles habe jenen Kräften den Weg geebnet, die „Deutschland auf einen nationalistischen Sonderweg und damit in die Katastrophe geführt haben". Kohls „zwingender Schluß": „Wir müssen der verführerischen Idee von der Rolle Deutschlands als neutraler Mittler-Nation zwischen Ost und West eine klare Absage erteilen."

Die Extrembewältigung führt zu Nationalmasochismus. Beispiele:
„Als ich mit 21 erstmals außerhalb von Deutschland, in Frankreich, lebte, habe ich mich geschämt für meinen deutschen Kopf. Schuldig fühle ich mich nicht, aber das Wort von der Kollektivscham leuchtete mir sehr ein." (Alice Schwarzer, „Emma"-Herausgeberin.)
„Wir haben die Welt heimgesucht, wir haben unsühnbare Schuld auf uns geladen." (Verleger Helmut Kinder; vor 1945 NS-Propagandist.)
„Die Deutschen haben zwischen 1870 und 1939 drei Kriege begonnen, darunter den grauenhaftesten der Weltgeschichte." (Johannes Mario Simmel.)
„Ich habe keinen Grund dazu stolz zu sein, ein Deutscher zu sein. Ich schäme mich ständig, ein Deutscher zu sein." (Günther Wallraff.)
„Ich bin nicht stolz, Deutsche zu sein. Ich denke nicht in den Grenzen von Nationalstaaten." (Jutta Dittfurth.)
„Ich war oft entsetzt darüber, Deutscher zu sein. Wer zu Deutschland verurteilt ist, der tut mir leid." (Philosoph Peter Sloterdijk.)
„Ich bin nicht stolz darauf, Deutscher zu sein." (Christoph Böhr, Bundesvorsitzender der Jungen Union.)
„Ich kann nicht stolz darauf sein, irgendeiner Nation anzugehören.

Im Sinne der Kollektivschuld schäme ich mich, Deutscher zu sein." (Michael Jürgs, Chefredakteur des „Stern".)
„Ich habe dieses Land als Nation noch nie geliebt." (Adrienne Goehler, GAL-Abgeordnete in Hamburg.)
„Ich empfinde mich als Weltbürgerin." (Petra Kelly.)
„Im Ausland gebe ich mich lieber als Däne oder Norweger aus." (Hape Kerkeling, Fernseh-Schauspieler.)
In der Ausgabe Nr. 26/1987 berichtete der Deutsche Anzeiger über Sorgen von Professor Eberhard Jäckel, einem prominenten Umerzieher, wegen nachlassender „Stärke der Betroffenheit" in bezug auf die jüngste Vergangenheit. Jäckel: „Das Allensbacher Institut für Demoskopie hat kürzlich gefragt: Wie stark belastet Sie persönlich das, was im 3. Reich und im Zweiten Weltkrieg geschehen ist? Die Antwort lautete wie folgt: Von den vor 1921 Geborenen sagten 73 %: Es belastet mich stark. Bei den zwischen 1921 und 1933 Geborenen gaben 61 % diese Antwort, bei den nach 1933 Geborenen 43 % und bei den heute unter Dreißigjährigen 33 %." Jäckels Schlußfolgerung: „Nur wenn wir Verantwortung übernehmen, können wir aufrecht gehen. Der Nationalstolz des mündigen Bürgers besteht nicht darin, die Vergangenheit seiner Nation zu rühmen. Sein Stolz ist es vielmehr, sie kritisch zu betrachten. Das macht frei."

FAMILIENFEINDLICHKEIT

Das Grundgesetz verpflichtet den Staat, Ehe und Familie besonders zu schützen. Dieser Schutzpflicht kommt Bonn schon seit langem nicht mehr nach. Ehe und Familie werden sozial geächtet, sogenannte „alternative Lebensformen" gefördert. Kinderreiche Familien werden finanziell extrem benachteiligt. Ein destruktives Scheidungsrecht bringt soziale Unrast in die Gesellschaft. Und in den Schulen werden die Kinder einer angeblichen „Reformpädagogik" ausgeliefert, die von Ehe und Familie wegerzieht. Dies alles sind keine „zwangsläufigen Entwicklungen". Lehrpläne der Schulen zum Beispiel fallen nicht vom Himmel, sondern werden von Kultusministern verordnet.
Bundesfamilienministerin ist Professor Rita Süßmuth. Kaum im Amt, sagte sie in einem Interview mit der „Zeit" (veröffentlicht am 6. September 1985): „Simone de Beauvoir ist mein Vorbild." Das

Grundbekenntnis der Simone de Beauvoir, Schöpferin des Feminismus, lautete: „Ich beklage die Sklaverei, die der Frau durch die Mutterschaft aufgezwungen wird. Die Frau bleibt nach wie vor Haussklavin, denn sie wird erdrückt, erstickt, abgestumpft und erniedrigt von der Kleinarbeit der Hauswirtschaft, die sie an die Küche und das Kinderzimmer fesselt und ihre Schaffenskraft durch eine geradezu barbarische, unproduktive, kleinliche, entnervende, abstumpfende, niederdrückende Arbeit vergeuden läßt."
CDU-Generalsekretär Geißler über Beauvoir-Fan Süßmuth: „Ich bin fest davon überzeugt, daß Frau Süßmuth in der Partei eine überaus große Resonanz hat. Sie ist ja Vorsitzende der Frauenvereinigung. Sie ist ein wirklicher Glücksfall für die Christlich Demokratische Union. Sie steht für eine moderne Frauenpolitik, so wie wir sie in den Essener Leitsätzen beschlossen haben."

Bevölkerungsexperte Dr. Ferdinand Oeter von der Deutschen Liga für das Kind beschuldigt Etablierte, das Bundesverfassungsgerichtsurteil vom 3. November 1982 zu mißachten. Darin heißt es: „Die wirtschaftliche Belastung durch Unterhaltsverpflichtungen gegenüber Kindern ist ein besonderer, die Leistungsfähigkeit der Eltern beeinträchtigender Umstand. Diese unabweisbare Sonderbelastung darf der Gesetzgeber ohne Verstoß gegen die Steuergerechtigkeit nicht außer acht lassen." Erforderlich, so Oeter, sei eine familiengerechte Besteuerung, die den Wunsch zum Kind fördere. Tatsächlich bestrafe aber der Fiskus die Eltern, indem er ihnen auch noch Steuern für jenen Teil des Einkommens abverlangt, das für den Unterhalt des oder der Kinder aufgewendet werden muß.

Dr. Oeter weiter: „Heute besteht die paradoxe Situation, daß man sich vor den Kinderkosten drücken kann und gerade dann eine besonders splendide Altersversorgung erhält." Er rechnet vor: „Das Aufziehen von zwei Kindern entspricht einem Konsumverzicht von lebenslang mindestens 500000 Mark gegenüber einem kinderlosen Ehepaar. Wolfram Engels, der die Verzinsung mit einrechnet, kommt sogar auf den doppelten Betrag. Damit könnten sich Kinderlose ihre Altersversorgung unschwer durch Abschluß einer Versicherung erkaufen. Eltern mit zwei und mehr Kindern fehlt dazu das Geld."

Folgende Analyse trug Finanzminister Stoltenberg am 13. September 1986 vor dem evangelischen CDU-Arbeitskreis in Kiel vor: „Wir müssen feststellen, daß die Einkommensunterschiede zwischen unverheirateten oder kinderlosen Paaren und Eltern mit Kindern gewaltig sind. Vergleicht man zwei Ehepaare, von denen in einem Fall beide Partner erwerbstätig sind, keine Kinder haben und je 2500 Mark brutto verdienen, von denen im zweiten Fall nur der Mann erwerbstätig ist, die Frau sich der Versorgung der Familie und der Betreuung dreier Kinder widmet, so kommt man zu dem Ergebnis, daß das zweite Ehepaar um rund 1,5 Millionen Mark schlechter dasteht als das erste. Das ist der abgezinste Vermögensnachteil dreier Kinder, der sich daraus ergibt, daß die Frau kein Erwerbseinkommen hat, daß die Kinder Kosten verursachen und die eigene Rente der Frau niedriger ist (Berechnungen des Frankfurter Instituts für wirtschaftspolitische Forschung). Noch erschreckender wird das Bild, wenn man auf das frei verfügbare Einkommen abstellt, also das Einkommen, das übrigbleibt, wenn die elementaren Lebensbedürfnisse gedeckt sind.“

Soweit Stoltenbergs Analyse. Abhilfe hat er nicht geschaffen.

FRAKTIONSGELDER

1987 kassierten die etablierten Parteien an staatlichen Fraktionszuschüssen im Bundestag 62,4 Millionen Mark. Die Fraktionen der Landtage brachten es auf noch einmal rund 60 Millionen Mark Steuergeldzuschuß. In diesen Summen nicht enthalten sind die ohnehin großzügig bemessenen Diäten und geldwerten Leistungen für die Abgeordneten. Schon 1979 errechnete der Verein gegen Parlamentarischen und Bürokratischen Mißbrauch von Dr. Spielmann, daß ein Normalbürger weit mehr als eine Viertelmillion Mark im Jahr verdienen müsse, um jenen Finanzstandard zu erreichen, der einem einzigen Bundestagsabgeordneten von Staats wegen zugebilligt wird.

1987 veröffentlichte Professor Dr. Hans Herbert von Arnim, der an der Hochschule für Verwaltungswissenschaften in Speyer lehrt, eine Schrift mit dem Titel „Staatliche Fraktionsfinanzierung ohne Kontrolle?“ Darin deckt er steuergeldverschwenderische Praktiken auf: Die Zahlungen des Staates an die Bundestagsfraktionen seien seit 1967 auf mehr als den dreizehnfachen Ausgangsbetrag hochgeschossen. Die Zahlungen aus der Steuerkasse an die Fraktionen des Landtages seien im Verhältnis zu 1967 um das Achtfache gestiegen.

Zahlungen an die Fraktionen des Deutschen Bundestages aus Bundesmitteln (in Mio. DM)

1950	0,3	1969	5,3
1951	0,3	1970	11,1
1952	0,3	1971	17,4
1953	0,3	1972	19,5
1954	0,7	1973	22,6
1955	1,0	1974	26,3
1956	1,0	1975	29,3
1957	1,4	1976	30,5
1958	1,4	1977	35,0
1959	1,8	1978	38,6
1960	1,8	1979	41,6
1961	2,0	1980	44,6
1962	2,0	1981	47,0
1963	2,5	1982	48,4
1964	2,7	1983	50,9
1965	3,1	1984	56,6
1966	3,4	1985	56,6
1967	4,3	1986	60,4
1968	4,9	1987	62,4

Allein an Fraktionszuschüssen in Bonn vereinnahmten Etablierte in den letzten 10 Jahren über eine halbe Milliarde Mark aus der Steuerkasse.

Zahlungen an die Fraktionen der Landesparlamente aus Haushaltsmitteln (in Mio. DM)

	1967	1968	1986	1987
Baden-Württemberg	0,30	0,28	4,57	4,95
Bayern	0,98	0,98	6,39	6,56
Berlin	0,59	0,59	5,59	6,09
Bremen			6,12	6,34
Hamburg	0,55	0,55	3,26	4,00
Hessen	0,62	0,62	5,37	5,37
Niedersachsen	0,45	0,45	7,25	8,15
Nordrhein-Westfalen	1,64	1,64	8,26	8,26
Rheinland-Pfalz	0,50	0,51	3,35	3,50
Saarland	0,60	0,60	3,50	3,50
Schleswig-Holstein	0,36	0,73	4,45	4,65
Insgesamt	6,59	6,95	58,11	61,37

Professor von Arnim kritisiert, daß etliche Zuschüsse an die Fraktionen vor der Öffentlichkeit von vornherein verborgen werden. Ein verläßlicher Überblick über sämtliche Einnahmequellen der Fraktionen sei nicht möglich, weil sie keine Rechenschaftsberichte über die Herkunft ihrer Mittel veröffentlichen, ebensowenig über die Verwendung ihrer Mittel und ihr Vermögen.

GEBURTENMINUS

1987 wurden in der Bundesrepublik Deutschland 580000 deutsche Kinder geboren. Doch es starben 680000 Bundesdeutsche. Damit hat sich auch 1987 die Zahl der Deutschen in der Bundesrepublik infolge des Geburten-Minus um die Stärke einer Großstadt vermindert. Seit vielen Jahren ist die Bundesrepublik der Staat mit der niedrigsten Geburtenrate auf der Erde. Anfang der 60er Jahre kamen hierzulande noch über eine Million Kinder per anno zur Welt. Die jetzige Geburtenrate untertrifft bei weitem jene der Depressionszeit 1929–1933 und jene der unmittelbaren Nachkriegszeit 1945–1947. Die Etablierten haben ein gesellschaftliches Klima geschaffen, das kinderfeindlicher ist als die unmittelbaren Folgen des Zweiten Weltkrieges.

Das eigentliche Kernproblem lautet: Es werden in der Bundesrepublik nicht zu wenig Kinder gezeugt. Würden jene annähernd 250000 Kinder, die jährlich dem Abtreibungsunrecht zum Opfer fallen, nicht ums Leben gebracht, wäre die Bestandserhaltung der Bevölkerung annähernd gesichert, und wir stünden nicht vor einem sich anbahnenden Zusammenbruch des Generationenvertrages.

Mahnende Worte werden von Etablierten in den Wind geschlagen. Am 15. Dezember 1986 meldete die Katholische Nachrichtenagentur KNA: „Der Vorsitzende der Deutschen Bischofskonferenz, Kardinal Joseph Höffner, sieht die Deutschen in einer ‚schweren Lebenskrise‘. Kennzeichnend für diese Krise sei, daß ungeborene Kinder massenhaft umgebracht würden, daß es mehr Särge als Wiegen gebe und jährlich 130000 Ehen geschieden würden, klagte der Kardinal. Er wies in diesem Zusammenhang auch auf eine ‚Krise der sittlichen Wertvorstellungen‘ hin.“

In der Deutschen Wochen-Zeitung vom 4. März 1988 hieß es dazu: „‚Wir müssen die Deutschen fett, aber impotent machen‘, verkün-

„Pille für alle umsonst“

BILD-Gespräch mit der CDU-Abgeordneten Ingrid Roitzsch

Von W. KENNTEMICH

BILD: Neue Diskussion über die vielen Abtreibungen in Deutschland (200 000 im Jahr). Wie kann den Frauen am besten geholfen werden?

Roitzsch: Aufklärung und Verhütung sind immer noch das beste Mittel gegen ungewollte Schwangerschaften. Deshalb meine Forderung: Wir brauchen endlich die Pille auf Krankenschein. Wenn Frauen damit umsonst wirksame Verhütungsmittel bekommen, müssen die Kassen auch nicht mehr so viele Abtreibungen bezahlen.

Ich denke z. B. an ein junges Mädchen, das nur 20 Mark Taschengeld im Monat hat, bei den Eltern für eine feste Freundschaft kein Verständnis findet und sich die Pille für 15 Mark gar nicht leisten kann.

Wie eine CDU-Parlamentarierin dem Abtreibungsmißbrauch begegnen will. (Aus der „Bild“ vom 18. Juli 1984.)

dete dereinst Großbritanniens Winston Churchill als Ziel der Umerziehung. Der famose Theodore N. Kaufman aus Amerika ließ sich sogar die Kollektivsterilisierung des deutschen Volkes einfallen, während Harvard-Professor Hooton meinte, man könnte das Deutschenproblem endlösen, indem man Fremde hier ansiedelt und sie mit deutschen Frauen zwangsvermählt. Einzelheiten dieser aparten Pläne kann man in ‚Verheimlichte Dokumente‘ nachlesen. Ob die heutigen Bevölkerungsprobleme in Westdeutschland nun direkt oder indirekt etwas mit den vorgenannten Kriegs- und Umerziehungszielen zu tun haben oder auch nicht: Tatsache ist, daß sich die Deutschen im Westen des Vaterlandes (nicht in dessen Mitte; die ‚DDR‘-Geburtenrate ist ungleich höher) langsam aus der Geschichte verabschieden – wenn nicht rasch eine Umkehr stattfindet. Dazu ein klares Wort des verstorbenen Kardinal Frings: ‚Die Zukunft eines Volkes hängt nicht ab von der Zahl der Kraftwagen, sondern von der Zahl der Kinderwagen‘.“

Daß es bei entschlossenem Handeln des Staates zu einer Wende kommen kann, zeigt Mitteldeutschland. Die „DDR" war lange Jahre nächst der Bundesrepublik Schlußlicht der Weltgeburtenstatistik. Mittlerweile behauptet die „DDR" einen Platz im europäischen Mittelfeld. Die Geburtenrate der Deutschen in der Bundesrepublik beträgt 10 Promille. Die Geburtenrate der Ausländer in der Bundesrepublik beträgt 12,8 Promille. Die Geburtenrate der Deutschen in der „DDR" beträgt 13,4 Promille. Das heißt: Die Deutschen jenseits von Elbe und Werra sind um ein Drittel geburtenfreudiger als jene diesseits des Eisernen Vorhangs. Die Mitteldeutschen übertreffen sogar die Geburtenzahl der in der Bundesrepublik lebenden Ausländer. Drüben sorgt der Staat durch gezielte Geburten- und Familienförderung für so viel Nachwuchs, daß die Sterbezahl ausgeglichen wird.

GESCHICHTSVERFÄLSCHUNG

Wer die gesellschaftlichen Fehlentwicklungen in der Bundesrepublik analysieren will, kommt am Thema Geschichtsverfälschung nicht vorbei. Der US-amerikanische Geschichtsprofessor Harry E. Barnes schrieb von einem Selbstbezichtigungs-Wahn, der viele Deutsche befallen habe: Zeitgeschichtlich Entlastendes wird unterdrückt, Belastendes jedoch unendlich ausgewalzt und mit den konzentrierten Mitteln der Obrigkeit in die Köpfe besonders der Jugend gehämmert. So hat man, wie es der sozialdemokratische Politiker und Ex-Bundeskanzler Schmidt einmal ausdrückte, die deutsche Geschichte „zum Verbrecheralbum" gemacht.

Zwei Beispiele für die Unterdrückung von Entlastungsmaterial: Entgegen den Wendeversprechungen Kohls und seines Innenministers Zimmermann werden die vielen tausend Dokumente über Vorkriegs- und Nachkriegsverbrechen an Deutschen im polnischen Machtbereich weiterhin im Bundesarchiv unter Verschluß gehalten. Wegen Rücksichtnahme auf die westlichen Verbündeten sperrt sich die Bundesregierung ferner gegen die Veröffentlichung der Akten über die „Kriegsverbrecherprozesse West". Insgesamt lagern im Auswärtigen Amt nicht weniger als 1100 Aktenordner mit 10000 Einzelfällen unter Verschluß. Aus den Akten ergibt sich die Haltlosigkeit zahlreicher Vorwürfe gegen die Deutsche Wehrmacht. Auch

werden die zweifelhaften Methoden der „Wahrheitsfindung“ durch Gerichte der Westalliierten deutlich.
Das Organ des Verbandes der Heimkehrer berichtet: „Mehr als zehn Jahre laufen die ununterbrochenen Interventionen des Verbandes, insbesondere im Dialog mit dem Bundesaußenminister, zu dessen Bereich die Zentrale Rechtsschutzstelle gehört, die den deutschen Kriegsgefangenen in westlichen Gefängnissen nach den Genfer Konventionen im Auftrag der Schutzmacht Deutschland Beistand zu leisten hatte.“
Immer wieder finde bzw. erfinde Bonn neue Ausreden, um sich an der Veröffentlichung vorbeizudrücken. Hingewiesen wird zum Beispiel auf „finanzielle Probleme“. Tatsächlich aber hat der Bundestag die Mittel für die Auswertungsarbeiten der Zentralen Rechtsschutzstelle im Haushalt längst genehmigt.
Das Organ des Verbandes der Heimkehrer kommentiert: „Wir verstehen die Welt nicht mehr. Wenn es darum geht, immer wieder in der deutschen Vergangenheit herumzuwühlen und sie als Schreckbild für die Gegenwart lebendig zu erhalten, nimmt man dies geduckt hin; wenn aber die historische Chance besteht, Sondergesetze und Unrechtsurteile – denn auch solche gab es im Westen – gegen deutsche Soldaten in Dokumenten der Öffentlichkeit zugänglich zu machen, dann windet man sich in geradezu erbärmlicher Weise. Will man so die Moral in unserem Volk kräftigen und die Glaubwürdigkeit politischer Aussagen festigen?“
Die Zurückhaltung der Bundesregierung müsse um so mehr verwundern, als in der Dokumentation der östlichen Schandtaten durchaus kein Blatt vor den Mund genommen worden war. Auch nicht zu Zeiten sozialdemokratischer „Entspannungspolitik“: Die 22bändige Dokumentation über Fehljustiz an Deutschen im Osten wurde 1973 freigegeben. Mutmaßlich herrsche in Bonn heute „Feigheit vor dem Freunde“ vor.
Wer zu anderen Forschungsergebnissen kommt als Herrschende- ‚wird „fertiggemacht“. Ein bezeichnendes Beispiel: Dr. Wilhelm Stäglich, lange Zeit einer der höchsten Hamburger Richter, kam in bezug auf den NS-Holocaust zu Forschungsergebnissen, die sich nicht decken mit jenen der etablierten Zeitgeschichtsforschung. Die Universität Göttingen reagierte, indem sie ihm den Doktortitel aberkannte: Er habe sich „als unwürdig erwiesen, den Ihnen von der juristischen Fakultät der Georg-August-Universität Göttingen ver-

liehenen Doktorgrad zu führen". Als „Rechtsgrundlage" gab der Universitäts-Präsident ein von Hitler persönlich unterzeichnetes Gesetz an, das seinerzeit der Knebelung und Entrechtung nonkonformer und jüdischer Mitbürger durch den NS-Terror diente: „Die Rechtsgrundlage für das Verfahren auf Entziehung des Doktorgrades bildet das Gesetz über die Führung akademischer Grade vom 7. Juni 1939 (Reichsgesetzblatt I, Seite 985) und die dazu ergangene Durchführungsverordnung vom 21. Juli 1939 (Reichsgesetzblatt I, Seite 1326)."

Früher, zum Beispiel während der NS-Diktatur, wurden Bücher verbrannt. Heute werden sie verbannt. Das Ergebnis ist dasselbe: Zensur. Und das, obwohl das Grundgesetz ausdrücklich bestimmt: Eine Zensur findet nicht statt. Ein bezeichnender Vorfall vom Juni 1988: Im christdemokratisch regierten Bonn wird fortan die Stadtbücherei „von neofaschistischer Literatur gesäubert" (Schlagzeile des Linksorgans „Blick nach rechts"). Das linke Mitteilungsblatt: „Die Bonner Grünen forderten die Errichtung einer Schwelle vor der Verleihung neofaschistischer Bücher. Beim Kulturdezernenten der Stadt Bonn, Jochen von Uslar (FDP), den die CDU-regierte Bundeshauptstadt sich aus Image-Gründen aus Berlin holte, fanden Grüne und Intitiative gegen Neofaschismus offene Ohren. Von Uslar sicherte zu, daß neofaschistische Literatur aus den offen zugänglichen Regalen der Stadtbücherei ins Magazin verbannt wird."

Künftig ist diese Literatur „nur noch für kritische wissenschaftliche Arbeiten ausleihbar". Bei Neuanschaffungen von Büchern will man „sensibler vorgehen". „Blick nach rechts": „Zur Abstimmung der gebannten braunen Bücherliste soll die Stadtbücherei mit der Initiative gegen Neofaschismus zusammenarbeiten."

Gebannt werden unter anderem ein vor wenigen Jahren erschienenes Buch über Albert-Leo Schlageter, mehrere Werke von Wilfred von Oven, eine revisionistische Darstellung der Vorgänge in Guernica, Bücher des Grabert-Verlages, des Vowinckel-Verlages, des Verlages Deutscher Unitarier. Betroffen sind Schriften der Gesellschaft für Freie Publizistik, des Deutschen Kulturwerkes, Nation Europa, der Gesellschaft für Anthropologie. Die Schriften Oswald Mosleys sollen ebenso verschwinden wie Bücher, die die moderne Kunst kritisieren und „dem Nazi-Bildhauer Breker" gewidmet sind.

Extrem-Umerzieher und Geschichtsverzerrer aber werden staatlich

wehrhafte demokratie

Bonner Stadtbücherei wird von neofaschistischer Literatur gesäubert

Die überparteiliche Bonner „Initiative Gemeinsam gegen Neofaschismus" hat den Katalog der Stadtbücherei Bonn nach neofaschistischer Literatur durchforstet und wurde auf Anhieb fündig.

In dieser Weise wurden die Bonner Grünen aktiv. Sie forderten die Errichtung einer Schwelle vor der Verleihung neofaschistischer Bücher nach dem Beispiel der NS-Filme.

Beim Kulturdezernenten der Stadt Bonn, Jochem von Uslar (FDP), den die CDU-regierte Bundeshauptstdt sich aus Image-Gründen aus Berlin holte und der dem Bonner Provinz-Muff entgegenzuarbeiten versucht, fanden Grüne und „Initiative" offene Ohren: von Uslar sicherte zu, daß neofaschistische Literatur aus den offen zugänglichen Regalen der Stadtbücherei ins Magazin verbannt werden, daß sie zukünftig nur noch für kritische wissenschaftliche Arbeiten ausgeliehen werden sollen und daß bei Neuanschaffungen sensibler vorgegangen wird. Zur Abstimmung der gebannten „braunen Bücherliste" soll die Stadtbücherei auch mit der „Initiative Gemeinsam gegen Neofaschismus" zusammenarbeiten.

Alois Pfreimdt

Schritte auf dem Weg zu einer neuen Bücherverbrennung? Auszug aus dem SPD-Organ „Blick nach rechts" vom 24. Mai 1988. Unter „neofaschistischer Literatur" wird alles verstanden, was dem Zeitgeist widerspricht.

subventioniert. Beispielsweise die Deutsch-Polnische Schulbuchkommission. Sie verfälschte die blutige Vertreibung in eine „Bevölkerungsverschiebung" um und den rechtswidrigen Raub der deutschen Ostgebiete in eine „territoriale Veränderung". Die beiden Hauptverantwortlichen, die Professoren Mertineit und Rhode, waren vor 1945 maßgeblich „mit dabei": Mertineit, langjähriger Chef der Deutsch-Polnischen Schulbuchkommission, betätigte sich als Durchhalte-Prediger in der SS-Propagandakompanie. Und Rhode, der entscheidend an den geschichtsverfälschenden Schulbuchempfehlungen mitwirkte, begeisterte sich in einem 1941 erschienenen Buch über Hitler: „Um so größer erscheint der Wunsch und das Streben des Führers, gefestigte nationale Verhältnisse zu schaffen." In den Schulbuchempfehlungen von Mertineit und Rhode werden übrigens „Inkonsequenzen bei der Entnazifizierung" in der Bundesrepublik beklagt.

Die Zentralstelle der einseitig-antideutschen Umerziehung ist das Institut für Zeitgeschichte in München. Es erhält pro Jahr mehr als viereinhalb Millionen Mark aus der Steuerkasse, zu gleichen Teilen vom Freistaat Bayern und von Bonn. Den dort obwaltenden Geist hat einer der prominentesten Instituts-Mitarbeiter, Professor Eberhard Jäckel, mit den Worten charakterisiert, geschichtliche Unwahrheiten über die jüngste deutsche Vergangenheit mögen „pädagogisch begrüßenswert" gewesen sein. Auch die „Überdehnung geschichtlicher Proportionen" mag „moralisch gerechtfertigt" sein.

Diese Ausgabe der Illustrierten stern leitete den Skandal um die gefälschten Hitler-Tagebücher ein, eine von zahlreichen Zeitgeschichts-Fälschungen.

GESUNDHEITSREFORM

Die von Minister Blüm durchgesetzte „Reform des Gesundheitswesens" bedeutet: Die Bundesbürger erhalten weniger Leistungen, müssen dafür aber mehr zahlen. Außerdem ist eine gewaltige Aufblähung der Bürokratie zu erwarten.

Herausgegriffen sei ein Detail der Reformgesetzgebung, das in der Öffentlichkeit bezeichnenderweise kaum beachtet wurde: Künftig zahlen die Kassen nicht mehr die 100 Mark Geburtenbeihilfe, die

bislang jenen Wöchnerinnen zustanden, die alle Schwangerschafts-Vorsorgeuntersuchungen absolviert hatten. Die 100 Mark dienten als Anreiz für Nachlässige, auch dem Ungeborenen alle erforderliche medizinische Fürsorge zuteil werden zu lassen. Die Einführung der Geburtenbeihilfe hatte tatsächlich dazu geführt, daß Frauen das Angebot der Vorsorgeuntersuchung verstärkt wahrnahmen.
Dieser Betrag fällt künftig flach, weil „nicht mehr zeitgemäß“ (so die Erklärung des Blüm-Ministeriums). Hat man die Folgen bedacht? Daß nämlich durch diese Streichung die Zahl behinderter Neugeborener steigen kann, deren Leiden durch rechtzeitiges Erkennen der Krankheit hätte abgewendet oder abgemildert werden können. Man stelle sich das zusätzliche menschliche Leid vor für die betroffenen Kinder und Eltern; und die Zusatzkosten für die Krankenkassen!
„Zeitgemäß“ hingegen bleibt die weitere Finanzierung des Abtreibungsunrechts durch die Krankenkassen. Nicht nur die Abtreibungen werden hierzulande von den gesetzlichen Krankenkassen bezahlt, sondern auch die Sterilisation gesunder Frauen, die gesunde Kinder gebären könnten. Selbst Geschlechtsumwandlungen gehören zum Leistungskatalog der Krankenkassen. Sie übernehmen die Kosten für die Operation und den 10- bis 20tägigen Krankenhausaufenthalt. Auch die Hormonbehandlung, die meist bis zum Lebensende finanziert werden muß, tragen die Kassen.
Die Streichung der Geburtenbeihilfe, die mangelhafte Förderung der Gesundheit Ungeborener und die von der Obrigkeit weiterhin mit Milliardensummen bezuschußte Massentötung von Kindern im Mutterleib sind Schlaglichter, die die Qualität des Blümschen „Reformwerkes“ beleuchten.
Aufschlußreich auch des Ministers Ansatz, künftig nur noch billige Medizin zu bezahlen, wenn sie teureren Präparaten „gleichwertig“ sei. Wer aber stellt die Gleichwertigkeit fest? Ist es nicht vernünftiger, die Entscheidung darüber, welche Medizin einem Patienten guttut, dem behandelnden Arzt des Vertrauens zu überlassen, anstatt das Wohl und Wehe der Kranken einem Bonner Paracelsus-Parlament zu überantworten?
Im Grunde steht Blüms Billigmedikamentenidee der Verdacht Pate, daß Hunderttausende deutsche Ärzte von der Pharma-Industrie geschmiert werden, damit sie vorsätzlich überteuerte Medikamente verschreiben. Schließt Blüm von der Schmieranfälligkeit etablierter Politiker auf die Bestechlichkeit eines anderen Berufsstandes?

Wenn es aber tatsächlich so sein sollte, daß die bundesdeutsche Pharma-Industrie hunderttausendfach schmiert, so sollten Gesetzgeber und Obrigkeit ihre Macht einsetzen, um solche Mißstände zu beseitigen anstatt die Patienten zu benachteiligen.
Offenkundig fühlt sich Minister Blüm befähigt, künftig ein Riesenheer angeblich käuflicher Subjekte in der Ärzteschaft ausreichend zu kontrollieren und an die Kandare zu nehmen. Da hätte es doch leichter gelingen können, die Handvoll angeblicher Bestecher in den Vorstands-Etagen der Pharma-Konzerne zur Räson zu bringen.
Kommentar der Deutschen Volksunion: „Blüms Reformgesetz ist der mühsam verbrämte Versuch, den kleinen Mann finanziell anzuzapfen, weil die große Politik versäumt hat, die gesundheitspolitischen Weichen richtigzustellen. – Die Zeche soll der Bürger zahlen, auch durch mindere Leistungen für seine Gesundheit."
In einer Stellungnahme der DVU heißt es: „Bei der Abtreibung wird nicht eingespart. Ebensowenig wird der Ärzteschwemme aus dem Ausland Einhalt geboten. In einigen Bundesländern ist der prozentuale Anteil ausländischer Ärzte an der Gesamtärzteschaft höher als der Anteil ausländischer Arbeiter an der Arbeitnehmerschaft: für die meisten Medizin-Studenten aus fernen Ländern gilt nicht der für Deutsche übliche numerus clausus; anstatt Ärzte aus der Dritten Welt nach Absolvierung ihrer Ausbildung nach Hause zu schicken, damit sie ihren medizinisch unterversorgten Landsleuten helfen, können sie sich hierzulande nahezu einschränkungslos niederlassen – zum ‚Ausgleich' gibt es mehr ‚Entwicklungshilfe'. Die EG bringt weitere Erleichterungen für die Niederlassung ausländischer Ärzte. Auch der Vorbeugung widmet Blüm kein ausreichendes Augenmerk. Wo bleiben entschlossene Maßnahmen zur Austrocknung der Rauschgiftkriminalität? Suchtkranke verursachen jährlich Kosten in gigantischer Höhe. Was geschieht zur Hebung der Volksgesundheit an den Schulen? Wäre es nicht höchste Zeit, den Schulsport zu verstärken und ein Unterrichtsfach Gesundheitserziehung einzuführen, um vorbeugend zu wirken? Generell bleibt festzuhalten, daß es unsozial in höchstem Maße ist, wenn die Obrigkeit die medizinischen Leistungen für die deutsche Bevölkerung einschränkt, während sie andererseits gewaltige Milliardenbeträge gegenleistungslos ans Ausland und an die EG gibt."

HAFENSTRASSE

Die Hamburger Hafenstraße ist ein Musterbeispiel für die Kumpanei zwischen etablierten Politikern und linksextremen Gewalttätern. In der Hafenstraße haben sich zahlreiche anarchokommunistische Extremisten verschanzt, die ihren Terror vorwiegend gegen Rechte und Nationale richten. Betroffen sind auch „einfache Bürger und Polizisten". Etablierten jedoch sind bestens geschützt.
Ende 1987 arrangierte sich der damalige Hamburger Bürgermeister von Dohnanyi mit den Hafenstraßen-Bewohnern und überließ ihnen das Terrain, indem er ihnen die Häuser „verpachtete". Kurz darauf erhielt der SPD-Politiker höchstes Lob. Bundespräsident von Weizsäcker (CDU) schrieb: „Ich hätte an Ihrer Stelle ähnlich gehandelt." Tatsächlich hat von Weizsäcker in seiner Zeit als Regierender Bürgermeister zahlreiche Hausbesetzungen durch Abschluß von Verträgen mit den Rechtsbrechern legalisiert. Allein in Kreuzberg hat man auf diese Weise die illegalen Besetzer von über 30 Gebäuden zu legalen Besitzern gemacht. Die „legalisierten" Häuser sind nach Erkenntnissen der Polizei gut gesicherte Fluchtburgen für Straftäter und Ausgangspunkt von Straftaten. Immer wieder stellen Polizisten bei Verfolgungsjagden fest, daß sich linksextreme Straftäter in die verriegelten und verrammelten Häuser zurückziehen. So sind „Freiräume" in Berlin entstanden, lange vor den skandalösen Vereinbarungen in bezug auf die Hamburger Hafenstraße, von denen Angriffe gegen rechtschaffene Bürger geführt werden. Auch in Berlin hat darunter vor allem die politische Rechte zu leiden.
Am 22. Dezember 1987 hieß es in einer Hamburger Zeitung: „Die Hafenstraße hat die Hamburger Steuerzahler bis heute schon mindestens zehn Millionen Mark gekostet. Allein für die Verwaltung der Häuser, Prozeßkosten, Schutzmaßnahmen für ihre Angestellten stellte die städtische Saga dem Senat von 1982 bis jetzt 2,73 Millionen Mark in Rechnung. Weitere 813000 Mark steckte die Saga in die Instandhaltung der Altbauten. Die Polizei-Einsätze in der Hafenstraße kosteten zusätzlich 3,4 Millionen Mark. Die Kosten für die 6000 auswärtigen Beamten, die Mitte November zur Räumung nach Hamburg beordert worden waren, sind dabei nicht mitgerechnet. Außerdem stahlen die Hafenstraßen-Leute seit 1985 für 400000 bis 500000 Mark Strom. Weitere 400000 Mark muß der Senat als Scha-

denersatz für die Hafenstraßen-Krawalle am 11./12. November an Privat-Leute und -Firmen zahlen. Überhaupt noch nicht absehbar sind die Kosten für den Abbau der Befestigungen in den Häusern, den ebenfalls alle Hamburger bezahlen."
Am 26. Mai 1988 meldete die Deutsche Presse-Agentur: „Der Haushaltsausschuß der Hamburger Bürgerschaft hat für das alternative Wohnprojekt Hafenstraße zusätzliche 360000 Mark freigegeben."
Kurz zuvor hatte der Haushaltsausschuß schon einmal 500000 Mark für die Hafenstraße zur Verfügung gestellt; macht zusammen innerhalb kurzer Zeit annähernd eine Million Mark zusätzlich aus der Steuerkasse.

HAMELNER GRÄBERSKANDAL

Millionen Deutsche fielen nach dem 8. Mai 1945 dem Befreiungsterror der Sieger zum Opfer. Darunter mehrere tausend in rechtsstaatswidrigen Schautribunalen zum Tode Verurteilte und Hingerichtete. Unter denen befanden sich auch Personen, die wahrscheinlich schwere Schuld auf sich geladen hatten. Doch sprach die alliierte Gerichtsbarkeit jeder Rechtsstaatlichkeit Hohn.
Für diese „Befreiungs"-Opfer gibt es nur wenige Gedenkstätten. Eine davon war das mit schlichten Kreuzen ausgestattete Gräberfeld auf dem Hamelner Friedhof Am Wehl. Auf jenem Friedhof liegen die sterblichen Überreste von 200 Deutschen und Ukrainern, die von den britischen Besatzern im Zuchthaus Hameln hingerichtet worden waren. Bei vielen handelte es sich um gerade 20jährige Delinquenten. Eine private Bürgerinitiative kümmerte sich um die Erhaltung der Gräber und setzte Kreuze darauf. Als in den 60er Jahren über die Einebnung der Gräber diskutiert wurde, setzten sich hochgestellte Politiker und Geistliche für die Erhaltung der Grabesstätte ein. Die Stadt Hameln sagte der Bürgerinitiative zu, die Friedhofsruhe zu respektieren, wenn die Pflege der Gräber durch Privatleute weiter gewährleistet sei. Dies war der Fall, als im März 1986 – nach Druck von Extrem-Bewältigern – die Stadt plötzlich die Entfernung der Kreuze anordnete.
Am 28. März 1986 meldete die Deutsche National-Zeitung: „Mit der Anordnung, die 200 Kreuze, die an das Schicksal hingerichteter

Deutscher und Ukrainer erinnern, zu entfernen, hat der Rat der Stadt Hameln Schande auf sich geladen. Auch die CDU, die zunächst Ablehnung signalisiert hatte, stimmte der Beseitigung zu, so daß ein Anti-Kreuz-Kommando im frühen Morgengrauen anrücken konnte, um den Gottesacker von den christlichen Symbolen zu ‚säubern‘."

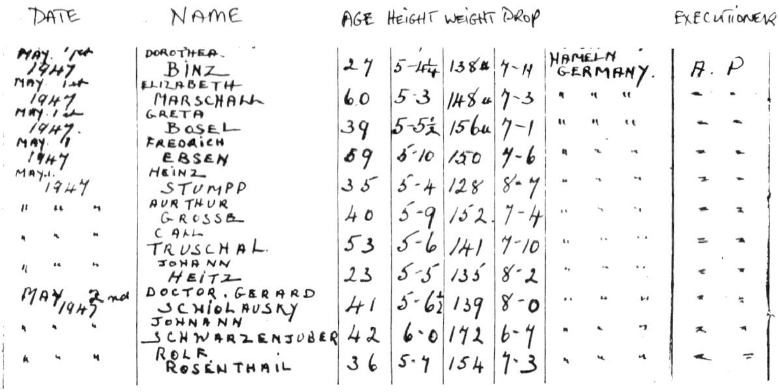

DATE	NAME	AGE	HEIGHT	WEIGHT	DROP		EXECUTIONER
MAY 1st 1947	DOROTHEA BINZ	27	5-4¼	138	7-11	HAMELN GERMANY.	A. P
MAY 1st 1947	ELIZABETH MARSCHALL	60	5-3	148	7-3	" " "	" "
MAY 1st 1947.	GRETA BOSEL	39	5-5½	156	7-1	" " "	" "
MAY 1 1947	FREDRICH EBSEN	59	5-10	150	7-6	" " "	" "
MAY 1. 1947	HEINZ STUMPP	35	5-4	128	8-7	" " "	" "
" " "	AURTHUR GROSSE	40	5-9	152.	7-4	" " "	" "
" " "	CARL TRUSCHAL.	53	5-6	141	7-10	" " "	" "
" " "	JOHANN HEITZ	23	5-5	135	8-2	" " "	" "
MAY 2nd 1947	DOCTOR. GERARD SCHIOLAUSKY	41	5-6½	139	8-0	" " "	" "
" " "	JOHANN SCHWARZENJUBER	42	6-0	172	6-7	" " "	" "
" " "	ROLF ROSENTHAIL	36	5-7	154	7-3	" " "	" "

Penibel führte der Chefhenker Großbritanniens, Albert Pierrepoint (A. P.), der heute als Pensionär in Manchester lebt, Buch über die rund 200 Hinrichtungen von Hameln. An manchen Tagen brachte der Scharfrichter zwanzig Delinquenten hintereinander um. Die letzte Exekution fand am 5. Dezember 1949 statt. In der Illustrierten „Revue" Nr. 16/1952 wurde der britische Politiker Lord Hankey wie folgt zitiert: „Jedes der 15 000 in der britischen Zone verhängten Urteile hinterläßt einen Kern von Bitterkeit. Es gibt nur ein Mittel, die Not und das Elend zu beenden – das ist Amnestie."

HESS

Nach 46jähriger Haft fand Reichsminister a. D. Rudolf Heß im August 1987 im Spandauer Sieger-Gefängnis den Tod. Die Behauptung, seine Freilassung sei nur durch das Njet der Sowjets verhindert worden, ist wenig glaubhaft. Ein Dreiviertel jedes Jahres befand sich

Heß in „Gewahrsam“ der Westmächte. Sie hätten ihn ohne weiteres freilassen können. Doch fehlte ihnen a) der Wille zu diesem Akt der Humanität und b) fehlte der Druck aus Bonn. Kein Bundeskanzler hatte sich ermannt, energisch von den Nato-Partnern die Freilassung des alten Mannes zu fordern. Den bösen Willen konnte man auch daran erkennen, daß die Westmächte dem greisen Gefangenen keinerlei zusätzliche Hafterleichterungen gewährten – zum Beispiel mehr Besuche von Verwandten.

Heß, Sohn auslandsdeutscher Familie, kam am 26. April 1894 in Ägypten zur Welt. Sein Vater, ein Kaufmann aus dem fränkischen Wunsiedel, war in Alexandrien geschäftlich tätig. Rudolf Heß diente als Frontsoldat des 1. Weltkrieges und setzte sich ab 1920 aktiv für die NS-Bewegung ein. Er wurde stellvertretender Parteivorsitzender. Ab 1933 verwaltete er das relativ einflußlose Amt des Reichsministers ohne Geschäftsbereich. Er setzte sich mehrfach für Opfer des NS-Polit-Extremismus ein. Mancher Verfolgter fand in Heß seinen Fürsprecher. Er glaubte – noch mehr als sein Führer – an die Schicksalsverbundenheit von Deutschland und England. Als es zur englischen Kriegserklärung kam, war er wie vom Schlag getroffen. Seitdem reifte in ihm der Plan, durch eine dramatische Tat den deutsch-britischen Krieg zu beenden. Am 10. Mai 1941 brach er zum Friedensflug nach Großbritannien auf – unter Lebensgefahr. London war jedoch zu keinerlei Verhandlungen bereit, weder mit der deutschen Regierung noch mit der deutschen Opposition. Man sperrte Heß, der einen Friedensplan mitgebracht hatte, ein und schaffte ihn vor das Nürnberger Schautribunal der Sieger. Vom Vorwurf der Verbrechen gegen die Menschlichkeit und der Kriegsverbrechen wurde er ausdrücklich freigesprochen. Seine Verurteilung zu lebenslänglicher Haft erfolgte wegen des Vorwurfs, einen Angriffskrieg vorbereitet zu haben. Außer Heß wurde kein Mensch auf der Erde wegen eines solchen Vorwurfs schuldig gesprochen, obwohl allein seit 1945 mehr als 150 Kriege geführt worden sind mit rund 30 Millionen Todesopfern und 100 Millionen Verletzten und Verwundeten.

Die Alliierten ließen Heß, der seit 1966 einziger Gefangener im Spandauer 600-Zellen-Bau war, durch Hundertschaften Soldaten bewachen. Er hatte selbst als 90jähriger Einschränkungen und Drangsalierungen zu erleiden wie kein anderer Häftling. Bezahlt

wurde die Haft aus deutschen Steuermitteln. Zuletzt überwies Bonn jährlich rund drei Millionen Mark an die Alliierten.
Die Umstände des Todes von Rudolf Heß sind höchst mysteriös. Nach Ansicht des Heß-Anwaltes Dr. Alfred Seidl gibt es zahlreiche Anzeichen für Mord. Vermutlich sollte Heß das Gefängnis nicht mehr lebend verlassen und frei reden können. Im März 1987 hatten erstmals hohe sowjetische Stellen in Berlin eine Entlassung von Heß angedeutet. Am 21. Juni 1987 verlautbarte Radio Moskau: „Wie jüngste Aussagen unseres Regierungsoberhauptes M. Gorbatschow hoffen lassen, werden die langjährigen Bemühungen um die Freilassung des Kriegsverbrechers R. Heß bald von Erfolg gekrönt sein."
Obwohl am Todestag die Amerikaner in Spandau Dienst hatten, zog die britische Kommandantur den Fall an sich. Britische Geheimdienstler waren am Todestag im Gefängnis. Die Akte Heß liegt mit einem Sperrvermerk bis zum Jahr 2017 in Londoner Geheimtresoren. Bei Beginn der von der Familie veranlaßten zweiten Obduktion fehlten für die Todesursache wesentliche Teile des Toten. Alle anderen Spuren, insbesondere das mysteriöse Kabel, mit dem sich der schwerkranke Greis selbst stranguliert haben soll, sind von den Bewachern sofort vernichtet worden. Die deutsche Polizei durfte nicht ermitteln. Die maßgeblichen deutschen Politiker verzichteten auf eine Intervention bei den Alliierten, den Tod von Rudolf Heß durch deutsche Behörden klären lassen zu können.
Über die Reaktion Etablierter in Westberlin berichtete am 22. August 1987 das „Volksblatt": „Der ‚nostalgische Rummel' um den Tod des Kriegsverbrechers Rudolf Heß wird nun auch dem Regierenden Bürgermeister Eberhard Diepgen zuviel. Er zeigte sich darüber besorgt, ‚in welcher Weise der Tod von Heß in der öfffentlichen Meinung präsentiert und diskutiert wird. Der Tod eines verblendeten Alt-Nazis und Hauptschuldigen wird zur Sensation aufgebauscht, so daß international der Eindruck entstehen könnte, als sei der Tod dieses Mannes ein wichtiges und die Deutschen bewegendes Ereignis'. Man sollte es aber auf das reduzieren, was es eigentlich sei, appellierte Diepgen, ‚nämlich fast nichts'. Auf Bitten des Regierenden Bürgermeisters hat Staatssekretär Wolfgang Müllenbrock aus der Innenverwaltung jetzt die Polizei angewiesen, am Kriegsverbrechergefängnis niedergelegte Blumen und Kränze zu entfernen. Es solle erreicht werden, erläuterte Senatssprecher Winfried Fest, ‚daß der Humbug dort verschwindet'."

JUGOSLAWIENDEUTSCHE

Von der ursprünglich über eine halbe Million Menschen zählenden deutschen Volksgruppe in Jugoslawien sind durch den Krieg und die Nachkriegsereignisse – einer amtlichen Bonner Dokumentation zufolge – 98000 Personen (= 19,1 Prozent) ums Leben gekommen. Hiervon haben etwa 69000 nach dem Krieg, die meisten in Tito-Konzentrationslagern, den Tod gefunden. Die Mehrzahl der überlebenden Jugoslawiendeutschen wurde vertrieben. Daß Belgrad nicht nur an „Nazis" Rache nahm, beweist die grausame Behandlung auch der deutschen Kinder, von denen Tausende umkamen.
1971 gaben nur noch 12000 Personen in Jugoslawien Deutsch als Muttersprache an: Eine auf das ganze Land verstreute Minderheit ohne Rechte und Institutionen sowie ohne Rückhalt durch die offizielle bundesdeutsche Politik – obwohl Bonn Belgrad großzügige Wirtschafts- und Finanzhilfe gewährte sowie gewährt und obwohl die in der Bundesrepublik Deutschland lebenden jugoslawischen Staatsbürger selbstverständlich alle Volkstums- und Menschenrechte genießen.
Mittlerweile sind auch die 12000 verbliebenen Personen mit Deutsch als Muttersprache in Jugoslawien „verschwunden". Einem 1987 veröffentlichten Bericht des Statistischen Bundesamtes in Belgrad zufolge, gibt es im ganzen Land keinen einzigen mehr, der Deutsch als seine Muttersprache bezeichnet. Um den Skandal dieser Endlösung kümmerte sich niemand in Bonn.

KINDERFEINDLICHKEIT

Zu den abscheulichsten und verwerflichsten Erscheinungen der Kinderfeindlichkeit in unserer Gesellschaft zählt das Abtreibungsunrecht, dem jährlich über 200000 Kinder im Mutterleib zum Opfer fallen. Aber auch dem geborenen Leben widerfährt auf zahlreichen Ebenen schweres Unrecht. Kinder und Jugendliche sind in den Schulen einer sogenannten „Reformpädagogik" ausgesetzt, die die Familie in Frage stellt und zu nationaler Bindungslosigkeit erzieht. Gleichzeitig versäumen es Etablierte, den Nachwuchs vor Rauschgiftbanditen zu schützen. Ebensowenig ist der Schutz der Kinder vor Pornographisierung und Verrohung gewährleistet. Mangelhafte

Gesundheitserziehung und mangelhafter Schulsport beeinträchtigen die körperliche Integrität und Gesundheit der Nachwachsenden. Etablierte sorgen nicht für ausreichende Freizeitmöglichkeiten. Spielplätze sind in Tausenden von Fällen, besonders in Großstädten, in entsetzlichem Zustand. In den bundesdeutschen Großstädten gibt es in der Regel mehr Kraftfahrzeuge als Kinder.

Am 11. März 1988 notierte die Deutsche Wochen-Zeitung: „Daß allerhand faul ist in unserer Gesellschaft, die laut Bundeskanzler Kohl auf der Sonnenseite der deutschen Geschichte angesiedelt sein soll, zeigen auch folgende Zahlen: 40000 Jugendliche – so die Polizeistatistik – reißen bei uns pro Jahr von zu Hause aus. Alljährlich werden gemäß Untersuchung der Bundeszentrale für gesundheitliche Aufklärung 1,4millionenmal Psychopharmaka für Kinder verschrieben. Sechs Prozent aller Jugendlichen nehmen mindestens einmal in der Woche Schlaf- oder Beruhigungsmittel. Der Bundesverband deutscher Psychologen warnt eindringlich. Es drohen nicht nur Tablettensucht und Schäden durch Nebenwirkungen, sondern auch Unfähigkeit, mit Konflikten fertigzuwerden. Schuld daran ist vor allem die Zerrüttung der familiären Ordnung durch eine unverantwortliche ‚Reform-Pädagogik', die dem Grundgesetz-Auftrag zum Schutze von Ehe und Familie Hohn spricht. Was als ‚Befreiung' der Kinder und Jugendlichen propagiert wird, führt in Wahrheit zu neuen Abhängigkeiten und Zwängen, die – verglichen mit den ‚überwundenen' – weitaus gefährlicher sind."

Für besondere Aufregung sorgte im März 1985 ein Entwurf der NRW-„Grünen" mit der Schlagzeile „Sexualität und Herrschaft", der mit 76 zu 53 Stimmen von der Landesversammlung angenommen wurde. Die Kernthesen: „Einvernehmliche Sexualität ist eine Form der Kommunikation zwischen Menschen jeglichen Alters, Geschlechts, Religion oder Rasse und vor jeder Einschränkung zu schützen. Gewaltfreie Sexualität muß frei sein für jeden Menschen . . . Daher sind alle Straftatbestände zu streichen, die gewaltfreie Sexualität mit Strafe bedrohen." Die zwanzigköpfige grüne Arbeitsgruppe, die die Beschlußvorlage ausgearbeitet hatte, gab sich in Anspielung auf die ihr angehörenden Homosexuellen und Pädophilen (sie praktizieren Sex mit Kindern) den Namen „SchwuP".

Wie hierzulande gegen Gewalt- und Kinderpornographen „durchgegriffen" wird, zeigt folgender Artikel aus der Deutschen National-Zeitung vom 27. Mai 1988:

„Kürzlich wurden im Berliner Abgeordnetenhaus folgende Fragen an den Senat gerichtet: Wie viele Anzeigen wurden wegen Gewaltpornographie bzw. Darstellung sexuellen Mißbrauchs von Kindern gestellt? In wievielen Fällen ist es zur Anklageerhebung mit welchem Strafmaß gekommen bzw. wie viele Ermittlungsverfahren wurden eingestellt?“

Der zuständige Senator Ulf Fink äußerte daraufhin: 1986 und 1987 gab es in Westberlin insgesamt 120 staatsanwaltschaftliche Ermittlungsverfahren gegen 149 Beschuldigte (davon 26 Verfahren gegen Unbekannt) wegen eines Deliktes gemäß § 184 StGB (Pornographie). Fünf der Fälle wurden anderen Staatsanwaltschaften übergeben. Lediglich zehn Beschuldigte wurden verurteilt (neun Geldstrafen; eine Verwarnung bzw. Arrest gegen einen Jugendlichen). Zweimal erfolgte Freispruch. Acht Verfahren sind noch offen, alle anderen weit über 100 Verfahren wurden eingestellt.

Außerdem wurde gefragt: „Wie beurteilt der Senat den seit mehreren Jahren bekannten, drastischen Anstieg der Verbreitung von Gewaltpornographie in den USA, und teilt der Senat die Einschätzung, daß damit zu rechnen war, daß diese Entwicklung sich auch in der Bundesrepublik Deutschland und West-Berlin durchsetzen würde und wenn ja, welche Maßnahmen hat der Senat diesbezüglich ergriffen und welche plant der Senat in Zukunft?“

Daraufhin erfolgte die Antwort: „Der Senat wird auch weiterhin die Entwicklung aufmerksam verfolgen und sicherstellen, daß die jeweils geeigneten und erforderlichen Maßnahmen im rechtlich zulässigen Rahmen getroffen werden.“

(Quelle: Landespressedienst Abgeordnetenhaus Berlin, Nr. 75/ 1988.)

KOHLE- UND ENERGIEPOLITIK

Infolge verfehlter Bonner Energiepolitik wurde der einzige heimische Bodenschatz, die Kohle, nahezu ausgeschaltet. Der Anteil der Steinkohle am Primärenergieverbrauch in der Bundesrepublik sank von 69,9 Prozent im Jahre 1957 auf 43,2 Prozent im Jahre 1965, 28,7 Prozent im Jahr 1970 und liegt jetzt bei rund 19 Prozent.

1982, vor der „Wende“, gab es über 200000 Beschäftigte im Stein-

kohlebergbau der Bundesrepublik, fünf Jahre später waren es nur noch 170000. 1982 wurden fast 90 Millionen Tonnen Steinkohle gefördert, 1987 waren es nur noch knapp 80 Millionen Tonnen.
Gleichzeitig wurde die Bundesrepublik vollständig in die Abhängigkeit ausländischer Energie und internationaler Energiekonzerne gebracht. Westdeutschland bezieht nahezu 100 Prozent des Erdöls aus dem Ausland und ebenso 100 Prozent des angereicherten Urans für die Kernkraftwerke. Die Totalabhängigkeit von auswärtigen Mächten hat nicht nur schon großen volkswirtschaftlichen und Handelsbilanzschaden gebracht, sondern birgt auch die Gefahr der ständigen Erpreßbarkeit.
Man hat die deutschen Kohlezechen planmäßig absaufen lassen, obwohl – wie schon der damalige NRW-Wirtschaftsminister Riemer 1977 sagte – „die Untertage-Vorräte unserer Kohle für dreihundert Jahre reichen“. Fortschreitende Kohle-Technologie (die keine Unterstützung von Etablierten erhält) könnte zusätzlich bislang als nicht abbaubar erscheinende oder noch unentdeckte Vorräte nutzbar machen.
Kohletechnologie und speziell Kohlekraftwerke, die durchaus umweltfreundlich gebaut werden können, wären ein Exportschlager der deutschen Wirtschaft, denn Kohle ist ein Rohstoff, mit dem viele Staaten gesegnet sind, denen jedoch das Gewußt-Wie fehlt.
1986 schrieb Energieexperte Georg Küffner in der Frankfurter Allgemeinen: „Kohle ist in der Bundesrepublik und auf dem Weltmarkt reichlich verfügbar. Neue Techniken, die Kohle umweltfreundlich und auch wirtschaftlich zu verbrennen, stehen zur Verfügung.“ Eine Entwicklung hin zur „Null-Emission“, also Schadstoff-Freiheit der Kohlekraftwerke, sei durchaus realistisch. Auch Kohletechnologien wie Verflüssigung und Kohlevergasung böten vielfältige Zukunftsmöglichkeiten. Einst war Deutschland in diesen Bereichen führend; die Alliierten verboten nach Kriegsende weitere Forschung. Als die alliierte Militärdiktatur beendet war, verzichteten die Etablierten freiwillig auf die Kohle-Forschung.
Am 17. Juli 1987 stellte deshalb die Deutsche Wochen-Zeitung die Frage: „Siegt Morgenthau nach über 40 Jahren doch noch?“ Im US-amerikanischen Morgenthau-Plan war die Vernichtung der deutschen Kohleförderung und damit die Ausschaltung des einzig nennenswerten deutschen Bodenschatzes vorgesehen.
Hintergrund der DWZ-Frage: Die Ruhrkohle AG – sie repräsentiert

mehr als zwei Drittel der gesamten deutschen Steinkohleförderung – ist nach Angaben ihres Vorstandsvorsitzenden Heinz Horn existenzgefährdet. Allein die Bilanz für 1986 weise einen Fehlbetrag von 220 Millionen Mark auf. Horn kritisierte mangelhafte Unterstützung aus Bonn. Der Fortbestand des bundesdeutschen Bergbaus hänge „allein von politischen Entscheidungen“ ab. „Wenn wir weiter von der Politik zum Narren gehalten werden, dann läuft uns alles aus dem Ruder.“

Deutsche Wochen-Zeitung: „Die Kohle leidet an der rückläufigen Nachfrage von seiten der Stahlwerke, die vor allem infolge verfehlter EG-Politik in eine Krise geraten sind. Das Zechensterben, das in den 60er Jahren unter der CDU-Regierung in Bonn begann, setzt sich nun fort.“

Die Deutsche Arbeitnehmer-Zeitung, Nr. 2/1988, berichtete hierzu: „Auch beim Steinkohlebergbau begann es mit Auflagen der EG zur Drosselung der Förderung. Moderne Schachtanlagen mußten bei uns absaufen, während Uraltanlagen in Frankreich, Belgien und England weiterförderten. Allerdings ist die jetzige Misere des deutschen Steinkohlebergbaus nicht allein den EG-Planern zuzurechnen. Sie ist zu einem Teil auch das Ergebnis einer verfehlten nationalen Energiepolitik auf allen Regierungsebenen der Bundesrepublik, die konzeptionslos hin und her schwankt, je nach Energiepreisentwicklung am Weltmarkt.“

In einem Interview mit der Zeitung „Welt der Arbeit“, veröffentlicht am 24. März 1988, bekannte sich Matthias Wissmann, wirtschaftspolitischer Sprecher der CDU/CSU-Bundestagsfraktion, zur Politik weiterer Kohlevernichtung: „Richtig ist, daß uns die Internationale Energie-Agentur für die marktwirtschaftlichen Elemente in unserer Energiepolitik lobt . . . Bis 1995 wird insgesamt ein Viertel der gesamten Steinkohlekapazität in der Bundesrepublik stillgelegt. Das sind zusammen 25 Millionen Tonnen Steinkohle . . . Im übrigen stellen wir auch die Exportsubventionen für Kohle bis Mitte der 90er Jahre ganz ein.“ Als Ziel schwebt Wissmann ein „EG-Strommarkt“ vor.

KOLLEKTIVSCHULD (-HAFTUNG, -VERANTWORTUNG)

In immer neuen Gewändern tauchen Kollektivschuldzuweisungen an das deutsche Volk für die Untaten während der NS-Zeit auf. Maßgeblich ist derzeit das Wort von der „Kollektivhaftung", geprägt von Bundespräsident Richard von Weizsäcker. In diese Kollektivhaftung seien sogar nach 1945 Geborene einbezogen.
Weitere Beispiele:
1984 zitierten die in Tel Aviv erscheinenden Israel Nachrichten eine Ansprache des damaligen bayerischen Kultusministers Maier anläßlich des 88. Deutschen Katholikentages in München. Maier habe „in bezug auf Deutschlands jüngste Vergangenheit die allgemeine Verantwortung eines Volkes für das, was es getan hat, unabhängig von der individuellen Schuld" betont. Deshalb auch, so Maier, bestehe eine Verantwortung für Wiedergutmachung, „und zwar in beiden deutschen Staaten". Diese Verantwortung müsse „lebendig gehalten" werden.
Anfang 1986 hielt der Münchner Althistoriker Christian Meier, Vorsitzender des Deutschen Historikerverbandes, einen Vortrag am Institut für Deutsche Geschichte in Tel Aviv. Er machte sich Sorgen, daß die Frage „Müssen wir Deutschen uns immer schämen?" lauter ertöne. Gemäß Meinungsumfragen seien mehr als 50 Prozent der Bundesdeutschen der Ansicht, die Medien sollten die NS-Vergangenheit endlich auf sich beruhen lassen. Meier formulierte „Imperative für Deutsche":
„1. Was zwischen 1933 und 1945 geschehen ist, muß in seiner Einzigartigkeit auch von künftigen Generationen anerkannt werden; 2. die Deutschen können niemals ein unbefangenes Verhältnis zu ihrer Geschichte gewinnen; 3. die Schuld kann nur den Tätern zugewiesen werden; die Haftung gilt aber für die Gesamtheit." Es sei eben nicht einfach, „zu den Nachfahren der Täter zu gehören", sagte der Vorsitzende des Deutschen Historikerverbandes.
In ihrer Ausgabe Nr. 50/1986 berichtete die Deutsche National-Zeitung: „In bezug auf die NS-Zeit gebe es kein Entweichen mit Hinweis auf das Geburtsdatum, erklärte Hessens sozialdemokratischer Ministerpräsident Börner. Auch der Vorsitzende der CDU-Fraktion im hessischen Landtag, Milde, nahm zum Thema Vergangenheitsbewältigung Stellung. Der Unionspolitiker betonte: Auch

wer eine persönliche Schuld nicht trage, der trage ‚die Schuld der Geschichte seines Volkes'."
Im Oktober 1987 schrieb der Bundesvorsitzende des Evangelischen Arbeitskreises der CDU/CSU und Minister für Bundesangelegenheiten in Rheinland-Pfalz, Albrecht Martin, unter anderem folgende Zeilen im „Rheinischen Merkur": „Der Christ wird in dem Handeln seines Volkes eigene Schuld und Schuld der Gemeinschaft sehen, der er angehört; er kann auch im Untergang des Reiches und in aller damit verbundenen Not im Glauben das Gerichtshandeln Gottes erkennen und annehmen."
Zur „Woche der Brüderlichkeit" 1988 schließlich erklärte Bundeskanzler Kohl: „Deutsche wurden als Einzelpersonen schuldig, aber sie haften in ihrer Gesamtheit für das Unrecht, das in ihrem Namen begangen wurde. Nur wer diese Lehre aus unserer geschichtlichen Erfahrung zu ziehen bereit ist, darf für sich in Anspruch nehmen, ein deutscher Patriot zu sein. Gnade der späten Geburt meint eben nicht das Recht, sich der gemeinsamen Haftung für das im deutschen Namen begangene Unrecht zu entziehen. Dieses Wissen lehrt uns Bescheidenheit, ja Demut."
Während Meinungsumfragen verdeutlichen, daß die Mehrzahl der Deutschen, vor allem der jungen Deutschen, Kollektivanklagen für NS-Unrecht zurückweist, kommen Stimmen der Kritik in etablierten Medien nur höchst selten zu Wort.
Eine Ausnahme machte ein bemerkenswerter Kommentar in der „Welt" vom 24. November 1986. Darin hieß es: „Da die bisherige ‚Schuldgeneration' politisch abtritt und allmählich wegstirbt, versucht man nun, den Enkeln und Urenkeln den Schuldbazillus einzuimpfen . . . Erstens will man die Deutschen durch das Dogma der ewigwährenden Kollektivschuld klein und häßlich halten, damit sie weiterhin physisch und psychisch erpreßbar bleiben. Zweitens setzt man auf den Neurotisierungs-Effekt. Ewiges Schuldbewußtsein macht neurotisch, und Neurosen münden oft in Selbstzerstörungswut." Fehlentwicklungen in der deutschen Geschichte, zum Beispiel die zwölf Jahre NS-Diktatur, dürften „nicht dazu verführen, sich von nun an und bis in alle Ewigkeit als Helotenvolk aufzuführen".

KRIMINALITÄT

Hundertschaften schwerbewaffneter und bestens trainierter, überdies staatlich besoldeter Leibwächter sorgen dafür, daß die etablierten Politiker nichts von der ausufernden Kriminalität spüren. Sie leben in Sicherheits-Quarantäne, während für deutsche Frauen die „freieste Gesellschaft, die wir je in Deutschland hatten", bei Einbruch der Dunkelheit beendet ist, weil sie sich nicht mehr auf die Straße trauen können.
Anfang Mai 1988 fand in Bonn eine Konferenz für innere Sicherheit der SPD-Bundestagsfraktion statt. Dabei erklärte der ehemalige Vorsitzende der Gewerkschaft der Polizei, Günther Schröder, wenn man nicht aufpasse, werde die Bundesrepublik den gleichen Weg gehen wie die USA, wo ergaunertes Geld längst an der Börse arbeite, während die Polizei vergeblich nach den Tätern fahnde.
GdP-Vorsitzender Lutz erinnerte daran, daß Bonn nach der Ermordung des hochrangigen Diplomaten von Braunmühl unverzüglich Gesetzesverschärfungen vorgenommen habe; solche Konsequenzen gebe es jedoch nicht, wenn es um die Sicherheit des „einfachen Bürgers" oder Polizisten gehe. Der Vertreter der Kripo Ludwigshafen, Rinwitz, sagte: „Mitte der 70er Jahre, auf dem Höhepunkt des Terrorismus, als die Repräsentanten der Republik unmittelbar gefährdet schienen, bereitete die Einrichtung neuer Kommissariate mit den dazugehörigen Leuten und Fuhrparks im Gegensatz zu heute keine Schwierigkeiten."
GdP-Chef Lutz erwähnte ferner, daß es heute neben den insgesamt 195000 Polizeibeamten schon mehr als 100000 private Polizisten gebe. Das private Sicherheitsgewerbe betreibe längst offen Werbung mit der Warnung, daß die staatliche Polizei nicht mehr in der Lage sei, die Sicherheit zu gewährleisten.
Am 17. Mai 1988 meldete die Nachrichtenagentur Reuter: „Die Polizei wird nach den Worten des Vorsitzenden der Gewerkschaft der Polizei, Hermann Lutz, mit der steigenden Kriminalität in der Bundesrepublik nicht mehr fertig. Lutz bezog sich mit dieser Einschätzung auf die Kriminalitätsstatistik für 1987. Die Polizei komme zunehmend in die Situation, daß sie vorbeugend überhaupt nicht mehr tätig werden kann, und daß sogar die Vorgänge, die uns bekannt werden, nur noch verwaltet werden', sagte Lutz."
In der Nummer 11/1987 der vom Bonner Innenministerium herausge-

gebenen Zeitschrift Innere Sicherheit hieß es: „Als ‚außerordentlich besorgniserregend‘ hat Staatssekretär Carl-Dieter Spranger die Kriminalitätsentwicklung in der Bundesrepublik Deutschland in den letzten 20 Jahren bezeichnet. Bei der Eröffnung einer Arbeitstagung des Bundeskriminalamtes mit dem Thema ‚Kriminalitätsbekämpfung als gesamtgesellschaftliche Aufgabe‘ wies Spranger vor rund 200 Vertretern aus Politik, Polizei, Justiz, Wissenschaft und Medien darauf hin, daß die Zahl der statistisch erfaßten Straftaten von 1,9 Millionen im Jahre 1966 auf 4,4 Millionen 1986 angestiegen sei. Das entspreche einer Steigerungsrate von 230 Prozent. Die Kriminalitätshäufigkeit betrage heute schon nach der Statistik 7154 Delikte pro 100000 Einwohner. Dies bedeute, daß jeder 14. Einwohner 1986 Opfer einer registrierten Straftat geworden ist. In den Großstädten sei der Anstieg besonders gravierend. Nach den Worten Sprangers erfaßt die amtliche Polizeistatistik nur die der Polizei tatsächlich bekanntgewordenen Straftaten. Die tatsächliche Kriminalitätsbelastung liege wesentlich höher.“

In der Polizeilichen Kriminalstatistik 1987, veröffentlicht im Bulletin der Bundesregierung am 12. Mai 1988, heißt es: „1987 wurden in der Polizeilichen Kriminalstatistik mit 4444108 Fällen 76984 Straftaten bzw. 1,8 Prozent mehr erfaßt als im Vorjahr. Damit ist ein neuer Höchststand der registrierten Kriminalitätsentwicklung erreicht. Die langfristige Entwicklung zeigt die folgende Übersicht, die auch deutlich macht, daß die Fallzahlen von 1987 etwas mehr als das Zweieinhalbfache der Fälle des Jahres 1963 betragen, dem ersten vergleichbaren Jahr nach Herausnahme der Verkehrsdelikte aus der Polizeilichen Kriminalstatistik.

1963: 1678840 Fälle
1973: 2559974 Fälle
1983: 4345107 Fälle
1986: 4367124 Fälle
1987: 4444108 Fälle.“

1987 wurden 1963885 der 4444108 Fälle aufgeklärt. Die Aufklärungsquoten entwickelten sich wie folgt:

1967: 52,2 %
1977: 44,8 %
1987: 44,2 %

Jahr	Bevölkerung		Bekanntgewordene Straftaten			
	Einwohner am 30. 6.	Veränderung gegenüber dem Vorjahr	Fälle	Veränderung gegenüber dem Vorjahr	Gesamt-häufigkeitszahl	Veränderung gegenüber dem Vorjahr
1963	57 606 300	–	1 678 840	–	2 914	–
1964	58 289 800	+ 1,2 v. H.	1 747 580	+ 4,1 v. H.	2 998	+ 2,9 v. H.
1965	59 040 600	+ 1,3 v. H.	1 789 319	+ 2,4 v. H.	3 031	+ 1,1 v. H.
1966	59 675 800	+ 1,1 v. H.	1 917 445	+ 7,2 v. H.	3 213	+ 6,0 v. H.
1967	59 872 000	+ 0,3 v. H.	2 074 322	+ 8,2 v. H.	3 465	+ 7,8 v. H.
1968	60 165 100	+ 0,5 v. H.	2 158 510	+ 4,1 v. H.	3 588	+ 3,5 v. H.
1969	60 842 100	+ 1,1 v. H.	2 217 966	+ 2,8 v. H.	3 645	+ 1,6 v. H.
1970	61 508 400	+ 1,1 v. H.	2 413 586	+ 8,8 v. H.	3 924	+ 7,7 v. H.
1971	61 293 700 *)	–	2 441 413 **)	(+ 1,2 v. H.) **)	3 983 *)	–
1972	61 673 500	+ 0,6 v. H.	2 572 530 **)	(+ 5,4 v. H.) **)	4 171 **)	(+ 4,7 v. H.) *)
1973	61 967 200	+ 0,5 v. H.	2 559 974	– 0,5 v. H.	4 131	– 1,0 v. H.
1974	62 040 900	+ 0,1 v. H.	2 741 728	+ 7,1 v. H.	4 419	+ 7,0 v. H.
1975	61 832 200	– 0,3 v. H.	2 919 390	+ 6,5 v. H.	4 721	+ 6,8 v. H.
1976	61 512 900	– 0,5 v. H.	3 063 271	+ 4,9 v. H.	4 980	+ 5,5 v. H.
1977	61 395 600	– 0,2 v. H.	3 287 642	+ 7,3 v. H.	5 355	+ 7,5 v. H.
1978	61 310 000	– 0,1 v. H.	3 380 516	+ 2,8 v. H.	5 514	+ 3,0 v. H.
1979	61 336 600	0,0 v. H.	3 533 802	+ 4,5 v. H.	5 761	+ 4,5 v. H.
1980	61 560 700	+ 0,4 v. H.	3 815 774	+ 8,0 v. H.	6 198	+ 7,6 v. H.
1981	61 665 700	+ 0,2 v. H.	4 071 873	+ 6,7 v. H.	6 603	+ 6,5 v. H.
1982	61 637 900	0,0 v. H.	4 291 975	+ 5,4 v. H.	6 963	+ 5,5 v. H.
1983	61 420 700	– 0,4 v. H.	4 345 107	+ 1,2 v. H.	7 074	+ 1,6 v. H.
1984	61 181 100	– 0,4 v. H.	4 132 783 ***)	– 4,9 v. H. ***)	6 755 ***)	– 4,5 v. H. ***)
1985	61 015 300	– 0,3 v. H.	4 215 451	+ 2,0 v. H.	6 909	+ 2,3 v. H.
1986	61 047 700	+ 0,1 v. H.	4 367 124	+ 3,6 v. H.	7 154	+ 3,5 v. H.
1987	61 140 461 ****)	+ 0,2 v. H. ****)	4 444 108	+ 1,8 v. H.	7 269 ****)	+ 1,6 v. H. ****)

*) Die Bevölkerungszahl von 1971 ist als Fortschreibung der Volkszählung 1970 mit den Vorjahreszahlen, die auf einem anderen Basisjahr (1961) beruhen, nicht vergleichbar.

**) Wegen der geänderten Erfassungsmodalitäten sind die Zahlen für 1971 und 1972 mit den Vorjahresergebnissen nicht vergleichbar.

***) Landesinterne Maßnahmen in Baden-Württemberg führten zu einer Mindererfassung, wodurch die Steigerungsrate für das Bundesgebiet 1984 um etwa zwei Prozentpunkte vermindert und 1985 um ca. 1,7 Prozentpunkte überhöht wurde.

****) Die Bevölkerungszahl von 1987 mit Stand vom 01. 01. 87. Die Zahlen per 30. 06. 87 lagen nicht vor.

Aus der offiziellen Polizeilichen Kriminalstatistik für das Jahr 1987.

Deliktsbereiche mit besonders hohen Zuwachsraten 1987			
„Schwerer" Diebstahl aus Kfz	um 77 508	(+ 11,7 v. H.)	auf 741 487 Fälle
Sachbeschädigung an Kfz	um 15 647	(+ 9,9 v. H.)	auf 173 171 Fälle
Wohnungseinbruch	um 17 112	(+ 11,6 v. H.)	auf 164 847 Fälle
Rauschgiftdelikte	um 6 200	(+ 9,0 v. H.)	auf 74 894 Fälle
Waren- und Warenkreditbetrug	um 10 171	(+ 11,9 v. H.)	auf 61 877 Fälle
Taschendiebstahl	um 7 018	(+ 36,5 v. H.)	auf 26 239 Fälle
Straftaten nach dem Asylverfahrensgesetz	um 3 984	(+ 27,8 v. H.)	auf 18 295 Fälle
Straftaten gegen die Umwelt	um 3 077	(+ 20,7 v. H.)	auf 17 930 Fälle

Tabelle des Bundesinnenministeriums.

DEUTSCHE BUNDESPOST
POSTAMT 50 HAMBURG
AMTSSTELLE 54

Postamt 50 · Amtsstelle 54 · Postfach 54 01 00 · 2000 Hamburg 54

An den
Zahluqgsempfänger

Ihr Zeichen, Ihre Nachricht vom — Unser Zeichen, unsere Nachricht vom — ☎ (0 40) 54 90- oder 54 90-1 — Datum

Betreff
Auszahlung des Betrages einer Post- oder Zahlungsanweisung

Sehr geehrter Zahlungsempfänger!

In letzter Zeit sind mehrere Überfälle auf Zusteller in Hamburg verübt worden. Dabei haben die Straftäter das Leben und die Gesundheit unserer Zusteller in hohem Maße gefährdet.

Wir können Ihnen daher den Betrag Ihrer Post- oder Zahlungsanweisung nicht mehr durch den Zusteller ins Haus bringen. Bitte haben Sie Verständnis dafür, daß wir Sie zur Abholung des Geldbetrages beim

Postamt 54
Kieler Str. 501
2000 Hamburg 54

aufgrund der ausgehändigten Post- oder Zahlungsanweisung bitten müssen. Sie können den Geldbetrag unter Vorlage der von Ihnen auf der Rückseite unterschriebenen Post- oder Zahlungsanweisung innerhalb der nächsten 7 Werktage während der üblichen Schalteröffnungszeit - heute jedoch nicht vor 10.00 Uhr - abholen.

Wir danken Ihnen für Ihre Einsicht, die Sie dieser zum Schutz unserer Zusteller notwendigen Ausnahmeregelung entgegenbringen.

Mit freundlichen Grüßen

Ihr Postamt 54

Ein bezeichnendes Dokument unserer Zeit: Wegen ständiger Überfälle auf Postboten müssen sich Zahlungsempfänger in Hamburg seit Herbst 1987 das ihnen zustehende Geld selbst beim Postamt abholen. Die Obrigkeit verstärkt also nicht etwa die Sicherheitsvorkehrungen und geht härter gegen die Ganoven vor, sondern wälzt das Überfall-Risiko auf die Bürger ab. Hintergrund der bemerkenswerten Maßnahme des Hamburger Postamtes: Kriminelle nutzten den allmonatlichen Zahltag der Sozialhilfe aus, um Postboten, die zum Teil recht erhebliche Beträge in ihren Taschen transportierten, zu überfallen.

LAMSDORF

1979 wurde der erste und einzige Versuch, von Ausländern an Deutschen verübte Kriegsverbrechen vor Gericht zu klären, aufgegeben. Es ging um das oberschlesische KZ Lamsdorf, in dem nach Kriegsende mindestens 6000 Deutsche, darunter über 600 Kinder,

von polnischen Extremisten umgebracht wurden. Das Düsseldorfer Justizministerium bat das Bundesjustizministerium, Warschau um Rechtshilfe bei der Aufklärung der Untaten zu ersuchen. Die Bundesregierung jedoch „zeigte keine Neigung, das nach und nach gefestigte deutsch-polnische Verhältnis durch eine Lamsdorf-Demarche zu trüben" („Spiegel").
Der Parlamentarische Staatssekretär im Bundesjustizministerium, Hans de With, hielt es in einer Fragestunde des Bundestages für „nicht sinnvoll", in Polen zu ermitteln, da Straftaten im Zuge der Vertreibung nach polnischem Recht längst verjährt seien. Ergänzend sei vermerkt, daß solche Straftaten im polnischen Machtbereich nie geahndet wurden.
Am 20. Dezember 1951 verurteilte das Landgericht Hannover einen Deutschen, der den polnischen Schindern Hilfsdienste geleistet hatte. Die Urteilsbegründung verdeutlicht das Ausmaß des Unrechtes:
„Familien wurden rücksichtslos auseinandergerissen. Kamen die betreffenden Angehörigen dennoch einmal insgeheim zusammen und wurden sie von der polnischen Miliz gefaßt, dann gab es dafür entsetzliche Prügelstrafen bzw. die Todesstrafe. Vergewaltigungen der Frauen durch Polen waren an der Tagesordnung. Die meisten Polen waren überdies geschlechtskrank. Andere wurden planmäßig aus nichtigen Anlässen erschossen oder erschlagen. Wieder andere dienten den polnischen Partisanen als lebende Zielscheiben und wurden von Polen gewissermaßen aus Spielerei erschossen."

LEBENSMITTELVERNICHTUNG

Mehrere Milliarden Mark jährlich kostet die EG-Lebensmittelvernichtung. Die Hauptlast trägt der deutsche Steuerzahler.
Nach Darstellung der Bonner Arbeitsgemeinschaft der Verbraucher hat die Europäische Gemeinschaft allein im Wirtschaftsjahr 1986/87 2,56 Millionen Tonnen Obst und Gemüse vernichtet. Ein neuer „Rekord". Die vernichtete Menge entspricht etwa 50 Prozent der bundesdeutschen Jahresproduktion. Seit Beginn der 80er Jahre hat sich die Vernichtung der Lebensmittel durch die EG um 250 Prozent gesteigert. Nur weniger als zehn Prozent der überschüssigen Obst-

und Gemüseernte wird sozialen Zwecken zugeführt, der Rest wird entweder in andere Produkte „umgewandelt“ oder auf den Müll gekippt. Vernichtet wurden im Wirtschaftsjahr 1986/87 etwa 700000 Tonnen Tomaten, 570000 Tonnen Orangen, 350000 Tonnen Äpfel und 100000 Tonnen Blumenkohl. Darüber hinaus wurden 33000 Tonnen Birnen und 300 Tonnen Rosinen „aus dem Markt genommen“.

Ferner errechnete die Arbeitsgemeinschaft der Verbraucherverbände für 1987: Die EG kaufte 2,3 Milliarden Liter Wein mit Steuermitteln auf, verspritete sie und verkaufte sie zu einem Preis, der nicht einmal die Energiekosten deckt, an die Industrie. Kosten für den Steuerzahler: Annähernd zwei Milliarden Mark. Ähnlich wie bei der Butterverfütterung ans Vieh ist ein Wertverlust von mehr als 95 Prozent programmiert, gab die AgV bekannt.

Meldung aus der Deutschen Wochen-Zeitung Nr. 50/1987: „Die Europäische Gemeinschaft wird über 200 Millionen Kilo Butter zum Preis von 17 Pfennig pro Kilo an Hersteller von Seife, Schuhcreme und Maschinenöl verkaufen, doch in diesem Jahr wird es in der Bundesrepublik keine verbilligte Weihnachtsbutter geben. In riesigen Tanks wird die EG-Butter in Fettsäure und Glyzerin gespalten, die Säure mit Natronlauge vermischt und daraus Seife gewonnen. Ein Sprecher der Deutschen Volksunion forderte, die Butter regelmäßig an sozial schwache Mitbürger ohne Berechnung abzugeben, anstatt sie zu Seife und Schuhwichse zu verarbeiten.“

Schließlich noch eine Pressemeldung aus dem Jahr 1988: „Um mehr als drei Milliarden Mark wurden die Steuerzahler in den Ländern der Europäischen Gemeinschaft im Jahr 1987 geschröpft, um einen Teil des Butterberges zu beseitigen. Während die Verbraucher vergeblich auf die billige Weihnachtsbutter warteten, wurden 200 Millionen Kilo zu Spottpreisen von weniger als 50 Pfennig pro Kilo an die Sowjetunion verschleudert und weitere 200 Millionen Kilo noch billiger an die Industrie gegeben, die sie zu Seife, Schuhwichse und Futtermitteln verarbeitet. Mit über acht Mark pro Kilo sind die Kosten der Butterbeseitigung höher als die ihrer Herstellung, einschließlich der Lagerkosten. Eine Milliarde Kilo Butter liegen zur Zeit in der EG noch unverkäuflich auf Lager.“

LUXEMBURG-EHRUNG

KPD-Gründerin Rosa Luxemburg wird von etablierten Kräften zunehmend zur weiblichen Leitfigur aufgebaut. Dabei ist weniger das Bestreben erkennbar, Werbung für den Kommunismus zu betreiben als vielmehr, dem überlieferten und bewährten Frauenbild in unserem Volk einen Schlag zu versetzen.
1986 wurde der Rosa Luxemburg verherrlichende Film der linksextremen Regisseurin Margarete von Trotta von Bundesinnenminister Friedrich Zimmermann für den Deutschen Filmpreis nominiert. Die Nominierung war mit einer Prämie in Höhe von 200000 Mark aus der Steuerkasse verbunden. Barbara Sukowa, die die KPD-Gründerin in dem Streifen verkörpert hatte, erhielt von Zimmermann ein Filmband in Gold „für hervorragende Leistungen".
Am 14. Januar 1988 meldete der „Landespressedienst Berlin", herausgegeben vom Presse- und Informationsdienst des Landes Berlin (verantwortlich: Winfried Fest, CDU): „Schöneberg: Gedenktafel für Rosa Luxemburg. Bezirksvorsteher Kraffto von Metnitz wird am Freitag, 15. Januar, 16 Uhr, die Gedenktafel für Rosa Luxemburg in der Cranachstraße 58 enthüllen. Worte zur Würdigung des Lebens und Wirkens von Rosa Luxemburg spricht der Abgeordnete Otto Edel. Die Bronzetafel ist 60 mal 80 Zentimeter groß. Die Herstellung kostete 7700 Mark."
Hierzu einige Hintergrundinformationen: 1. Die feierliche Enthüllung der Luxemburg-Gedenktafel hat wie geplant stattgefunden. 2. Der Enthüller, Bezirksvorsteher von Metnitz, gehört der CDU an. 3. Der Würdigende, Otto Edel, ist Sozialdemokrat. 4. Die 7700 Mark stammen aus der Steuerkasse.
Die Rosa-Luxemburg-Gedenktafel in Berlin-Schöneberg ist schon das zweite Denkmal für die KPD-Gründerin in der Westhälfte der geteilten deutschen Hauptstadt. Zuvor wurde am Landwehr-Kanal im Berliner Bezirk Tiergarten ein Luxemburg-Monument feierlich eingeweiht. Es zeigt den in Stahl gegossenen Namenszug der roten Revolutionärin.
Auch hierzu einige Hintergrundinformationen: 1. Bei dem Landwehrkanal-Denkmal für die Luxemburg handelt es sich um eine Schenkung des Berliner Architekten-Ehepaares Schüler-Witte. 2. Die Genehmigung zur Errichtung erteilten die zuständigen Stellen im CDU-regierten Bezirk Tiergarten. 3. Bei einer 1987 stattgefunde-

nen Feierstunde am Luxemburg-Denkmal (Landwehr-Kanal) war ein Vertreter des CDU-Senats zugegen. 4. Bürgermeister Ernst (CDU) hielt dabei die Ansprache.
Das Vorspiel zur Errichtung der Denkmäler in Berlin fand im Abgeordnetenhaus statt. Dabei sprachen sich auch bekannte CDU-Politiker wie der christdemokratische Generalsekretär Landowsky und die Schulsenatorin Laurien für ein Denkmal zu Ehren Luxemburgs und ihres Kampfgenossen Liebknecht aus. Der Respekt vor den beiden „Opfern des ersten politischen Mordes der jungen deutschen Republik" gebiete es, ihnen ein Ehrenmal zu setzen, betonte Frau Laurien. Das Berliner Abgeordnetenhaus stimmte mit 87 gegen 46 Stimmen für ein Luxemburg-Denkmal.

MILITARISIERUNG

In keinem Land der Welt und zu keinem Zeitpunkt der Weltgeschichte wurde ein derart hoher Stand der Militarisierung erreicht wie derzeit in Deutschland. In der Bundesrepublik stehen (Bundeswehr und Bundesgrenzschutz) weit über 500000 Einheimische unter Waffen. Zudem sind über 400000 auslandische Soldaten in Westdeutschland stationiert.
In Mitteldeutschland („DDR") gibt es, einheimische und fremde (sowjetische) Soldaten zusammengerechnet, rund eine Dreiviertelmillion Krieger.
Zählt man noch die in den fremdbesetzten deutschen Ostgebieten konzentrierten Truppen hinzu, so stehen auf dem Gebiet des Deutschen Reiches in den Grenzen von 1937 rund zwei Millionen Mann unter Waffen – ein Mehrfaches dessen, was Kaiserreich oder Drittes Reich zu Friedenszeiten aufzuweisen hatten, von der Weimarer Republik ganz zu schweigen.
Für das Militär geben Bundesrepublik und „DDR" zusammen insgesamt über 100 Milliarden Mark jährlich aus.
Gesamtdeutschland ist zudem das Gebiet mit der höchsten Dichte von Massenvernichtungswaffen der Weltgeschichte. Nirgends sonst war oder ist derart viel Vernichtungskapazität konzentriert wie in Deutschland.

Das alles ist Folge des Status quo, also der Supermachtkonfrontation auf deutschem Boden. Initiativen zur Überwindung dieser Lage werden von Etablierten nicht unternommen. Sie schwören auf den Status quo.

„MODERNE KUNST“

Die Kunstschaffenden genießen die Freiheitsrechte des Grundgesetzes. Hier darf es keine staatliche Reglementierung geben. Doch Reglementierung und Kunstzensur findet statt. Gefördert werden mit Millionenbeträgen aus der Steuerkasse meist nur solche Künstler, deren Werke von der Bevölkerung als abstoßend, ekelhaft und häßlich empfunden werden. Hochdotierte Auszeichnungen gehen nur an solche Kunstschaffende. Plätze und Foyers öffentlicher Gebäude werden mit deren Werken verschandelt. Museen schaffen die widerlichen Schöpfungen mit Steuergeld an. Gegenständlich und naturalistisch darstellende Künstler sowie Künstler, die in der Zeit zwischen 1933 und 1945 nicht verfemt waren, werden heute verdammt, ihre Werke aus den Museen – wenn überhaupt vorhanden – entfernt und öffentlich denunziert.

Ephraim Kishon, Friedensreich Hundertwasser und Ernst Fuchs, Künstler aus jüdischen Familien, haben hierzu engagiert Stellung bezogen.

Kishon äußerte am 18. Januar 1987 in einer Fernsehsendung des ORF: „Die moderne Kunst ist ein Welt-Bluff, die größte Betrügerei, die es je gab. Ein Jahrhundert lang dauert's schon, und niemand sagt ein Wort – wagt ein Wort zu sagen –, weil der sofort von der Kunstmafia in den Massenmedien erledigt wird. Diese Schrott-Ausstellungen, die miese Malerei, diese Schmiererei, das ist unverständlich für mich. Über alles macht man Umfragen. Aber über die moderne Kunst wird nie eine Umfrage gemacht, weil sie die Antworten wissen. 99 Prozent sagen: ‚Es ekelt mich an,‘ ‚Es ist häßlich,‘ usw. Also fragt man nicht. Museen, Galerien und Privathäuser sind voll mit diesem modernsten Schrott.“

1987 veröffentlichte Kishon Zeitungsanzeigen, in denen es u. a. hieß: „Immer wieder taucht die Frage auf, ob ich mir darüber im klaren bin, daß das Naziregime die Tendenzen der modernen Kunst und

300 000 Mark mußte der Steuerzahler für dieses Kunstwerk, ein Monstrum namens „Tor des irdischen Friedens", blechen. Es verunziert Kassel.

seine Künstler mit eiserner Faust unterdrückt hat. Ja, natürlich weiß ich das. Aber ich möchte doch festhalten: nicht die Nazis werden meine Weltanschauung bestimmen. Wenn Hermann Göring Chopins Musik liebte, hätte ich sie zu hassen? Oder wenn Dr. Goebbels gegen den Stierkampf war, müßte ich unbedingt dafür sein?" Jeder Kritiker der modernen Kunst werde heute in die Ecke der reaktionären Spießer verwiesen. „Genau so haben es die Meinungsmacher von damals getan."
Friedensreich Hundertwasser: »Die zeitgenössische Kunst ist eine intellektuelle Onanie geworden, ein kurzlebiges Statussymbol.
Unsere Kunst wurde häßlich und leer, ohne Schönheit, ohne Gott, dumm und kalt und herzlos. Eine Kunst, die unglücklich macht.
Der avantgardistische Sklave der Kunstmafia trampelt so in Ruinen herum, verzweifelt auf der Suche nach etwas, was er noch vernichten kann. So wird die Kunst pervers. Dieses negative, das Leben verneinende Ruinengerümpel füllt nun unsere Museen, rostet, verstaubt und zerfällt. Unser Feind ist eigentlich die Dummheit, nicht echt von falsch unterscheiden zu können.
Dieses Horrorpanoptikum der zeitgenössischen Kunst wird von einer kleinen farben- und formenblinden Clique angebetet wie das Goldene Kalb und bestaunt wie des Kaisers neue Kleider.

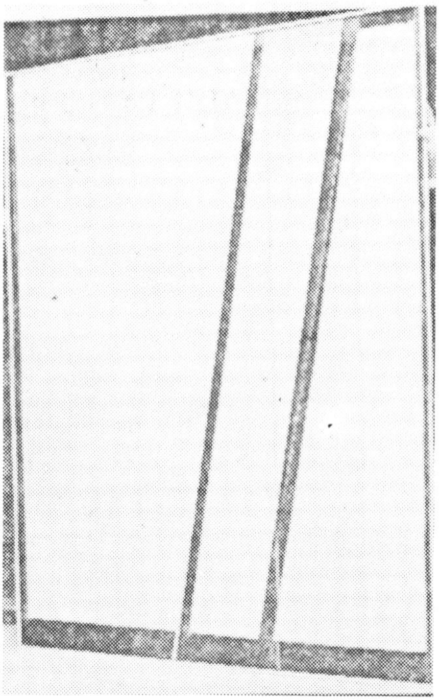

Das, was auf den ersten Blick aussieht wie eine weiße Fläche mit zwei Strichen, ist in Wahrheit eine der ausgereiftesten Arbeiten des Künstlers Heinrich Siepmann: Eine Diagonale zerteilt das Weiß der Leinwand in zwei ungleiche Felder; in einem Balanceakt wird die Symmetrie zwischen Flächen und sparsam eingesetzten Farben zu einer ausgewogenen Ordnung geführt". Das alles jedenfalls fiel dem Redakteur einer Zeitung in Mülheim an der Ruhr beim Betrachten des Objekts ein, welches vom Förderverein des örtlichen Kunstmuseums 1988 für einen immensen Betrag erworben worden ist – mit Zuschuß vom Land NRW. Das zweimalzweimeterfünfzig große Werk trägt den Titel „17/87".

Daß es Aufgabe der Kunst ist, wie ein Spiegel immer wieder nur allen Krampf und alle Ausweglosigkeit und alle Perversität unserer Zeit aufzuzeigen, ist ein abgedroschenes Schlagwort geworden. Es ist eine bequeme Entschuldigung, ein mieses Alibi der schöpferisch Unfähigen.

Wenn die zeitgenössische Kunst in den Abgrund fällt zusammen mit der westlichen Zivilisation, die sich in einer schweren Krise befindet, so bedeutet das, daß die Kunst zu schwach ist, sich zu verteidigen. Zu schwach, sich selbst zu retten, zu schwach, um zu kämpfen, geschweige denn, einen Ausweg zu suchen und zu finden und vorzuzeigen.

Ein Vierteljahr lang verschandelten 1984 diese nackten, rüsselnasigen Gestalten aus Beton den Berliner Kurfürstendamm. Dann wurde das acht Tonnen schwere „Kunstwerk" des Bildhauers Peter Lenk – nach immer stärker werdenden Protesten der Bürger – wieder abgebaut.

Die zeitgenössische Kunst lamentiert und heult und winselt vor dem drohenden Desaster und regiert mit intellektueller Onanie wie ein Hund, dem man auf den Schwanz tritt. Die Künstler sind nur mehr Greuelreporter und Berichterstatter des Zerfalls. Die Museen der zeitgenössischen Kunst sind Krankenhäuser unserer kaputten Gesellschaft, worin unsere Zivilisationskrankheiten kultiviert und konserviert werden, statt sie zu heilen. Und zur Schau gestellt werden die Produkte einer masochistischen Therapie, zur Schau gestellt werden die eiternden Ausflüsse unserer schöpferischen Impotenz. Nie war die Kunst so ohne Kunst, so künstlich, so entartet, so weit von der Natur und der Schöpfung entfernt wie heute. Kunst heißt schöpferisches Können. Die schönen Künste müssen schön sein. Man will den Menschen etwas, was ihnen nicht entspricht, was sie nicht verstehen können, weil gar kein Verstand dahinter ist, aufzwingen. Das ist eine unglaubliche Intoleranz, ein Kulturterror der Museumskunst.« Soweit Hundertwasser.

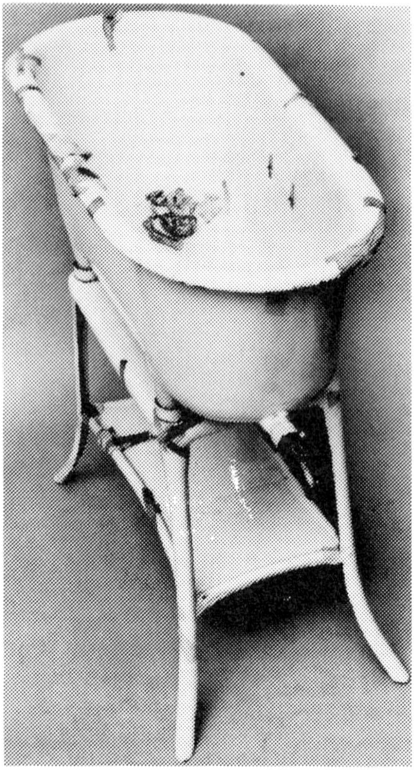

Diese Badewanne ist ein Kunstwerk von Joseph Beuys. Er hat sie zunächst für 300 Mark an einen Freund veräußert. Erst als das „Kunstwerk" dann beschädigt wurde, lag der Schätzwert der leukoplastbeklebten Wanne plötzlich bei hundertfünfzigtausend Mark, und der Eigentümer kassiert achtzigtausend von der Versicherung.
Wieso bundesdeutsche Stadtverwaltungen auf die Idee kommen, seine „Werke" für Hunderttausende von Steuermark zu kaufen und dem Publikum zuzumuten, verstand der Mann mit dem Hut selbst nicht: „Ich habe nie einem Menschen empfohlen, etwas von mir anzuschaffen, ich rate immer eher ab."

Der Wiener Maler Ernst Fuchs prangerte im Juni 1988 „faschistische Gängelung" in der Kunst an. Seine Kritik richtet sich vor allem gegen die Unterdrückung der Kunst aus der NS-Zeit und gegen Schmähungen bedeutender Künstler wie Arno Breker.
Die während der NS-Zeit entstandene Kunst soll nach Meinung des Malers nicht länger tabu sein. Er sagt: „Ich sehe eine geradezu faschistische Gängelung darin, wie sich heute gewisse Leute in der Bundesrepublik über die Kunst des Dritten Reiches aufregen, obwohl sie selbst eine Kunstpolitik betreiben, die sich durchaus mit derjenigen während der NS-Ära vergleichen läßt." Die Politik der

Der „Fettstuhl“ gilt als ein Meisterwerk des Joseph Beuys.

NS-Reichskulturkammer finde somit unter umgekehrten Vorzeichen ihre Fortsetzung. Museumsdirektoren und Kunsthistorikern wirft Fuchs vor, durch Boykottierung von Kunstwerken jener Zeit die Freiheit einzuschränken.

NACHMANN-SKANDAL

Mindestens 30 Millionen Mark Wiedergutmachungsgelder hat der langjährige, Anfang 1988 verstorbene Zentralratsvorsitzende der Juden in Deutschland, Werner Nachmann, veruntreut. Er war CDU-Mitglied, saß in der Führungsetage des ZDF und galt als besonderer Vertrauter von Ministerpräsident Späth sowie von Bundeskanzler Kohl. Etliche Millionen steckte Nachmann in seine bankrotten

Unternehmen (z. B. eine Lumpensortieranstalt), anderes Geld diente der „Finanzierung" von Journalisten und Politiker, der Verbleib weiterer Millionen ist ungeklärt.
Die Chronik des Nachmann-Skandals:
In den 50er Jahren gab es einen zaghaften Versuch bundesdeutscher Behörden, die Verteilung von Wiedergutmachungsgeldern, die an zionistische Gruppen fließen, zu kontrollieren. Daraus entwickelte sich ein heftiger Konflikt mit den Empfängern des Geldes. Sie wollten sich nicht von Deutschen beaufsichtigen lassen. Auf Bonner Weisung steckten die bundesdeutschen Behörden zurück.
Infolgedessen entstand eine weitgehende Kontrollfreiheit. Zwar wurden dem Bundesrechnungshof Auskunfts- und Prüfrechte zugestanden, die jedoch – wie von Nachmann richtig einkalkuliert – nicht konsequent wahrgenommen wurden. Folge: Nachmann konnte „walten wie ein Monarch" („Süddeutsche Zeitung").
Auf der vergeblichen Suche nach einem Nachmann-Testament fand der Anwalt des verstorbenen Zentralrats-Vorsitzenden Ende Januar 1988 in Nachmanns Büro, neben der Karlsruher Synagoge gelegen, zahlreiche Kontoauszüge über illegale Millionenüberweisungen an die Firma Otto Nachmann, deren Inhaber Werner Nachmann war.
Der Rechtsanwalt, ebenfalls jüdischer Herkunft, informierte Zentralrats-Generalsekretär Ginsburg, der später im Zuge der Ausweitung des Skandals zurücktreten mußte. Als das Konkursverfahren gegen die Nachmann-Unternehmungen unaufschiebbar wurde, sikkerten Informationen über den Millionenbetrug durch. Eine wissensdurstige Journalistin suchte den Nachfolger Nachmanns im Amt des Zentralratsvorsitzenden, Galinski, auf und konfrontierte ihn mit den Vorwürfen. Galinski ging ins Nebenzimmer und informierte telefonisch einen Vertrauten: „Hier sitzt eine Journalistin, die alles weiß." Die Mauer des Schweigens zerbrach.
Vertuscht wurde auch bei mysteriösen Bränden in Nachmanns Textilverwertungsbetrieben. Die Versicherungen zahlten 1986 und 1987 Millionenbeträge. Polizei und Brandsachverständige zogen Brandstiftung ins Kalkül. Täter konnten jedoch nicht ermittelt werden.
Spekulationen gibt es um die Todesursache des im Alter von 62 Jahren verstorbenen Nachmann. Offizielle Version ist Herzversagen, laut Gerüchten lag Selbstmord vor.
Wie mächtig der Großbetrüger war, zeigen folgende Beispiele aus den 80er Jahren. Es handelt sich nur um eine kleine Auswahl von

zahlreichen direkten Einflußnahmen des jüdischen Zentralratsvorsitzenden auf die deutsche Politik: 1980 leitete Nachmann mit einer Grundsatzrede vor dem Deutschen Katholikentag eine neue Runde der extrem einseitigen antideutschen Vergangenheitsbewältigung ein. Unter dem Motto „Mit der Schuld der Väter leben" forderte er vom deutschen Volk, „Schuld einzugestehen". Die Betroffenheit wegen der Geschehnisse zwischen 1933 und 1945 lasse nach, klagte Nachmann an, weshalb er gebieterisch forderte, die „Schuld der Deutschen" in keiner Weise in Frage zu stellen. Massenmedien und Politiker übernahmen gehorsamst die Sprachregelung des Zentralratsvorsitzenden.

Ebenfalls 1980 legte Nachmann der Kultusministerkonferenz „pädagogische Leitlinien" für den Geschichtsunterricht vor, die von den Ländern geflissentlich befolgt werden. Zielrichtung: Kollektivhaftung der Deutschen für Untaten während des NS-Regimes.

1982/83 war Nachmann maßgeblich an der Durchsetzung einer sondergesetzlichen Regelung beteiligt, an der sich die zeitgeschichtliche Forschung zu orientieren hat. 1985 setzte Nachmann beim Finanzministerium in Stuttgart eine Überprüfung der Gemeinnützigkeit von Traditionsverbänden einstiger deutscher Frontsoldaten durch. Mit Erlaß vom 23. Mai des Jahres wies infolgedessen das baden-württembergische Finanzministerium alle Finanzämter an, darauf zu achten, daß keinem Traditionsverband von Angehörigen der ehemaligen Waffen-SS die steuerliche Gemeinnützigkeit zuerkannt wird. 1986 drückte Nachmann via Bonn „Wiedergutmachungszahlungen" auch der deutschen Privatwirtschaft durch. Der Zentralratsvorsitzende damals gegenüber der Presse: Angesichts der Milliardengewinne seien die Wiedergutmachungsforderungen „eine Kleinigkeit". Zu jenem Zeitpunkt liefen die Großbetrügereien Nachmanns schon jahrelang auf vollen Touren.

Nachmann, die Zentralfigur der Wiedergutmachungs-Gaunerei, bekleidete unter anderem folgende Ämter:

Vorsitzender der jüdischen Gemeinde in Karlsruhe, Präsident des Oberrates der Israeliten Badens, Gründer der Heidelberger Hochschule für jüdische Studien, Vorsitzender des Direktoriums des Zentralrates der Juden in Deutschland, Beauftragter der zionistischen „Claims Conference" (New York) für Wiedergutmachung, Präsident des Israel-Bonds in der Bundesrepublik, Vorsitzender des jüdischen Makkabi-Verbandes, Beauftragter der Zionistischen

Uneinigkeit über Rolle des Finanzamts im Nachmann-Skandal

„Steuerfahndung wurde auf höhere Order zurückgerufen"

Rechnungshof darf den Zentralrat der Juden nicht überprüfen

Schlagzeile aus dem Münchner Merkur, 20. Mai 1988. Übrigens verfügte der Gauner über einen Bonner Diplomatenpaß.

Internationale für Wiedergutmachungsforderungen an Bonn, Herausgeber der Allgemeinen Jüdischen Wochenzeitung (Bonn), Vizepräsident der Europäischen Sektion des Jüdischen Weltkongresses, Vorsitzender des Rohstoffverbandes Baden-Württemberg, stellvertretender Vorsitzender des Großhandels-Ausschusses, Mitglied der Vollversammlung des Außenhandels-Ausschusses der IHK Mittlerer Oberrhein, stellvertretender Vorsitzender des ZDF-Fernsehrates, Mitglied des ZDF-Richtlinien- und Koordinierungsausschusses.

Ausgezeichnet wurde Werner Nachmann unter anderem mit folgenden Orden und Ehrenzeichen:

Großes Bundesverdienstkreuz, Großes Bundesverdienstkreuz mit Stern, Großes Bundesverdienstkreuz mit Schulterband, Verdienstmedaille Baden-Württemberg, Ehrensenator-Würde der Universität Heidelberg, Theodor-Heuss-Preis.

Bei Nachmanns Beerdigung sagte Bundespräsident von Weizsäcker: „Ich trauere um eine herausragende Persönlichkeit und einen Humanisten, dessen Vermächtnis uns alle verpflichtet." Kanzler Kohl meinte: „Werner Nachmann wird mir stets in Erinnerung bleiben als kluger, von tiefer Menschlichkeit geprägter Gesprächspartner, als Freund, dem ich wertvollen Rat verdanke. Werner Nachmann war eine moralische Autorität. Er hat sich um unser Vaterland verdient gemacht." Ministerpräsident Späth: „Er hat sich in außerordentlichem Maße große Verdienste um unser Land erworben. Als engagierter und erfolgreicher Unternehmer hat er sich einen guten Ruf erworben. Sein Tod bedeutet auch für mich einen großen persönlichen Verlust." Ministerpräsident Albrecht: „Sein aufrichtiger Charakter hat ihm auch in unserem Bundesland große Anerkennung und viele Freundschaften eingebracht.“ Bremens Bürgermeister Wedemeier: „Gerade im Bewußtsein der im deutschen Namen begangenen schlimmen Verbrechen an den Juden wurde das Wirken von Herrn Nachmann von uns allen dankbar empfunden.“ CSU-Bundestagsführer Waigel: „Werner Nachmann, dem ich auch persönlich verbunden war, war einer der großen Wegbereiter der Versöhnung. Viele gemeinsame Stunden mit ihm werden mir lebenslang in bemerkenswerter Erinnerung bleiben.“

Obwohl sich Nachmanns Gaunereien über viele Jahre hinzogen, konnten bzw. durften die zuständigen Finanzbehörden kein Haar in des Betrügers Geschäftssuppe finden. Das gilt für die Behörden in Baden-Württemberg ebenso wie für Bundesrechnungshof und Bundesfinanzministerium. Hätte das Finanzgebaren Nachmann unter normaler und eigentlich selbstverständlicher Beaufsichtigung durch die zuständigen Kontrollbehörden gestanden, wäre Deutschland und wäre der jüdischen Gemeinde dieser Skandal mutmaßlicherweise erspart geblieben. Wer aber aus der Nachmann-Affäre schlußfolgert, es müsse zusätzliche Privilegierungen für eine kleine Gruppe unserer Gesellschaft geben, will den Brand mit Benzin löschen.

NATIONALSTAATS-VERRAT

Das Grundgesetz für die Bundesrepublik Deutschland gibt den Politikern die Pflicht auf, die nationalstaatliche Einheit Deutschlands zu schaffen. In diesem Sinne hat das bundesdeutsche Höchstgericht, das Bundesverfassungsgericht in Karlsruhe, geurteilt. Etablierte Politiker jedoch verkünden verfassungsfeindlicherweise den Verzicht auf die Wiedererrichtung des deutschen Nationalstaates. Sie wollen entweder die Teilung durch Bewahrung des Status quo auf Ewigkeit festschreiben, oder sie verkünden das Verschwinden des Nationalstaates in der EG.

Schon auf dem deutschlandpolitischen Kongreß der CDU/CSU in Ingolstadt im November 1975 ließ Franz Josef Strauß keinen Zweifel: „Wir stehen nicht für die Wiederbelebung eines deutschen nationalen Machtstaates. Wir stehen nicht für die Wiederbelebung einer europäischen Staatenwelt mit einem Deutschen Reich in der Mitte.

Wir stehen für eine europäische Föderation."
Bei gleicher Gelegenheit gab der außenpolitische Sprecher der CDU/CSU, Werner Marx, das Credo seiner Partei wie folgt wieder: „Für die CDU ist Europa und der Westen das erste Wort der deutschen Politik. Unser oberstes Interesse ist es, Europa zu bauen."
Gemäß Meldung in der „Welt" vom 12. Dezember 1977 erklärte der Vorsitzende der christlich-demokratischen Abgeordneten im Europäischen Parlament zu Straßburg, Egon Klepsch, man könne sich „durchaus damit zufriedengeben, daß Deutschland als Nationalstaat nicht wiedervereinigt, aber durch zwei freie Staaten verkörpert wird".

Helmut Kohl führte am 3. Dezember 1981 unter dem Beifall seiner Fraktion im Deutschen Bundestag aus: „Es gibt kein Zurück zum Nationalstaat Otto von Bismarcks; dieser Nationalstaat kommt nie wieder. Darüber müssen wir uns gerade im geteilten Deutschland einig sein." Kohl betonte, daß seine Ablehnung der Idee des Nationalstaates an sich gilt, nicht nur jener Bismarckscher Prägung. Er verurteile das „sterile Denken des Nationalstaates", in das man nicht „zurückfallen" dürfe, betonte Kohl.

Anläßlich der „Aschaffenburger Gespräche" 1987 äußerte der Erlanger Geschichtswissenschaftler und enge Mitarbeiter von Kanzler Kohl, Professor Michael Stürmer: „Die Souveränitätsfrage ist passé." Die nationale Souveränitätsidee entstamme dem 19. Jahrhundert. Man solle endlich aufhören, „den Traum vom Nationalstaat weiter zu träumen". Stattdessen sei eine „stärkere Hinwendung der Bundesrepublik zur EG" empfehlenswert. Stürmer: „Wir müssen die wahren Europäer sein. Es ist eine Verblendung, wenn wir jedem Zehn-Mark-Schein nachweinen, den wir in die EG-Kasse zahlen."

Frau Wilms, Bundesministerin für innerdeutsche Behiehungen, sagte Ende Januar 1988 in Paris: „Der Nationalstaat um seiner selbst willen, das ist weder Auftrag des Grundgesetzes noch entspricht dies unserem politischen Bewußtsein." Die deutsche Einheit machte sie abhängig von der Zustimmung der Nachbarstaaten, einschließlich jener des Militärdiktators Jaruzelski. Frau Wilms: „Ausgeschlossen sind für uns Lösungen der deutschen Frage im Alleingang oder gegen den Willen unserer Nachbarn." Außerdem sagte die Bundesministerin in der französischen Hauptstadt: „Wir betrachten den territorialen Aspekt als nachgeordnet."

Rhetoriker Jens gegen Verwendung des Begriffs „Deutschland"

Mainz (ddp)

Gegen die Verwendung des Begriffs „Deutschland" hat sich der Tübinger Rhetorik-Professor und Schriftsteller Walter Jens ausgesprochen. Es gebe zwei deutsche Staaten, nämlich die Bundesrepublik und die DDR, „und Gott sei Dank kein Deutsches Reich mehr", betonte Jens in einem Gespräch mit der Mainzer *Allgemeinen Zeitung.* Der SPD und den Unionsparteien, die den Begriff im Wahlkampf verwenden, hielt Jens vor, daß „Deutschland" eine humane Utopie der Dichter und Denker gewesen sei. Nachdem dieses Deutschland jedoch 1871 gegründet worden sei, habe es „der Welt und sich selbst Unglück, Tränen und millionenfachen Tod" gebracht.

Zeitungsmeldung von Anfang 1987.

Dazu paßt, was CDU-Generalsekretär Geißler in einem „Stern"-Interview (Ausgabe Nr. 14/1988) äußerte: „Der Nationalstaat Deutschland hat zweimal Nachbarn unsägliches Leid zugefügt."

Und die SPD-Opposition? Am 30. Mai 1988 meldete die „Süddeutsche Zeitung" unter der Schlagzeile: „Glotz: Idee des Nationalstaats bringt nur Mord und Totschlag": „Die Idee des Nationalstaates bringt nach Ansicht des SPD-Bundestagsabgeordneten Peter Glotz ‚nur Mord und Totschlag'. Aus dieser geschichtlichen Erfahrung sollten die Deutschen lernen, erklärte Glotz bei einem von der SPD veranstalteten Forum zum Thema Wiedervereinigung. ‚Ein Vielvölkerstaat mit garantierten Volksgruppen- und Minderheitsrechten – das ist die Zukunft Europas', sagte Glotz. Sein Fraktionskollege, der frühere Bundesjustizminister Jürgen Schmude, bezeichnete die Frage nach der deutschen Einheit als ‚nicht aktuell'. Das liege ‚hinter dem Horizont'."

Am weitesten allerdings geht der Tübinger Rhetorik-Professor und Schriftsteller Walter Jens. Meldung des Deutschen Depeschendienstes von Anfang 1987: „Gegen die Verwendung des Begriffes ‚Deutschland' hat sich der Tübinger Rhetorik-Professor und Schriftsteller Walter Jens ausgesprochen. Es gebe zwei deutsche Staaten, nämlich die Bundesrepublik und die DDR ‚und Gott sei Dank kein Deutsches Reich mehr', betonte Jens in einem Interview. Der SPD und den Unionsparteien, die den Begriff im Wahlkampf verwenden,

hielt Jens vor, daß ‚Deutschland' eine humane Utopie der Dichter und Denker gewesen sei. Nachdem dieses Deutschland jedoch 1871 gegründet worden war, habe es der Welt und sich selbst Unglück, Tränen und millionenfachen Tod gebracht'."
Jens ist unter anderem Träger des Schleußner-Schüller-Preises, vergeben vom öffentlich-rechtlichen Hessischen Rundfunk, des Lessing-Preises der Stadt Hamburg, des Heinrich-Heine-Preises der Stadt Düsseldorf, des Kulturpreises des Bundesverbandes der Deutschen Industrie, der Tübinger Universitätsmedaille. Er wirkt als ordentliches Mitglied der Deutschen Akademie für Sprache und Dichtung und der Akademie der Künste in Berlin. Als Professor und Direktor des Seminars für Allgemeine Rhetorik der Universität Tübingen wird er vom deutschen Staat bezahlt. Von 1976 bis 1982 war er Chef des Pen-Clubs in der Bundesrepublik; seit 1988 hat er erneut diese Funktion inne. Jens wird in etablierten Medien als „größter Rhetoriker" gefeiert und wirkte verschiedentlich als Berater einflußreicher Politiker.

NATO

Als Mittel zur Abwehr sowjetimperialistischer Ambitionen wurde und wird die Nato von der Mehrheit der bundesdeutschen Bevölkerung befürwortet, nicht jedoch als Machtinstrument für Imperialismus der anderen Seite. Heute wird aber zunehmend der (grundgesetzwidrige) Einsatz deutscher Truppen in fernen Ländern und Kontinenten diskutiert, „um die USA zu entlasten". Ebenfalls zu kritisieren ist, daß die Deutschen innerhalb der Nato als minderwertige Partner behandelt werden, was unter anderem auch durch die Geringschätzung der deutschen Sprache zum Ausdruck kommt.
Auf noch gravierendere Mängel wies der Deutsche Anzeiger in seiner Ausgabe vom 11. Juli 1986 hin und nannte zwei Grundübel der Nato: „Erstens: Die Befehlsstruktur mit nichtdeutschen Offizieren in den Schlüsselstellungen, insbesondere einem amerikanischen Oberbefehlshaber, liegen unverändert mehr oder minder die Verhältnisse der ersten Nachkriegszeit zugrunde, als es noch keine Bundeswehr gab bzw. als sie noch ohne sonderliche Bedeutung war. Zweitens:

Die Regierung Kohl und ihre Vorgänger haben es versäumt, eine deutsche Einflußnahme oder gar eine deutsche Entscheidung über die Verwendung von Massenvernichtungswaffen auf deutschem Boden zu fordern. Kanzler Kohl kann es sich vermutlich nicht einmal vorstellen, daß die Schlüsselfrage der Nachrüstung die ideale Gelegenheit gewesen wäre, um ein solches und weitere wesentliche deutsche Positionen durchzusetzen."

Vor zwanzig Jahren, auf dem Höhepunkt des Vietnam-Krieges, gab es schon einmal den Versuch, die Bundeswehr bzw. die Bundesmarine vor den Karren des US-Engagements in fernen Kontinenten zu spannen. Damals wurde über Hilfestellung für den US-Krieg in Indochina diskutiert. Führende CDU/CSU-Repräsentanten waren geneigt, dem „Großen Bruder" entsprechende Dienste zu leisten. Die Freiheit Berlins werde auch in Vietnam verteidigt, lautete die Parole. Das nationale Lager, allen voran die nationalfreiheitliche Presse wie zum Beispiel die Deutsche National-Zeitung, erhoben energisch Protest gegen eine Verwicklung Bundesdeutschlands in den Indochina-Krieg. Die Ablösung der CDU/CSU-Regierung 1969 ließ das Thema von der Tagesordnung verschwinden.

Im Jahre Fünf der Kohl-Wende tauchte die Thematik in einer Variation wieder auf: „Bundeswehr-Einsatz soll weltweit möglich sein", lauteten Schlagzeilen der Tagespresse. Denn die Außenpolitiker der CDU/CSU-Bundestagsfraktion hatten sich nach einer Klausurtagung im bayerischen Feldafing dafür stark gemacht, den militärischen Einsatz der westdeutschen Wehr auch in Krisengebieten außerhalb des Bündnisgebietes der Nato möglich zu machen. Frau Geiger, CSU-Bundestagsabgeordnete und Leiterin des außenpolitischen Arbeitskreises der Unionsfraktion, sagte, die Bundesrepublik sei zu einer wirtschaftlichen Größe geworden und müsse daher künftig auch „international verstärkt Verantwortung übernehmen". Die Amerikaner könnten die „Zurückhaltung" zum Beispiel beim Einsatz im Persischen Golf nicht verstehen.

Schon im Februar 1987 meldete die Deutsche Presse-Agentur: „Die Bundesregierung müsse künftig in die internationale Politik mehr Initiative einbringen. Das sagte der Leiter der außenpolitischen Abteilung im Bundeskanzleramt, Teltschik, in Stuttgart vor dem Wirtschaftsrat der CDU. Als Grund führte Teltschik an, daß sich die Vereinigten Staaten in den nächsten Jahren auf ihre eigenen Schwierigkeiten konzentrieren würden."

Dazu die Deutsche Wochen-Zeitung am 27. Mai 1988: „Einerseits wird die These verfochten, Bonn habe sich auf der Seite der USA in die Händel fernab einzumischen. Andererseits ist die Regierung Kohl bemüht, sich nicht einmal in die ureigenen deutschen Angelegenheiten einzumischen, und das ist vor allem die Beseitigung der unwürdigen und menschenverachtenden Teilung des Vaterlandes. Dieselben Kräfte, die die Wiedervereinigung Deutschlands von Gnade oder Ungnade der uns umgebenden Nachbarstaaten abhängig machen wollen – vom Fürsten Liechtensteins bis hin zum Generaldiktator Jaruzelski –, muten der Bundeswehr die Rolle einer mobilen Einsatztruppe zur weltweiten ‚Befriedung' im Sinne einer Pax Americana, eines von den Interessen Washingtons diktierten Zustandes, zu."

In Artikel 87a des Grundgesetzes heißt es: „Der Bund stellt Streitkräfte zur Verteidigung auf. Außer zur Verteidigung dürfen die Streitkräfte nur eingesetzt werden, soweit dieses Grundgesetz es ausdrücklich zuläßt." Und die Ausnahme findet sich im vierten Absatz des Artikels: „Zur Abwehr einer drohenden Gefahr für den Bestand oder die freiheitliche Grundordnung des Bundes oder eines Landes kann die Bundesregierung, wenn die Polizeikräfte sowie der Bundesgrenzschutz nicht ausreichen, Streitkräfte zur Unterstützung der Polizei und des Bundesgrenzschutzes beim Schutze von zivilen Objekten und bei der Bekämpfung organisierter und militärisch bewaffneter Aufständischer einsetzen." In den Artikeln 115a ff. des Grundgesetzes wird der Verteidigungsfall, der zum Einsatz der Bundeswehr führt, wie folgt definiert: „Wenn das Bundesgebiet mit Waffengewalt angegriffen wird oder ein solcher Angriff unmittelbar droht." Alle anderen Überlegungen sind grundgesetzwidrig.

Deutsch ist nicht einmal Amtssprache der Nato, worin die unterwürfige Haltung Bonns besonders deutlich zum Ausdruck kommt. So kann es geschehen, daß der bundesdeutsche Verteidigungsminister bundesdeutsche Journalisten zur Pressekonferenz anläßlich einer Nato-Tagung im bundesdeutschen Würzburg auf englisch und französisch einlädt, nicht jedoch auf deutsch. Französisch ist Nato-Amtssprache, obwohl Frankreich dem militärischen Zweig des Bündnisses seit 20 Jahren nicht mehr angehört.

NAZIMANIA

12 Jahre Praxis, 988 Jahre „Bewältigung". So wird aus dem Dritten doch noch das Tausendjährige Reich. Die zwanghafte Bezugnahme auf die Hitler-Zeit bestimmt das geistige Klima in der Bundesrepublik. Wird geburtenfördernde Politik verlangt (wie sie unterschiedlichste Gesellschaften wie jene in Mitteldeutschland, in Irland, in Polen, in Rumänien, auf Island, in Frankreich betreiben), fällt den Gegnern sofort die „NS-Mutterkreuzideologie" ein. Soll die Kohltechnologie unterstützt werden, ist das „Fortsetzung der NS-Autarkie". Maßnahmen zur rechtsstaatlichen Ausländerbegrenzung, wie sie in zahlreichen parlamentarischen Demokratien praktiziert werden, sind hierzulande „Nazi-Methoden". Entschlossenes Vorgehen gegen Gewaltkriminelle erinnert „an die Gestapo". Sogar die Umweltschützer mußten sich viele Jahre gefallenlassen, als „Blut- und Boden-Ideologen" verunglimpft zu werden.

Besonders ärgerlich ist es, wenn die Nazimania aus der deutschen Steuerkasse finanziert wird, zum Beispiel durch Aufführungen nazimanischer Bühnenstücke an unseren mit über einer Milliarde Mark jährlich subventionierten öffentlichen Bühnen.

Im folgenden ein Auszug aus dem in den Münchner Kammerspielen uraufgeführten Stück „Die heilige Familie" (Teil der „Collage" mit dem Titel „Germanias Tod in Berlin") von Heiner Müller, typisch für nazimanisches Theater:

WACHE: Ein Hund ist oben vorbeigelaufen.

HITLER: Hörst du, Josef. Sie maskieren sich. Sie wagen es nicht mehr, uns offen entgegenzutreten. Aber ich durchschaue sie. Ich durchschaue alles. Ein Hund. Lächerlich! Weiter.

WACHE: Er hat ins Gras gepißt. Das ist alles, mein Führer.

HITLER: Halte die Augen offen. Der Feind ist überall.

WACHE: Jawohl, mein Führer.

HITLER: Ich werde mich jetzt an mein Volk wenden. Mein Volk. (Goebbels greift sich an den Bauch, schreit, wälzt sich schreiend am Boden.)

HITLER: Eine deutsche Mutter schreit nicht. Wache!

HITLER: Die Hebamme soll geholt werden. Es ist soweit. (Wache ab.) Das sind die Wehen. Die Wehen haben eingesetzt. Ich kenne das aus meiner ersten Ehe. (Goebbels gebärdet sich hysterisch.) Bist du immer noch eifersüchtig auf den guten alten Ernst?

WACHE: Der Hund ist wieder vorbeigelaufen. Er hat wieder gepißt. Die Hebamme. (Germania, riesig, mit Hebammentasche.)
GERMANIA (boxt Hitler vor den Bauch, rüttelt an seinen Zähnen usw.): Wie geht's dir, mein Junge. Trinkst du dein Benzin? Ißt deine Männer? Brav. (Sie greift ihm an die Hoden.)
HITLER (verschämt): Mama!
GERMANIA: Ich muß mit der Zeit gehn, wenn ich wieder ins Geschäft kommen will. (Schminkt Goebbels eine Nuttenmaske.) So. (Zu Hitler): Und daß mir keine Panne passiert. Können die Männer ihren Text?
HITLER: Die Vorsehung . . .
GERMANIA: Ich würde es lieber genau wissen. (Die Ehrenkompanie. Hundeköpfe, weißer Flor über schwarzer Uniform, blutige Stiefel, Engelsflügel, nimmt Aufstellung.)
HITLER: In diesem historischen Augenblick . . . (Goebbels entfährt ein gewaltiger Furz, eine Wolke von Gestank verbreitend, der die Heiligen Drei umwirft.)
EHRENKOMPANIE: Sieg Heil Sieg Heil Sieg Heil. (Die Heiligen Drei zucken zusammen, halten sich die Nasen zu, stehn auf.)
Bericht aus der Deutschen National-Zeitung als weiteres Beispiel für Nazimania: „Ein ganzes Hitler-Ballett läßt der linke Peter Zadek über die Bühne des altehrwürdigen Berliner Schillertheaters steppen. Für fast zwei Millionen Steuer-Mark wurde Hans Falladas umstrittener Nachkriegsroman ‚Jeder stirbt für sich allein' in eine ebenso tumultuarische wie geschmacklose Revue verwandelt, wobei Obszönität absoluter Trumpf ist."
Nächstes Beispiel: In der „Theaterkaue" zu Dortmund-Eving gab es 1987 die bundesdeutsche Erstaufführung des Stückes „Mein Kampf" von George Tabori. Der Autor, früher Geheimdienstmann in Israel und Drehbuchlieferant für Hitchcock, zeigt die fiktive Zusammenkunft zwischen dem „Zollbeamtensohn A. H. aus Braunau" und „dem Juden Shlomo Herzl" in einem Wiener Nachtasyl mit beleidigenden Darstellungen des „typischen deutschen Mädchens" und des „typischen deutschen Uniformträgers". Das Ganze mit öffentlichen Mitteln in einer Stadt subventioniert, die unter schwerer Finanznot leidet.
Auch die öffentlich-rechtlichen Fernsehanstalten füttern den Zuschauer mit nazimanischen Produkten, bezahlt mit den Gebühren der Deutschen.

Gesucht für TV-Serie „Die Wiesingers“

extrem kurzhaarige, zackige und militärisch aussehende Herren im Alter von 20 bis 40 Jahren. Typ SA-Mann und Offiziere (Haarschnitt kostenlos durch [redacted]Produktion).

Die Bewerber müssen für einen Drehtag in der Zeit vom 21. April bis 25. April 1987 zur Verfügung stehen. Die Tagesgage beträgt 94,- DM netto.

Vorstellung bei [redacted]
am Montag, 13. April 1987, zwischen 14.00 und 19.00 Uhr.
Zeitgemäßes Foto ist mitzubringen.

Aus der Anzeige in einer Boulevardzeitung, April 1987.

Am 3. Juni 1988 meldete die Deutsche National-Zeitung: „Die Nazimania, also die zwanghafte Bewältigung der vor 43 Jahren untergegangenen NS-Diktatur, treibt immer neue Blüten. Der letzte Schrei sind Bücher von ‚Kindern der Täter‘, in denen heute etablierte Journalisten und Schriftsteller erbarmungslos gegen die eigenen Väter und Großväter schießen.“

Das abstoßendste Beispiel ist Niklas Frank, Sohn des ehemaligen Generalgouverneurs von Polen, Hans Frank. Er bekundet in seinem Buch „Der Vater. Eine Abrechnung“, daß der Senior „Gott sei Dank“ gehenkt worden sei. Er nennt den Vater einen „furchtbaren Schwätzer“ und einen „süßmäuligen Schleimi“ sowie „Prototyp des deutschen Verbrechers jener Zeit“. Er habe dem Vater die schrecklichen Sekunden vor der Hinrichtung in Nürnberg gegönnt. „Das Knacken“ des Genicks beim Vater habe ihm, dem Sohn, glücklicherweise „ein verkorkstes Leben erspart“. Frank junior ist maßgeblicher Mann beim „Stern“. Über seinen Vater, den Gehenkten, der sich nicht mehr wehren kann, gießt er Unrat. Daß „Stern“-Bosse wie Henri Nannen zu den eifrigsten NS-Propagandisten zählten, hat Niklas Frank natürlich nicht „bewältigt“, denn gegen Mächtige aufzubegehren erfordert Mut.

Nicht ganz so brutal, aber im Prinzip kaum anders verfährt die Journalistin Dörte von Westernhagen. In ihrem Buch „Die Kinder

„Und dafür Steuersubventionen!" schlagzeilte die Deutsche National-Zeitung zu diesem Bild. Das Blatt fuhr fort: „Kulturelle Dekadenz, Selbstbesudelungsdrang und politische Geschmacklosigkeit sind wieder einmal ein Dreiecksverhältnis eingegangen: Im Wiener Volkstheater läuft die Augen- und Ohrenbeleidigung ‚Operette' des 1969 verstorbenen Polen Witold Gombrowicz. In der deutschen Fassung von Walter Tiel wurde es von Bernd Palma inszeniert. Das Stück soll eine Persiflage auf die angeblich aufkommende Nazi-Tendenz sein. In Wirklichkeit ist es eine gänzlich geistlose Verhohnepipelung der Deutschen. Was das mit Volkstheater zu tun haben soll, bleibt das Geheimnis der Verantwortlichen."

der Täter" geht die 1943 Geborene und aus Eichsfelder Uradel Stammende mit Vater und Großvater ins Gericht. Beide seien „in ein Geflecht von Schuld" verstrickt gewesen. Vor allem um die Bewältigung ihres Vaters Heinz, seit 1929 NSDAP-Mitglied und später SS-Offizier (gefallen 1945), geht es der Journalistin, die bis 1980 als Oberregierungsrätin tätig war. Man komme nicht umhin, den Vater für einen beträchtlichen Teil an der „Riesenschuldmasse des Dritten Reiches verantwortlich zu machen".

Frau von Westernhagen stülpt ihr nazimanisches Bewältigungs-Netz über das ganze deutsche Volk mit dem Ziel, „die Kinder der Täter von den ererbten (!) Nazi-Anteilen der Eltern zu lösen".
In einem Beitrag für die „Zeit" postuliert sie die „Haftungsgemeinschaft der Deutschen" für das NS-Unrecht.

NESSELWANG

Nach Aufrufen einiger DGB-Funktionäre und etablierter linker Politiker versammelten sich 1985 anläßlich eines Treffens einstiger Waffen-SS-Soldaten in Nesselwang/Allgäu mehrere tausend Demonstranten, um gegen die Veteranen zu „protestieren".
In Nesselwang – wie an anderen Orten auch – kam es zu gewalttätigen Ausschreitungen gegen Ex-Soldaten von seiten zum Teil vermummter und bewaffneter Demonstranten. Auf Weisung von oben griff die Polizeieinsatzleitung erst ein, als schon Hunderte Delikte begangen worden waren. Vorher hatte man (natürlich vergeblich) einen Polizeipsychologen gegen die Politterroristen zum Einsatz gebracht.
Nach Mitteilung des bayerischen Innenministeriums waren etliche der Festgenommenen den Behörden als Berufskrawallmacher einschlägig bekannt. „Kundgebungsteilnehmer sagten aus, daß die Demonstranten vom Veranstalter sogenannte Handgelder erhalten hätten. So seien bei der Anreise aus der näheren Umgebung 87 Mark, aus weiter entfernten Gebieten 106 Mark als Unkostenbeitrag ausbezahlt worden", berichtete die „Allgäuer Zeitung" am 30. Juli 1985.
Inspiriert von überseeischen „Informanten", brachten bundesdeutsche Medien abenteuerliche Darstellungen über die „Umtriebe der Veteranen" in Nesselwang. In den USA hatte Rabbiner Marc H. Tanenbaum unter anderem „berichtet", die Veteranen seien in drei Tiger-Panzern aus dem 2. Weltkrieg vor dem Hotel vorgefahren.

NEUE-HEIMAT-SKANDAL

Einige korrupte DGB-Spitzengenossen der Neuen Heimat bereicherten sich persönlich und führten das größte Wohnungsbauunternehmen Europas in die Pleite. Milliarden mußten von den Gewerkschaftsmitgliedern aufgebracht werden, um das Schlimmste abzuwenden, weitere Milliarden vom Steuerzahler. Das Ansehen der deutschen Gewerkschaftsbewegung nahm durch das Treiben einer Handvoll Bosse schwersten Schaden.

Ab Ende der 70er Jahre geriet die Neue Heimat immer tiefer in die Verlust-Zone. 1982 wurde NH-Chef Albert Vietor nach Vorwürfen, er habe sich persönlich bereichert, fristlos entlassen. Im Zuge des NH-Skandals kam es zu zahlreichen weiteren Rücktritten beim DGB.

Mitte 1986 war das Unternehmen mit 17 Milliarden Mark verschuldet. Dem Konzern drohte der Konkurs. Nach einem gescheiterten Sanierungsversuch des Brotfabrikanten Horst Schiesser, der den Konzern für eine Mark im September 1986 erworben hatte, mußten die Gewerkschaften die Neue Heimat zurückkaufen.

In der folgenden Zeit sahen sich Bundesländer genötigt, Hunderttausende Wohnungen der Neuen Heimat mit Steuergeldern zu erwerben, um schwere Nachteile für die Mieter zu verhindern. Ende 1986 erwarb Hessen für 259,7 Millionen Mark (bei gleichzeitiger Übernahme der rund 2 Milliarden Mark Schulden) die Regionalgesellschaft Südwest mit 30000 Wohnungen. Der Hamburger Senat beschloß im Mai 1987, der Neuen Heimat für den symbolischen Preis von einer Mark die 6000 in Hamburg gelegenen Wohnungen der Regionalgesellschaft Nord sowie der zur Neuen Heimat gehörenden Nordwestdeutschen Siedlungsgesellschaft abzukaufen und dafür Schulden in Höhe von rund 1,9 Milliarden Mark zu übernehmen.

Die Kosten, die von den Gewerkschaften für die Sanierung der Neuen Heimat aufgebracht werden mußten bzw. müssen, werden auf drei Milliarden Mark geschätzt; Geld, das zur Durchsetzung berechtigter Anliegen der Arbeitnehmerschaft fehlt.

Ein Untersuchungsausschuß des Deutschen Bundestages zur Affäre um die Neue Heimat machte in seinem Januar 1987 erstellten Abschlußbericht geschäftspolitische Fehlentscheidungen der 70er Jahre, Verstöße gegen das Wohnungsgemeinnützigkeitsgesetz sowie die persönliche Bereicherung von Mitgliedern der Geschäftsleitung für die Krise des Wohnungsbaukonzerns verantwortlich.

Weitere Vorwürfe bezogen sich auf Baulandspekulationen großen Ausmaßes, auf Erwerb von zu vielen unverkäuflichen Eigentumswohnungen, auf unzureichende Eigenkapitalausstattung. Auch rechtswidrige Vermögensabflüsse wurden den Neue-Heimat-Bossen zur Last gelegt.

NS-PROZESSE

Mehrfach beugte sich der Deutsche Bundestag ausländischem Druck und verlängerte die Verjährungsfrist für Mord, um angebliche oder tatsächliche „NS-Täter" weiterverfolgen zu lassen. Zuletzt, 1979, wurde die Mordverjährung gänzlich aufgehoben.
Zwei Fragen vor allem betreffen die „Gerechtigkeit" dieser Strafverfolgungen nur gegen Deutsche:
1.) Ist es gerecht, längst „resozialisierte" Personen, die zum Teil im achten und neunten Lebensjahrzehnt stehen, immer noch strafrechtlich zu verfolgen, während Mörder von heute regelmäßig nach 15 Jahren freikommen?
2.) Ist es gerecht, daß nur Deutsche für Kriegstaten verfolgt werden, während ausländische Kriegsverbrecher, die Massenmord an Deutschen zu verantworten haben, ausnahmslos amnestiert bzw. nie verfolgt worden sind?
In seinem Buch „Bilanz der Kriegsgeneration" (Marburg, 1979) schreibt Professor Erich Schwinge: „In der Bundesrepublik Deutschland wurden wegen nationalsozialistischer Verbrechen nicht weniger als 84403 Ermittlungsverfahren eingeleitet, von denen 6732 zu Verurteilungen führten. Nach meiner Schätzung haben diese Prozesse den deutschen Steuerzahler bisher schon über eine Milliarde DM gekostet. Sachkenner rechnen damit, daß diese NS-Prozesse die deutsche Justiz noch bis zur Jahrtausendwende beschäftigen werden. Für den Bundeshaushalt würde das bedeuten, daß dafür noch mehrere 100 Millionen DM aufzuwenden wären."
In einem Bescheid des Justizministeriums NRW vom 5. April 1984 heißt es beispielsweise: „Das Majdanek-Verfahren ist noch nicht rechtskräftig abgeschlossen. Die angefallenen Gerichtskosten sind deshalb noch nicht angesetzt worden. Nach vorläufigen Aufzeichnungen und Kostenschätzungen des Landgerichts Düsseldorf dürfte jedoch an Auslagen für Pflichtverteidiger, Zeugen und Sachverständige mit einem Gesamtaufwand von rund 25 Millionen DM zu rechnen sein."
Im März 1988 meldete die Deutsche Presse-Agentur: „Noch auf Jahre hinaus wird sich die bundesdeutsche Justiz mit Straftaten aus der nationalsozialistischen Vergangenheit beschäftigen müssen. Allein in der Zentralen Stelle der Landesjustizverwaltungen zur Aufklärung von NS-Verbrechen in Ludwigsburg bei Stuttgart liegen

DER JUSTIZMINISTER
des Landes Nordrhein-Westfalen

Der Justizminister NW · Postfach 1103 · 4000 Düsseldorf 1

Hausruf
327/St
Bitte mein Zeichen in der Antwort angeben

Ihr Zeichen und Tag

Mein Zeichen
5600 E - I B. 189

Düsseldorf
5. April 1984

Betrifft

Ihre Anfrage nach den Kosten von NS-Prozessen

Bezug:
Ihr Schreiben vom 6. 2. 1984

Sehr geehrte Frau

Ihre Annahme, daß bei der Aufstellung des Justizhaushalts die auf einen einzelnen Prozeß entfallenden Kosten veranschlagt werden, ist unzutreffend. Eine solche Handhabung ist haushaltstechnisch nicht durchführbar. Vielmehr werden die Auslagen in Rechtssachen anhand von Erfahrungswerten pauschal für ein Haushalts-Jahr veranschlagt.

Dies vorausgeschickt, nehme ich zu den von Ihnen gestellten Fragen wie folgt Stellung:

Das Majdanek-Verfahren ist noch nicht rechtskräftig abgeschlossen. Die angefallenen Gerichtskosten sind deshalb noch nicht angesetzt worden. Nach vorläufigen Aufzeichnungen und Kostenschätzungen des Landgerichts Düsseldorf dürfte jedoch an Auslagen für Pflichtverteidiger, Zeugen und Sachverständige mit einem Gesamtaufwand von rd. 25.000.000,-- DM zu rechnen sein.

Mit freundlichen Grüßen
Im Auftrag

(Dr. Strich)

25 Millionen Mark für einen NS-Prozeß – 40 Jahre nach den Taten. Die Gesamtkosten der Bewältigungsjustiz gehen in die Milliarden.

Staatsanwaltschaft Kleve

Tag: 19.03.1986/G.
Postanschrift: 4190 Kleve, Niederrhein 1
Postfach 1460 · Ringstraße 13
Fernruf: (02821) 87-1
Durchwahl: 87-
Fernschreiber: 08 11 849 lgkle
Erreichbar ab Bahnhof Kleve mit den Buslinien 50, 55, 56 bis Postamt Hagsche Straße

Geschäfts-Nr.: 5 UJs 38/85
Bitte bei allen Schreiben angeben!
Postscheckkto. der Ger.Zahlst. Kleve:
(BLZ 370 100 50) Köln 113 81 – 508

Herrn
Dr. Gerhard Frey
Paosostraße 2

8000 München 60

Betr.:
Ihre Strafanzeige vom 13.12.1985

Sehr geehrter Herr Dr. Frey!

Mit der vorbezeichneten Strafanzeige "gegen den oder die Mörder des einstigen KPD-Vorsitzenden Ernst Thälmann und des einstigen SPD-Reichstagsabgeordneten Rudolf Breitscheid" haben Sie behauptet, es gebe gewichtige Hinweise, daß Thälmann Opfer eines anglo-amerikanischen Bombenangriffs auf das KZ Buchenwald geworden sei. Deshalb erstatteten Sie Anzeige gegen den bzw. die Bomberpiloten und ihre Auftraggeber wegen Mordes.

Ihrem Begehren auf Durchführung entsprechender Ermittlungen kann schon deshalb nicht entsprochen werden, da Kriegshandlungen von Mitgliedern ausländischer Streitkräfte von deutschen Behörden nicht verfolgt werden können.

Hochachtungsvoll

(Dr. Bähr)
Leitender Oberstaatsanwalt

Daß SPD-Breitscheid bei einem anglo-amerikanischen Bombenüberfall auf das KZ Buchenwald sterben mußte, ist unbestritten. Viele Anhaltspunkte sprechen dafür, daß das gleiche Schicksal auch KPD-Thälmann widerfuhr. Deshalb erstattete Dr. Frey Anzeige gegen die Verantwortlichen des Bombenterrors. Doch der gewaltsame Tod der beiden Marxisten bleibt ebenso ungesühnt wie der Mord an vielen hunderttausend deutschen Zivilisten, die im Feuersturm des Bomben-Holocausts umkamen. Die Verfolgung Deutscher jedoch, die heute 70, 80 oder gar 90 Jahre alt sind, geht unvermindert weiter.

derzeit schätzungsweise 5500 Vorermittlungsverfahren, die demnächst an die entsprechenden Staatsanwaltschaften weitergegeben werden. Sie sind von etwa 22000 Fällen übriggeblieben, die von den 45 Mitarbeitern, unter ihnen 19 Staatsanwälte und Richter – im vergangenen Jahr überprüft wurden. 8000 Akten müssen noch durchforstet werden."

Massenverbrechen an Deutschen wurden nach 1945 von den Staaten der Täter ausnahmslos offiziell oder inoffiziell (durch Nichtverfolgung) amnestiert.

In dem am 26. Mai 1952 (England kam 1954 hinzu) zwischen der Bundesregierung und den Regierungen der ehemaligen Westalliierten geschlossenem „Überleitungsvertrag" erkannte Bonn die Generalamnestie aller Unrechtstaten an Deutschen pauschal an.

Am 20. Mai 1988 hieß es in der Deutschen National-Zeitung: „Nach einer kürzlich durchgeführten Meinungsbefragung des Bielefelder Emnid-Instituts haben sich mehr als die Hälfte der Bundesdeutschen gegen eine weitere Verfolgung und Verurteilung von Kriegsverbrechern ausgesprochen. Dieses Ergebnis ist um so erstaunlicher, da durch ein jahrzehntelanges Trommelfeuer der Massenmedien immer wieder die Verfolgung von Untaten gefordert wird, die fast 50 Jahre zurückliegen."

OSTGEBIETE

In Ostoberschlesien und in den seit 1945 unter polnischer Verwaltung stehenden deutschen Ostgebieten wohnen nach Mitteilung des Bonner Auswärtigen Amtes 1,1 Millionen Personen deutscher Volkszugehörigkeit. Andere Schätzungen erwähnen 1,5 Millionen Deutsche im polnischen Machtbereich.

Das Leben dieser Deutschen ist bestimmt von rücksichtsloser Unterdrückung der Volkstums- und Menschenrechte. Gottesdienste und seelsorgerische Betreuung in deutscher Sprache werden selbst in Gebieten mit hohem deutschen Bevölkerungsanteil untersagt. Der Gebrauch der deutschen Sprache wird mit Verfolgung geahndet. Deutsch als Unterrichtssprache ist an den Schulen verboten. Wer einen Ausreiseantrag in die Bundesrepublik stellt, wird drangsaliert. Zur Situation dieser Deutschen stellt der Sprecher der UNO-Menschenrechtskommission, der Wiener Professor für Öffentliches Recht, Felix Ermacora, fest, daß sie ohne Schutzmacht seien, weil Bonn, obwohl nach dem Grundgesetz dazu verpflichtet, seine Schutzfunktion nicht wahrnehme. Die Forderung nach mehr Rechten für diese Deutschen wurde von etablierten bundesdeutschen Politikern nicht einmal auf die Tagesordnung genommen. Auch die erheblichen Bonner Finanz- und Wirtschaftshilfen an Polen in Milliardenhöhe wurden nicht an die Bedingung geknüpft, die Lage der unter polnischer Herrschaft lebenden Deutschen zu verbessern.

Die „Deutschen Freundeskreise", eine Gemeinschaft im polnischen Machtbereich lebender Deutscher, überreichten Bundesaußenminister Genscher anläßlich seines Besuches in Warschau im Januar 1988 eine Petition, in welcher sie die Unterdrückung schildern und an Bonn appellieren, Anstrengungen zur Durchsetzung der Volkstums- und Menschenrechte zu unternehmen. In der Petition heißt es:

„Nach dem 2. Weltkrieg wurde ein großer Teil der deutschen Bevölkerung zwangsweise ausgesiedelt. In Kirchen, Schulen, im öffentlichen Leben und sogar im Familienkreis war die deutsche Sprache verboten. Den Deutschen wurde oftmals die polnische Staatsangehörigkeit aufgezwungen, Vor- und Zunamen zwangsweise geändert oder deren Schreibweise polonisiert, Denkmäler mit deutschen Aufschriften auf den Friedhöfen zerstört. In den Massenmedien erfolgte eine planmäßige antideutsche Hetzpropaganda, die auch bis heute noch betrieben wird. Die Heimat wurde uns Deutschen hier entfremdet, und da keine Aussicht auf eine Änderung bestand, entschieden sich viele zur Übersiedlung in die Bundesrepublik Deutschland. Ausreisewillige werden weiterhin schikaniert. Kündigungen des Arbeitsplatzes, Rückstufung in eine minderbezahlte Stellung, jahrelange Sperrung von Gehaltserhöhungen und Veranlassung zur ‚Selbstkündigung' waren an der Tagesordnung. Manche unserer Freunde, die bisher für ihre vorbildliche Arbeit Anerkennung, Lob und Auszeichnung erhielten, wurden gleichfalls von Stund an, wo ein Ausreiseantrag gestellt wurde, den gleichen Schikanen ausgesetzt. Seit der Unterzeichnung des deutsch-polnischen Vertrages im Jahr 1970 sind bereits 17 Jahre verstrichen, und nichts hat sich in unserer Angelegenheit verändert. Unsere Jugend darf nicht ihre deutsche Volkszugehörigkeit angeben, die sie doch von ihren Vorfahren geerbt hat. Oftmals ist ihr der Zutritt in eine Mittel- oder Höhere

Schule versagt. Sie ist militärpflichtig, aber zur Abschreckung nur für Dienstleistungen in Arbeits- und Strafkompanien bestimmt. Da wir weder von der Bundesrepublik Deutschland noch von seiten der Menschenrechtsorganisationen konkrete Hilfe erhielten, versuchten vier Initiativgruppen in Schlesien bereits in den Jahren 1984 bis 1985 die Gründung einer Organisation der deutschen Minderheit in Polen. Dieser Antrag und auch spätere zur Legalisierung der deutschen Minderheit wurden durch polnische Behörden abgelehnt; desgleichen ins Innenministerium eingereichte Widersprüche. Unsere Tätigkeit wird eifrig vom polnischen Sicherheitsdienst kontrolliert. Verhöre unserer Mitglieder sind an der Tagesordnung. Mit Drohungen und Einschüchterungen will man den Beitritt zum deutschen Freundeskreis beschränken, was auch oft gelingt. Viele der hier wohnenden Deutschen haben noch die Jahre nach dem 2. Weltkrieg in Erinnerung und am eigenen Leibe erfahren, was es heißt, sich zum Deutschtum zu bekennen. Ohne Unterstützung der Bundesregierung dürfen wir somit nicht auf ein schnelles Anwachsen der Mitglieder rechnen."

Für die Warschauer Junta allerdings ist das Deutschenproblem endgelöst. Anfang 1988 meldete die polnische Nachrichtenagentur PAP: „Zur Frage einer deutschen Minderheit in Polen sagte Regierungssprecher Jerzy Urban auf einer Pressekonferenz in Warschau: ‚Einige Kreise in der BRD behaupten, in Polen gebe es eine deutsche Minderheit mit mehr als einer Million Personen. Das ist absurd. Die deutsche Minderheit ist im Laufe mehrerer Ausreisewellen verschwunden – unmittelbar nach dem Krieg, als sich die Selbstbestimmung des Volkes vollzog und später, als es zu der Ausreisewelle in den 70er Jahren kam sowie im Verlaufe der jüngsten Familienzusammenführung."

Ein besonderes Kapitel ist der ökologische und ökonomische Raubbau der polnischen Machthaber am deutschen Osten. Obwohl die Ostgebiete früher einen großen Teil des deutschen Volkes mit landwirtschaftlichen Produkten versorgten, ist Polen heute ein ernährungspolitisches Notstandsgebiet.

Wolf Olschlies, Mitarbeiter des Institutes für Internationale und Osteuropäische Forschung in Köln, veröffentlichte 1987 eine Untersuchung über die verheerende ökologische Lage im polnischen Machtbereich. Demzufolge sind die deutschen Ostgebiete besonders betroffen von dieser Art der Warschauer Mißwirtschaft. Das Buch mit dem Titel „Bald ist Polen doch verloren – Umweltzerstörungen hinter Oder und Neiße" stützt sich im wesentlichen auf offizielle polnische Angaben und auf Berichte in polnischen Zeitungen. Mehr als 50 Prozent aller Flußläufe im polnischen Machtbereich sind so verschmutzt, daß sogar die Industrie das Wasser nicht mehr nutzen kann. Weniger als die Hälfte der Städte verfügen über Kläranlagen. Der Schmutz gelangt über die Flüsse in die Ostsee, so daß die zulässigen Belastungen in der Danziger Bucht um das Hundertfache überschritten sind. Der Schadstoffe wegen weisen rund 40 Prozent der Waldflächen schwere Schäden auf. Olschlies zitiert einen Hirtenbrief des Bischofs von Kattowitz: „Kein einziger Fluß im Bereich des oberschlesischen Industriegebietes entspricht den Normen für Gewässerreinheit, sie sind einfach offene Gossen. In vielen Gemeinden verschluckt Smog ein Viertel, ein Drittel oder einen noch größeren Teil des Sonnenlichtes." In Oberschlesien sei deshalb die Zahl von Lungenerkrankungen, vor allem jedoch die Sterberate unter Säuglingen, erschreckend hoch.

OSTPOLITIK

Eine Begriffsmanipulation ging auch in bezug auf die deutschen Ostgebiete vonstatten, die gemäß Entscheidung des Bundesverfassungsgerichts nicht aus ihrer rechtlichen Zugehörigkeit zu Deutschland entlassen worden sind.
Aus den „unverzichtbar zu Deutschland gehörenden Territorien" (Jargon etablierter Politiker in den 50er und frühen 60er Jahren) wurden die „ehemaligen deutschen Ostgebiete" und neuerdings – so die Diktion des stellvertretenden CDU/CSU-Fraktionsvorsitzenden im Bundestag, Volker Rühe – der „polnische Lebensraum".
Nicht anders erging es dem Begriff der Vertreibung. Hier leistete Bundespräsident Richard von Weizsäcker in seiner Rede zum 8. Mai 1985 Vorreiterdienste. Er nannte nämlich die Vertreibung eine „erzwungene Wanderschaft von Millionen Deutschen nach Westen". Von diesem Wort ist es nicht mehr weit bis zur Sprachregelung des polnischen Generaldiktators Jaruzelski, der den mit Millionen Leichnamen vertriebener Deutscher gesäumten Leidensweg als „Auswanderung aus der Volksrepublik Polen" bezeichnet.

Deutsche, die in den polnischen Machtbereich einreisen wollen, müssen einen Visumsantrag stellen. Für Vertriebene gilt es, den Punkt 11 des Antrages auszufüllen. Da heißt es: „Datum der Auswanderung(!) aus der Volksrepublik Polen."
Deutsche, die beim Bundespräsidenten darüber Beschwerde führen und Gegenmaßnahmen fordern, läßt Richard von Weizsäcker folgenden Bescheid zukommen: „Was die Formulierung von Fragen in Visa-Anträgen betrifft, so ist dies eine souveräne Entscheidung des Staates, der das Visum erteilt, das heißt im vorliegenden Fall der Volksrepublik Polen."
Als stellvertretender CDU/CSU-Fraktionschef im Deutschen Bundestag sorgte von Weizsäcker in den 70er Jahren hinter den Kulissen dafür, daß die Brandtsche Ostpolitik – die im wesentlichen der Festigung des Status quo diente – passieren konnte, während CDU und CSU der Öffentlichkeit vorspiegelten, einen „heißen Kampf" gegen Brandt auszufechten.
Im Bundesrat war der seinerzeitige Ministerpräsident Helmut Kohl von Weizsäcker behilflich. 1985 sagte Kohls Nachfolger im Amt des Ministerpräsidenten, Bernhard Vogel, in einem Interview mit dem Deutschlandfunk: „Ich sage, was ich auch in Polen gesagt habe: Bundeskanzler Kohl hat als Ministerpräsident von Rheinland-Pfalz ganz wesentlich mit dazu beigetragen, daß es zu der Verabschiedung des Warschauer Vertrages im Bundesrat damals gekommen ist."
Noch im Verlaufe des Bundestagswahlkampfes Ende 1986/Anfang 1987 waren CDU/CSU-Propagandisten bemüht, eine „Wende" in der Ostpolitik glaubhaft zu machen. Bald darauf schlagzeilte die westdeutsche Tagespresse: „Kanzler kündigt außenpolitische Kontinuität an." Vor der Bundespressekonferenz stellte der Kanzler heraus, daß die Außenpolitik kontinuierlich bleibe. Angesprochen auf die „CSU-Forderung" nach einer Abkehr von der „Entspannungspolitik" bisheriger Machart, meinte der Regierungschef, man müsse zwischen politischem Inhalt und Worthülse (!) unterscheiden. Die Ostverträge seien gültig. Auch der CSU-Vorsitzende habe darauf ausdrücklich hingewiesen. Wenn der „Rauch der Schlacht der Bundestagswahl" vorbei sei, werde man auch die Ostbeziehungen wieder „intensivieren", sagte Kohl.
CDU-Ministerpräsident Lothar Späth bedankte sich 1985 auf bemerkenswerte Weise für die Auszeichnung, die er kurz zuvor von den Vertriebenen erhalten hatte: Er reiste nach Warschau und bekannte

Deutscher Bundestag — 8. Wahlperiode — 211. Sitzung. Bonn, Donnerstag, den 17. April 1980 16901

Dr. Hennig (CDU/CSU): Ich will Ihnen eine praktische Frage stellen. Nehmen wir einmal einen ganz persönlichen Fall, nämlich meinen Fall. Darf ich Sie fragen, ob ich, als ich am 23. Januar 1945 zusammen mit meinen Eltern meine Heimatstadt Königsberg vor den heranrückenden sowjetischen Truppen verlassen mußte, Objekt einer Bevölkerungsverschiebung oder Vertriebener war?

Dr. von Dohnanyi, Staatsminister: Herr Kollege, ich vermute, daß Sie und Ihre Familie — Sie waren, wie ich Ihnen ansehe, zu diesem Zeitpunkt noch sehr jung — Ihre Heimatstadt aus Furcht vor den anrückenden sowjetischen Truppen verlassen haben. Aber es hätte Sie niemand daran gehindert, abzuwarten und dort zu bleiben.

Auszug aus dem amtlichen Protokoll des Deutschen Bundestages. Der damalige Staatsminister von Dohnanyi zum heimatvertriebenen Dr. Hennig: „Es hätte Sie niemand daran gehindert, abzuwarten und dort zu bleiben."
In der amtlichen Dokumentation der Bundesregierung „Die Vertreibung der deutschen Bevölkerung aus den Gebieten östlich der Oder-Neiße" (erschienen in den 50er Jahren) heißt es über das Schicksal der in Königsberg verbliebenen Deutschen: „Nach mehreren übereinstimmenden Schätzungen waren im eingeschlossenen Königsberg 100000 Personen zurückgeblieben. Bei den Kämpfen um die Stadt und in den ersten Tagen nach der Besetzung, als die Masse der Bevölkerung aus der Stadt hinaus und kreuz und quer durchs Land getrieben wurde, sollen nach russischen Angaben 30000 Personen ums Leben gekommen sein. Das Gros der Zivilbevölkerung wurde von den Russen wochenlang in provisorischen Lagern festgehalten, wo weiterhin mehrere tausend starben. Nach übereinstimmender Schätzung von damals in Königsberg tätig gewesenen Ärzten und Geistlichen lebten im Sommer 1947 nur noch zwischen 22000 und 24000 Deutsche in der Stadt. Nach vorsichtigen Berechnungen sind in Königsberg unter sowjetischer Besatzung und Verwaltung bis Ende 1947 fast 50000 Deutsche gestorben, wozu noch 30000 Tote durch die Kampfhandlungen und die ‚Propagandamärsche' nach der sowjetischen Besetzung kommen."

sich dort ausdrücklich zur Brandtschen Ostpolitik und den Ostverträgen, die „nicht nur der Form nach, sondern auch inhaltlich zu erfüllen" seien. Seine Partei habe in dieser Beziehung „einen gewissen Nachholbedarf". Von Kanzler Kohl „erwarte" Polen, daß er in Sachen Schlesien „einen Schlußstrich" setze, sagte Späth. Warschaus

Pressesprecher Urban zeigte sich zufrieden über Späths Einlassungen, weil „er den Standpunkt der Bundesrepublik bestätigte, daß sie sich von allen territorialen Ansprüchen lossagt". Tatsächlich erhebt die Volksrepublik Polen durch Besetzung und damit permanenten Rechtsbruch widerrechtlichen Anspruch auf deutsches Territorium. Der stellvertretende CDU/CSU-Bundestagsvorsitzende Volker Rühe schließlich prägte den bisher weitestgehenden Terminus, indem er die deutschen Ostgebiete als „polnischen Lebensraum" bezeichnete: „Wir werden dies achten und nicht in Frage stellen."

In einem Punkt allerdings gab es eine „Wende" bei Ostpolitik und deutsch-rotpolnischen Beziehungen: Die Regierung Kohl gewährte Warschau mehr Milliardenkredite und -geschenke als die sozialdemokratisch geführte Vorgängerregierung in Bonn.

Mitte 1986 bereits bestätigte die Bundesregierung auf eine parlamentarische Anfrage, daß sich die Schulden der Volksrepublik Polen gegenüber der Bundesrepublik Deutschland auf 10,5 Milliarden Mark belaufen. Diese Summe setzt sich zusammen aus staatlich verbürgten Lieferanten- und Finanzkrediten in Höhe von 7,3 Milliarden Mark und Zahlungsverpflichtungen aus dem Umschuldungsabkommen 1982–1985 in Höhe von 3,2 Milliarden Mark.

PARTEIENFINANZIERUNG

Seit Jahrzehnten schon bedienen sich etablierte Parteien in Milliardenhöhe aus der Steuerkasse. Allein auf dem Umweg der Parteistiftungen gelangten in den letzten Jahren Milliarden Steuergeld an die Etablierten.

Bei jeder Bundestagswahl kassieren die Parteien insgesamt 225 Millionen Mark aus der Steuerkasse, also knapp eine Viertelmilliarde. Diese Summe wird aufgeteilt gemäß der erreichten Wahlprozente. Kleinparteien, die unter 0,5 Prozent gelandet sind, erhalten nichts. Ihr Anteil (und ebenso der Anteil der Nichtwähler) wird zur Beute der Größeren.

Das wiederholt sich auch bei jedem Europa-Votum. Und noch einmal insgesamt eine Viertelmilliarde Mark gibt es bei den elf Landtagswahlen.

Diese drei Posten zusammengerechnet (Bundestags-, Landtags- und

Europawahl) ergeben insgesamt 675 Millionen Mark für Parteien aus der Steuerkasse in jeder Legislaturperiode.
Damit nicht genug. Fast ebenso reichlich werden die Fraktionen des Bundestags und der Landesparlamente von der öffentlichen Hand bedient. 1987 kassierten die Fraktionen des Hohen Hauses in Bonn 62,4 Millionen Mark an staatlichen Zuwendungen. Und die Fraktionen der Landtage brachten es 1987 auf zusammen 61,37 Millionen Mark Steuergeldzuschuß.
In diesen Summen keineswegs enthalten sind die ohnehin großzügigst bemessenen Diäten und geldwerten Leistungen für die Damen und Herren Abgeordneten.
Damit steigt der Steuergeld-Pegel für Parteien auf über eine Milliarde Mark pro Legislaturperiode. Diese im Selbstbedienungsverfahren bewilligten Staatsgelder übertreffen die Spendeneinnahmen der Etablierten um ein Mehrfaches.
Am schlechtesten mit dem Geld umgehen können offenbar die Führungsgremien der Christdemokraten. Trotz der gigantischen Finanzströme, welche sich in die von Schatzmeister Walter Leisler-Kiep verwaltete monströse CDU-Schatulle ergießen, schloß die CDU 1986 mit einem Negativsaldo in Höhe von 30 Millionen Mark ab.

PARTEISPENDENAFFÄRE

In einer verschwindend geringen Anzahl von Fällen führen Gaunereien von Etablierten zu strafrechtlicher Ahndung. Das meiste wird unter den Teppich gekehrt.
Eine Ausnahme von der Regel war die Bestrafung von führenden Vertretern des Establishments im Zuge der Parteispendenaffäre. Das Bonner Landgericht verurteilte im Februar 1987 den ehemaligen Flick-Manager Eberhard von Brauchitsch sowie die Ex-Wirtschaftsminister Hans Friderichs und Otto Graf Lambsdorff wegen Steuerdelikten. Brauchitsch erhielt wegen Steuerhinterziehung eine Freiheitsstrafe von zwei Jahren, die bei Zahlung einer Geldbuße von 550000 Mark auf drei Jahre zur Bewährung ausgesetzt wurde. Ebenfalls wegen Steuerstraftaten wurden Lambsdorff zu 180000 DM und Friderichs zu 61500 DM Geldstrafe verurteilt. Lambsdorff erhielt

515000 Mark Prozeßkostenhilfe aus der Steuerkasse, Friderichs 549000 Mark. Den Karrieren dieser Leute hat der Skandal wenig geschadet. Lambsdorff galt schon wenig später als „ministrabel" und wurde 1988 FDP-Chef. Friderichs wurde von der EG-Kommission als einer von drei „Wirtschaftsweisen" benannt. Im April 1988 trug ihm FDP-Chef Bangemann die Spitzenkandidatur zur EG-Wahl 1989 an.

Der fast anderthalbjährige Parteispenden-Prozeß galt als entscheidendes Verfahren zur Untersuchung windiger Praktiken bei steuerbegünstigter Parteienfinanzierung über Stiftungen und „staatsbürgerliche Vereinigungen". Nach Ansicht des Kammervorsitzenden Buchholz sei weiterhin nicht auszuschließen, so meint er, daß die beiden Ex-Minister in ihrer Amtszeit vom Flick-Konzern Barzahlungen erhalten hätten, als in ihrem Ministerium Anträge des Konzerns auf Steuerbefreiungen behandelt wurden. Eine „Unrechtsvereinbarung" (Zahlung als Gegenleistung für vergangene oder zukünftige Dienste) sei allerdings „nicht nachzuweisen".

In der Urteilsbegründung des Bonner Landgerichts hieß es u.a.: „Nahezu alle Zeugen fielen durch ihr schlechtes Erinnerungsvermögen auf". Der Kammer sei natürlich klar, daß hier vieles von den Zeugen – aus welchen Gründen auch immer – „zurückgehalten wurde".

Auch ein Bundestagsausschuß war eingesetzt worden, um den Vorwurf zu prüfen, der Flick-Konzern habe mit Parteispenden Einfluß auf Entscheidungen der Regierung genommen. Dieses bundestagsinterne Verfahren ging jedoch – wie üblich – aus wie das Hornberger Schießen.

Aufschlußreich waren jedenfalls die Vernehmungen führender etablierter Politiker. So gab Kanzler Kohl unumwunden zu, daß er und andere Etablierte gegen geltendes Recht und Gesetz verstoßen haben. Geahndet wurde dieser Rechtsbruch nicht.

Auszug aus der Vernehmung Kohls:

Sie haben doch eine Verpflichtung aus Artikel 21 Grundgesetz in Verbindung mit Paragraph 25 des Parteiengesetzes, die Spender namhaft zu machen.

Kohl: Zu den Fehlern, die wir uns vorzuhalten haben, gehört, daß wir diese rechtliche Festlegung nicht eingehalten haben.

Darf ich Ihre Antwort so verstehen, Herr Zeuge, daß Sie bewußt gegen diesen Verfassungsartikel verstoßen haben?

Kohl: Wir alle, also das heißt: der Kollege Brandt, der Kollege Scheel, der Kollege Genscher, der Kollege Strauß und ich und alle unsere Schatzmeister.
War Ihnen bekannt, daß nach der Rechtsprechung des Bundesverfassungsgerichts zu den zentralen Geboten das Gebot der Namhaftmachung gehörte?
Kohl: Ich habe Ihnen die Antworten gegeben. Wir haben alle in dieser Sache gegen die gesetzlichen Bestimmungen verstoßen.
Darf ich Ihre Antwort so verstehen, daß Sie bewußt dagegen verstoßen haben?
Kohl: Alle demokratischen Parteien haben hier die gesetzlichen Verpflichtungen nicht erfüllt.
Bleibt noch anzumerken, daß Kohl unter „alle demokratischen Parteien" CDU, CSU, SPD und FDP versteht.

PRO FAMILIA

Mit Millionen aus der Steuerkasse wird die Organisation Pro Familia finanziert. Was diese Vereinigung unter „Schutz des Lebens" versteht, hat ihre langjährige Vorsitzende Melitta Walter wie folgt dargelegt: „Die Frauen sollen die Möglichkeit haben, morgens in eine Arztpraxis zu gehen, den Schwangerschaftsabbruch durchführen zu lassen und zwei Stunden später nach Hause zu gehen." Sie geißelt das Ziel, „Frauen zu überreden, eine Schwangerschaft auszutragen. Das ist Druck, Machtausübung". Eine ihrer Hauptforderungen: „Ich will die ersatzlose Streichung des Paragraphen 218." Das aber käme der völligen Entrechtung der Ungeborenen gleich, die jetzt schon zu Hunderttausenden ums Leben gebracht werden.
Mitte März 1988 eröffnete Pro Familia im CDU-regierten Frankfurt am Main die erste „Condomeria" der Bundesrepublik Deutschland. Es geht dabei um die „Verhütung der unerwünschten Folgen der Sexualität" (so die Wortwahl der linken Frankfurter Rundschau). Gemeint mit „unerwünschten Folgen" sind: Kinder.
Das Frankfurter Blatt schreibt: „Die bunten ‚Gummis' sind der Renner. Ob blau, rot oder grün. Alle Präservative, die sich von den drogerieüblichen Einheitsprodukten abheben, finden in der ersten bundesdeutschen ‚Condomeria' reißenden Absatz."
Nur wenig entfernt vom einschlägigen Handel mit Sex und Sex-

Utensilien, im Bahnhofsviertel, biete die von Pro Familia betriebene Condomeria „ganze Regale mit Kondomen, Diaphragmas oder Aufklärungsbüchern“ an.
„Wir sind zufrieden mit dem Umsatz“, sagt Franz Urhahn. Der Diplom-Pädagoge ist einer von vier Helfern, die den Kondom-Laden betreiben und über die „Profamilia-Vertriebsgesellschaft“ Aufklärungsschriften und Verhütungsmittel in die ganze Bundesrepublik versenden.
Um „bessere und billigere Verhütungsmittel“ unters Volk zu bringen und dabei Kasse zu machen, hatte Pro Familia („Deutsche Gesellschaft für Sexualberatung und Familienplanung“) Laden und Vertrieb gegründet.
Als besonderen „Gag“ hat die Frankfurter Condomeria Präservative mit Zitronen-, Erdbeer- oder Bananengeschmack vorrätig.

RAUSCHGIFTSEUCHE

Über die Rauschgiftkriminalität berichtet die offizielle Polizeiliche Kriminalstatistik 1987:
„Bei den Rauschgiftdelikten wurde im Berichtsjahr eine Zunahme um 9,0 Prozent auf 74894 Fälle registriert. Damit setzte sich der auch langfristige extrem starke Anstieg weiter fort, wie aus der nachstehenden Übersicht über die Entwicklung seit 1967 deutlich wird, in der sich allerdings nicht zuletzt auch die gesteigerten Bekämpfungsaktivitäten von Polizei und Zoll niederschlagen:

1967: 1349 Fälle
1977: 39089 Fälle
1985: 60941 Fälle
1986: 68694 Fälle
1987: 74894 Fälle

Erheblich angestiegen sind die registrierten Heroinfälle (Handel, Schmuggel und allgemeine Verstöße gegen das Betäubungsmittelgesetz zusammengenommen) um 27,3 Prozent auf 19750 sowie die Kokainfälle um 19,4 Prozent auf 3156. Bei den Cannabisfällen gab es dagegen nur eine geringfügige Änderung mit plus 0,4 Prozent auf 45947 Fälle. Bei den Drogentoten zeigt sich in den letzten Jahren eine wieder ansteigende Tendenz:

1985: 324 Drogentote
1986: 348 Drogentote
1987: 442 Drogentote“

Einen weiteren Hinweis auf die Entwicklung der Rauschgiftkriminalität gibt die Anzahl der polizeilich festgestellten Erstkonsumenten harter Drogen:

	Anzahl der Erstkonsumenten von		
	Heroin	Kokain	Amphetamin
1983:	2357	339	145
1986:	2561	684	513
1987:	3232	832	740

Siegbert Seitz, persönlicher Referent des hessischen Innenministers, gab im Frühjahr 1988 folgende Zahlen bekannt: Allein in Frankfurt/Main kennt die Polizei 3231 Drogensüchtige. Die Dunkelziffer eingerechnet, müssen von 5000 Menschen ausgegangen werden, die rauschgiftsüchtig seien. Deshalb gibt es eine riesige Beschaffungskriminalität. Rauschgiftsüchtige verüben Straftaten, um Geld für die Drogen zu bekommen, oder sie begehen einen „Bruch“ in Apotheken.

Referent Seitz: „Beginge jeder von ihnen nur einmal wöchentlich eine Straftat, so fielen pro Jahr allein 250000 Delikte auf Beschaffungsmaßnahmen Drogenabhängiger. Bei 5000 Drogensüchtigen kann man von 500 bis 600 Kilogramm eines 10- bis 20prozentigen Heroingemisches ausgehen, das allein im Dienstbezirk Frankfurt umgesetzt wird. Hochgerechnet bedeutet dies einen Kapitalbedarf von rund 200 Millionen Mark.“

Ein erheblicher Teil der Untersuchungs- und Strafhäftlinge in der Bundesrepublik sind süchtig. Rauschgiftsucht und Kriminalität hängen eng miteinander zusammen. Unter den Rauschgiftsüchtigen und durch sie verbreitet sich in erschreckendem Umfang die Todesseuche Aids.

Bericht aus der „Frankfurter Rundschau“ über eine besonders schreckliche Folge der Rauschgiftsucht: „Frankfurt/Main, Spielplatz Battonnstraße: gebrauchte Heroin-Einwegspritzen im Sandkasten, blutige Papiertaschentücher in der Spielhütte, und die Kinder brin-

RAUSCHGIFTDELIKTE
Entwicklung in der Bundesrepublik Deutschland

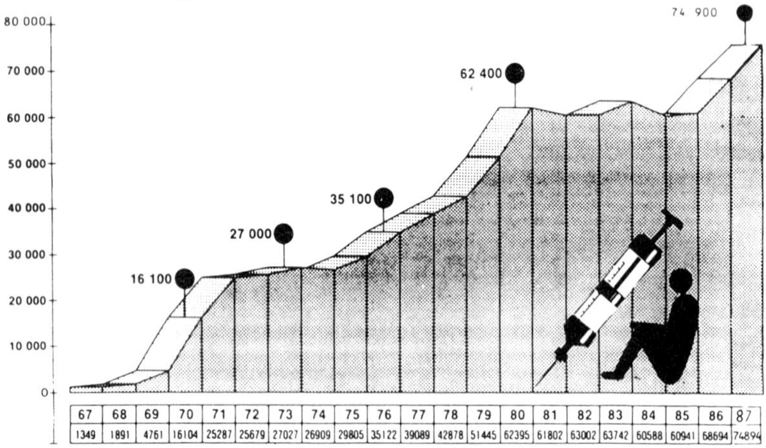

Quelle: BKA

Mit fast 75 000 im Jahr 1987 hat die Zahl der Rauschgiftdelikte in der Bundesrepublik einen neuen Höhepunkt erreicht. Es waren annähernd 15 000 Delikte mehr als 1982, zu Beginn der „Wende". Die Dunkelziffer ist hoch. An den Folgen des Suchtmittelkonsums starben 1987 442 Menschen in der Bundesrepublik, 94 mehr als im Jahre 1986. Seit der „Wende" wurden rund 2000 Drogentote registriert, vorwiegend Jugendliche und Heranwachsende.

gen die Spritzen schon mit nach Hause und fragen, was das ist. Angst, Verunsicherung und auch Haß prägen den Lebensalltag der Bewohner der Postsiedlung nahe der Staufenmauer. Die Rauschgift-Szene hat offenbar auf dem Spielplatz und den ihn umgebenden Grünanlagen einen neuen Treffpunkt gefunden. Neben dem Rauschgifthandel berichten die Anwohner auch von Überfällen am hellichten Tag. Menschen werden geprügelt und beraubt und nach 19 Uhr trauen sich die alten Leute schon gar nicht mehr auf die Straße."
Am 6. Mai 1988 veröffentlichte der Deutsche Anzeiger folgende Vorschläge der Deutschen Volksunion – Liste D zur Bekämpfung der

Rauschgiftseuche. Diese Auflistung ist zugleich eine Übersicht der Versäumnisse Etablierter. Die DVU-Forderungen lauten:
- Einführung der lebenslangen Haftstrafe für Bosse des Rauschgifthandels.
- Verbot der drogenverherrlichenden Propaganda.
- Verschärfte Grenzkontrollen, da das Rauschgift von außerhalb nach Deutschland eingeführt wird.
- Sofortige Ausweisung ausländischer Rauschgiftverbrecher, wenn eine rechtsstaatliche Strafverfolgung in deren Heimat gewährleistet ist.
- Sofortige Ausweisung hierzulande verurteilter ausländischer Rauschgiftverbrecher nach Strafverbüßung.
- Sofortige Abschiebung von Rauschgifttätern aus Asylantenkreisen.
- Lebenslanges Einreiseverbot für überführte Rauschgiftverbrecher.
- Verschärfte Rauschgiftrazzien.
- Einführung eines Schulfaches Gesundheitserziehung mit besonderem Schwerpunkt Suchtmittelaufklärung.
- Verstärkte Berücksichtigung der Gesundheitserziehung und Suchtmittelaufklärung auch bei der Bundeswehr.
- Verbessertes Freizeitangebot für Jugendliche durch Bund, Länder und Gemeinden, insbesondere Förderung des Schul- und Breitensports sowie kultureller Freizeitmöglichkeiten.
- Bekämpfung der Bindungslosigkeit junger Menschen durch Stärkung der grundgesetzlich geschützten Ehe und Familie; Schluß mit Bildungsreformen, die auf Schwächung und Zerstörung von Ehe und Familie abzielen.

RECHTSTERROR FINGIERT

Nahezu sämtliche „rechte Terrortaten" entpuppen sich entweder als Delikte von Irren oder unpolitischen Kriminellen bzw. als vom politischen Gegner gesteuert, um die Rechten zu diskreditieren. Dabei haben häufig Geheimdienste die Hände im Spiel. Nicht selten mischt auch der Verfassungsschutz mit, um jene Krankheit zu schaffen, als deren Therapie er sich ausgibt. Im folgenden einige bezeichnende Beispiele.

Als 1959 eine Welle antisemitischer Schmierereien durch die Bundesrepublik ging, war die Empörung hierzulande und in aller Welt groß. Im Ausland sprach man von „wiedererwachendem Judenhaß". Wie der ehemalige amerikanische Abwehroffizier John Barron in seinem Buch „KGB" berichtet, war alles das Werk des sowjetischen Geheimdienstes.

Den KGB-General Agayants bezeichnet Barron als wahren Verantwortlichen der damaligen Geschehnisse. Er habe probeweise von seinen Agenten auf den Dörfern um Moskau jüdische Gräber mit Hakenkreuzen beschmieren lassen. Wenige Wochen später – Ende 1959 – startete der KGB in der Bundesrepublik und anderen westlichen Ländern den Propagandafeldzug unter der Assistenz von Agenten aus der „DDR".

Infolge der Welle von Hakenkreuzschmierereien kam es zu einer Hetzkampagne gegen die politische Rechte, worunter ganz besonders die Deutsche Reichspartei (DRP) zu leiden hatte. Ihr Landesverband Rheinland-Pfalz wurde sogar verboten, wobei sich der damalige jüngste Landtagsabgeordnete in Rheinland Pfalz, Helmut Kohl, als radikalster Einpeitscher gegen die politische Rechte hervortat.

Schon frühzeitig mutmaßte die National-Zeitung, daß ausländische Geheimdienste ihre Hand im Spiel hätten, um deutschen Lebensinteressen Schaden zuzufügen und eine neue antideutsche Welle rund um die Welt ins Rollen zu bringen mit dem Ziel, die Bundesrepublik politisch und finanziell gefügig zu machen. Die Vermutung wurde Jahre später von Barron bestätigt.

In ihrer Ausgabe 1/1983 berichtete die Deutsche National-Zeitung: „Die letzten Monate brachten atemberaubende Enthüllungen über ‚rechte Terroristen'. Es begann damit, daß einer der Drahtzieher des ‚Rechtsterrorismus' namens Udo Albrecht ausgerechnet in die ‚DDR' flüchtete. Sodann erschienen Meldungen über maßgebliche Tatbeteiligung von Abteilungen des ‚Verfassungsschutzes' an kriminell ‚rechtsextremen' Umtrieben. Ein V-Mann wurde zwar in zwei Instanzen verurteilt, brauchte seine Strafe aber nie antreten. Jetzt soll er vom Bundespräsidenten begnadigt werden. Denken wir an die furchtbare Bombenexplosion beim Oktoberfest 1980. Beinahe zwei Jahre lang hieß es in den Massenmedien, ein ‚rechtsextremistisches

„Rechtsterror" – vom Verfassungsschutz inszeniert

Das Urteil gegen die „Braunschweiger Gruppe"

Schlagzeile aus der Deutschen National-Zeitung Nr. 10/1981.

Verbrechen' sei begangen worden. Vor kurzem jedoch gab das Landeskriminalamt bekannt: Es gibt keinen ‚rechtsextremen', ‚neonazistischen' oder ähnlichen Hintergrund der Tat. Zwischendurch immer wieder große Berichte über Funde ‚illegaler Waffenlager' bei ‚Rechtsextremisten' – Nachher stellte sich jedoch heraus, daß die Waffen entweder ordnungsgemäß angemeldet oder aber Attrappen waren."

Anfang 1984 hieß es in der Deutschen National-Zeitung: „In ihrer Ausgabe Nr. 4/1984 suggerierte die Illustrierte ‚Quick' ihren Lesern, daß ‚Rechtsradikale' für den Brandanschlag auf ein Mannheimer Kino verantwortlich seien. Den Tätern gehe es darum, die Aufführung des österreichischen Spielfilms ‚Die Erben' zu verhindern, in dem der unter Jugendlichen angeblich grassierende ‚Neonazismus' angeprangert wird. Schlußfolgerung der ‚Quick' nach dem Mannheimer Kinobrand: ‚Hier will eine militante Minderheit dem deutschen Kinopublikum diktieren, was es zu sehen hat und was nicht. Die Mannheimer Polizei nahm den tatsächlichen Täter fest: einen 51jährigen Mann, der bis zum Sommer 1983 in dem Lichtspieltheater beschäftigt war und aus Verärgerung über seine ‚ungerechtfertigte Kündigung' das Feuer gelegt hat. Der Täter war geständig. Politische Motive waren nicht im Spiel. Doch noch vier Tage nach der Festnahme des Mannheimer Feuerteufels schlagzeilte beispielsweise die Münchner ‚Abendzeitung': Anschläge: Neonazis behindern den Film Die Erben."

Deutscher Anzeiger, Nummer 10/1984: „Helle Aufregung wegen schwarzer Parolen in München. Autofahrer und Fußgänger trauten am Morgen des Dienstags vergangener Woche ihren Augen nicht, als

SONDERBERICHTE 3

Der Terroranschlag auf der Wies'n

„Er wollte dem Führer imponieren"

Attentäter bastelte im Keller die Bombe

Obwohl der mutmaßliche Oktoberfest-Attentäter sich selbst als Grünen-Sympathisant bezeichnet hatte und die Generalbundesanwaltschaft wie das LKA keinen „rechtsradikalen" Bezug erkennen konnten, wird der Anschlag durch die Meinungsindustrie als Tat von „Neonazis" oder „Rechtsextremen" dargestellt.

sie unter anderem die Thalkirchner und Kapuzinerstraße in eine Hakenkreuz-Allee verwandelt sahen. Über Nacht waren die Wahlplakate des CSU-Oberbürgermeisters Kiesl mit dicken schwarzen Symbolen aus der NS-Zeit beschmiert worden. Ein Werk unverbesserlicher Nazis? Die Polizei machte die Täter dingfest. Es handelt sich um drei Studenten der amerikanischen Maryland-Universität: den 19jährigen Ari N., jüdischer Abstammung, und seine Kommilitonen Michael K. und Andrew H., beide 21 Jahre alt. Ihr Motiv: Sie wollen darauf hinweisen, ‚daß es wieder Neonazis gibt'."
Deutscher Anzeiger Nr. 25/1985: „Eine Serie von Brandanschlägen auf türkische Geschäfte in Kassel zwischen September 1981 und Juni 1984 sorgte seinerzeit für Sensationsschlagzeilen. Gewisse Reporter wußten es ganz genau: ‚Rechtsradikale Ausländerfeinde' seien für die Untaten, bei denen nur durch glückliche Umstände keine Men-

Mittwoch, 15. Juli 1987 - 50 Pf
Nr. 161/29 • MÜNCHEN-AUSGABE • C 8757 A ****

Bild

Rotes Hakenkreuz auf der Brust

SPD-Politiker tot in Plastiktüte

Von G. LAHMANN und A. MÖLLER

Der SPD-Politiker und Berufsschullehrer Heinz-Dieter Becker (43) aus Bergkamen wurde möglicherweise Opfer eines Fememordes durch Neonazis. Mit einem roten Hakenkreuz auf der Brust wurde seine an eine Buche gefesselte Leiche in der Nähe Unnas gefunden, der Kopf in einer Plastiktüte. Neben ihm ein Brief: „Du rote Sau, du kommst in die Gaskammer." Weiter S. 5

Laut Berichten vieler Zeitungen soll der SPD-Politiker Becker „Opfer eines Fememordes durch Neonazis" geworden sein. Man habe seine Leiche „mit einem Hakenkreuz auf der Brust" und neben ihr einen Brief gefunden: „Du rote Sau, du kommst in die Gaskammer." Die Staatsanwaltschaft Dortmund gab wenig später das Ergebnis der Obduktion und weitere Untersuchungen bekannt: Danach hat Becker Selbstmord begangen und versucht, seinen Freitod als „politischen Mord durch Rechte" hinzustellen.

schen ums Leben kamen, verantwortlich, hieß es in den Medien. Jetzt teilt die Kasseler Polizei mit, die Feuerteufeleien seien aufgeklärt: die Türken haben sich ihre Geschäfte gegenseitig angezündet, um die Versicherungssummen zu kassieren. Durch selbstgemalte ‚ausländerfeindliche Parolen' lockten sie die Ermittlungsbehörden auf die falsche Fährte."

Deutsche National-Zeitung Nr. 27/1986: „Vor fünf Jahren geisterte die Meldung durch Presseorgane, Munition der Ansbacher Polizeiinspektion sei ‚in die Hände von Rechtsextremisten geraten'. Nun lassen zwei Selbstmorde von Polizeibeamten das Geschehen in einem anderen Licht erscheinen. Ein 54jähriger Hauptkommissar der Polizeidirektion wurde am Schreibtisch erschossen aufgefunden. Und am vorletzten Donnerstag warf sich ein 42jähriger Beamter vor einen Zug der Strecke Nürnberg–Ansbach. Der Beamte habe, so die Ermittlungsbehörden, einen Abschiedsbrief hinterlassen. Der Inhalt des Briefes entziehe der Behauptung, die Munition sei in die Hände von Rechtsextremen gefallen, den Boden."

Deutscher Anzeiger Nr. 9/1987: „Im vergangenen Jahr sorgte eine ganze Reihe von Brandanschlägen und Raubüberfällen auf türkische Geschäfte, Gaststätten und Autos in den hessischen Städten Dillenburg und Haiger für Aufsehen. Gewisse Medien ‚wußten' sofort, wo die Täter zu suchen sind: ‚Rechtsradikale Ausländerfeinde'. Jetzt konnte die vierköpfige Sonderkommission der Kripo den wahren Sachverhalt klären. Die ‚Wetzlarer Neue Zeitung' vom 7. Februar 1987 berichtet: ‚Nicht rechtsradikale deutsche Gruppen stehen hinter den Anschlägen, so wie vielfach vermutet, sondern die Türken selbst. Sie haben Feuer gelegt, um Konkurrenten auszuschalten oder Versicherungsprämien zu kassieren."

Mit der Schlagzeile „Zwei Irre waren Gruppe Ludwig" berichtete der Deutsche Anzeiger Nr. 9/1987: „Wegen zehnfachen Mordes sind in Verona der deutsche Staatsangehörige Wolfgang Abel (27) und der Italiener Marco Furlan (26) zu jeweils 30 Jahre Gefängnis verurteilt worden. Die beiden hatten ihre Opfer, unter anderem italienische Prostituierte und Mönche, auf grausame Weise zu Tode gebracht. Auch ein Brandanschlag auf ein Münchner Tanzlokal geht auf ihr Konto. Die akribische Ermittlungsarbeit der deutschen Kripo führte zur Verhaftung des mörderischen Duos. Bundesdeutsche Sensationsmedien bezeichnen die Kriminellen als ‚Neo-Nazis', weil sie in ihren ‚Bekennerbriefen' (sie nannten sich Gruppe Ludwig) Runenschriften und Hakenkreuze benutzten. Der vom italienischen Gericht zu Rate gezogene Psychiater allerdings kam zu einem anderen Ergebnis. Er diagnostizierte bei beiden akute Geisteskrankheit, weshalb die Irren auch nicht die Höchststrafe, lebenslänglich, erhielten und weshalb ihre Einweisung in eine geschlossene Anstalt verfügt wurde."

Im März 1987 meldete die Nachrichtenagentur ddp: „Zu dem laufenden Ermittlungsverfahren im Zusammenhang mit dem Bombenanschlag auf dem Münchner Oktoberfest, bei dem 13 Menschen getötet worden waren, sagte Generalbundesanwalt Rebmann, die Nachforschungen hätten nichts zutage gebracht, was konkret dafür spreche, daß Angehörige rechtsextremistischer Organisationen mit dem Anschlag in Verbindung stünden."

Schließlich als vorläufiger Höhepunkt noch folgende Notiz aus der Deutschen National-Zeitung Nr. 32/1987: „Laut Berichten vieler Zeitungen soll der SPD-Politiker Becker aus Bergkamen in Westfalen Opfer eines Fememordes durch ‚Neonazismus' geworden sein. Man habe seine Leiche mit einem Hakenkreuz auf der Brust und neben ihr einen Brief gefunden mit der Aufschrift: ‚Du rote Sau, du kommst in die Gaskammer'. Die Staatsanwaltschaft Dortmund gab wenig später das Ergebnis der Obduktion und weiterer Untersuchungen bekannt: Demzufolge hat Becker Selbstmord begangen und versucht, seinen Freitod als ‚politischen Mord durch Rechte' hinzustellen."

RENTENPROBLEM

Viele Rentnerinnen und Rentner leben am Rande oder unterhalb des Existenzminimums. Besonders schlimm betroffen: Witwen, deren Ehemänner niedriges Einkommen bezogen und die selbst infolge des Aufziehens mehrerer Kinder nicht berufstätig waren. Sie, die in schlimmster Zeit für den Fortbestand des Volkes und das Überleben der Gemeinschaft gesorgt haben, werden diskriminiert.
Auszüge aus einem Interview, das Minister Blüm im Herbst 1986 der „Hörzu" gab und das die Unbekümmertheit jenes „Sozial"politikers in bezug auf die Nöte der Kleinrentner zeigt:
„Frage: Was kann eigentlich heute der kleine Rentenempfänger mit seinen 430 Mark im Monat noch erwarten?
Blüm: Die Empfänger niedriger Renten haben in der Regel noch andere Alterseinkommen. Und jede Rente steigt wieder verläßlich und real. Die Kaufkraft der Rentner steigt auch.
Frage: Und dennoch sind viele Bürger skeptisch, beklagen sich, daß sie von der Preisstabilität nicht viel spüren.
Blüm: Ach wissen Sie, da kann ich nur wiederholen, was ich auf dem Landesparteitag in Kassel gesagt habe: Ich habe den Eindruck, daß die Leute vor hundert Jahren mit 35 Jahren zufrieden gestorben sind, während sie sich heute dem achtzigsten Geburtstag entgegenjammern."
Den Ausspruch: „. . . jammern sich dem 80. Geburtstag entgegen" wiederholte Blüm im Wahlkampf Schleswig-Holstein 1988, um sich später darüber aufzuregen, seine Worte seien „entstellt" wiedergegeben worden.

Warum die Renten sicher sind

Ist die Zukunft unserer Renten gesichert? Oder droht der Zusammenbruch der Rentenversicherung? Die Verwirrung ist groß und wird durch die täglichen Nachrichten noch gesteigert. HÖRZU sprach in Bonn mit Arbeitsminister Norbert Blüm

Was kann eigentlich heute der kleine Rentenempfänger mit seinen 430 Mark im Monat noch erwarten?

Die Empfänger niedriger Renten haben in der Regel noch andere Alterseinkommen. Von den Frauen beispielsweise, die eine Witwenrente beziehen, haben 82 Prozent daneben noch andere Einkommen. Und jede Rente steigt wieder verläßlich und real. In diesem Jahr haben die Rentner den höchsten Kaufkraftgewinn seit 1978. Die Renten steigen zwar relativ bescheiden, aber die Preissteigerungsrate bleibt noch darunter. Die Kaufkraft der Rentner steigt also auch.

Und dennoch sind viele Bürger skeptisch, beklagen sich, daß sie von der Preisstabilität nicht viel spüren ...

Ach wissen Sie, da kann ich nur wiederholen, was ich auf dem Landesparteitag in Kassel gesagt habe: Ich habe den Eindruck, daß die Leute vor hundert Jahren mit 35 Jahren zufrieden gestorben sind, während sie sich heute dem achtzigsten Geburtstag entgegenjammern.

Blüms Meinung über die Rentner. Aus der „Hör zu" Nr. 39/1986. Den Ausspruch „... jammern sie sich dem 80. Geburtstag entgegen" wiederholte Blüm im Wahlkampf Schleswig-Holstein 1988.

Das schwerwiegendste Problem für unsere Renten folgt aus der mangelhaften Bonner Geburtenpolitik, also aus der fehlenden Förderung junger und kinderreicher Familien. Die Zahl der Rentner steigt bei sinkendem Anteil Erwerbstätiger in der gesetzlichen Rentenversicherung. Wenn keine grundsätzliche Wende eintritt, droht der Zusammenbruch des Generationenvertrages, der Verlust der Rentensicherheit.

Setzt sich die Entwicklung fort wie bisher, steigt der Rentnerquotient bis zum Jahr 2000 auf 54 Prozent, im Jahr 2020 (also in 32 Jahren) auf 72,9 Prozent und im Jahre 2030 (wenn die heute 20- bis 25jährigen in Rente gehen) auf 92,5 Prozent. Im Jahre 2035 wird es dann genausoviele Rentner wie Beitragszahler geben. Das würde zum endgültigen Zusammenbruch des Generationenvertrages führen.

Bleibt es bei der verfehlten Politik, müßten die Beiträge der Erwerbstätigen in die Rentenversicherung gigantisch steigen, bis sie einen Großteil des Lohnes „auffressen“ – oder die Renten müßten erheblich gekürzt werden. Beides wäre asozial und würde das Gemeinwesen zerrütten.

Mit dem Verzicht auf den deutschen Nationalstaat zugunsten eines Verschwindens der Bundesrepublik in der EG und mit dem Verzicht auf kinderfördernde Politik versetzt die CDU/CSU-geführte Bundesregierung dem national- und sozialpolitischen Erbe Bismarcks gefährliche Stöße. Die Folgen könnten schlimmer sein als jene zweier entsetzlicher Weltkriege, wenn es nicht kurz- oder mittelfristig gelingt, das Ruder herumzuwerfen.

RUMÄNIENDEUTSCHE

Rund 250000 Deutsche leben in Rumänien. Sie sind zum Teil seit 800 Jahren dort ansässig. Nach dem Zweiten Weltkrieg mußten 100000 Rumäniendeutsche beiderlei Geschlechts zur Zwangsarbeit in die Sowjetunion, viele tausend Deutsche wurden in Rumänien interniert und alle enteignet. Wiedergutmachung gab es für dieses Unrecht ebensowenig wie für die Untaten an anderen deutschen Volksgruppen in Ost- und Südosteuropa.

Seit Mitte der 60er Jahre hat sich die Lage der Rumäniendeutschen, denen in den 50er Jahren einige Rechte eingeräumt worden waren, erheblich verschlechtert. Im Schulwesen wurde die deutsche Sprache immer weiter zurückgedrängt. Die kulturellen Einrichtungen werden Stück für Stück ausgehöhlt, Zeitungen zwangsweise eingestellt und der Assimilationsdruck verstärkt. Hinzu kommt die allgemeine rumänische Wirtschaftskrise. Es mangelt praktisch an allen Gütern des täglichen Lebens. Bonn nimmt seine vom Grundgesetz gebotene Schutzmachtfunktion nicht wahr. Wenn Rumäniendeutschen die Ausreise genehmigt wird, muß für sie ein hohes Kopfgeld an den rumänischen Staat entrichtet werden.

Im Mai 1987 machte der Flammentod der 60jährigen Rumäniendeutschen Maria Mesmer in Bukarest auf das schwere Schicksal der dortigen deutschen Volksgruppe aufmerksam, die von Bonn im Stich gelassen wird. Die Frankfurter Allgemeine Zeitung berichtete am 12. Mai 1987: „In der deutschen Botschaft zu Bukarest hat sich am 28. April 1987 die Sathmarer Schwäbin Maria Mesmer, geborene Mak, umgebracht. Sie hatte ihr Leben lang für ihre Anerkennung als Deutsche gekämpft. Sie verbrannte sich selbst, weil ihre Kinder (von der bundesdeutschen Bürokratie) nicht als Deutsche anerkannt wurden und sie nicht zu ihnen in die Bundesrepublik Deutschland ausreisen durfte. Sie fand offenbar keinen anderen Weg, als mit ihrer Selbstverbrennung die Welt aufmerksam zu machen."

Wie die Nachrichtenagentur Reuter am 4. Mai 1987 meldete, hatte die Bundesregierung „Betroffenheit über den Zwischenfall ausgedrückt". Damit ließ man es bewenden.

SCHULBUCHEMPFEHLUNGEN

Sogenannte Historikerkommissionen, paritätisch besetzt mit Deutschen und Ausländern, durchforsten systematisch deutsche Schulbücher, um sie „auf Kurs" im Sinne der herrschenden antideutschen Geschichtsdarstellung zu bringen. Besonders bekannt wurde die deutsch-polnische Schulbuchkonferenz.

Das „Internationale Schulbuchinstitut" in Braunschweig, das federführend an der Schulbuchmanipulation mitwirkt, erhält beachtliche Mittel aus der Steuerkasse. Zur Finanzierung des Instituts tragen die Länder Niedersachsen, Berlin, Hamburg, Bremen, Hessen, NRW

und Rheinland-Pfalz bei. Aus Bundesmitteln fließen über das Auswärtige Amt jährlich 350000 Mark an das Institut.
In Oldenburg fand Mitte 1988 die 21. deutsch-polnische Schulbuchkonferenz statt. Dabei wurde eine „positive Bilanz" der bisherigen Arbeit gezogen. Wesentliches Ergebnis waren die deutsch-polnischen Schulbuchempfehlungen. Darin heißt es, die mit Millionen Leichnamen gepflasterte Vertreibung der Deutschen sei eine „Bevölkerungsverschiebung" gewesen. Der rechtswidrige Raub der deutschen Ostgebiete wird als „territoriale Veränderung" verharmlost.
Nun will sich die Konferenz auch mit Reiseführern und Lexika beschäftigen, um sie entsprechend zu „bearbeiten". Der deutsche Delegationsführer, Professor Ernst Hinrichs vom Braunschweiger Institut, nannte in Oldenburg den Begriff der „Bevölkerungsverschiebung" eine „für beide Seiten akzeptable Formulierung".
Hinrichs Vorgänger war der 1987 verstorbene Professor Walter Mertineit. Die National-Zeitung nahm Punkt 24 der Schulbuchempfehlungen beim Wort, in welchem mangelhafte Entnazifizierung in Deutschland beklagt wird, und zeigte Mertineits Wirken als Mitstreiter in Himmlers SS auf. Als SS-PK-Mann verfaßte er Durchhalteschriften.
Eine wesentliche Rolle spielt in diesem Zusammenhang auch Professor Gotthold Rhode, der im Dritten Reich Referent am Osteuropa-Institut in Breslau war. In einem 1941 erschienenen Buch schrieb er vom „ebenso liederlichen wie unduldsamen Wesen polnischen Adels und polnischer Geistlichkeit". Weiteres Zitat: „Um so größer erscheint der Wunsch und das Streben des Führers, in diesem Raum gefestigte nationale Verhältnisse zu schaffen, und um so bedeutsamer seine Heimholung der weit vor die Grenzen des Reiches versprengten Volksgruppen." Heutzutage ist Rhode Ehrenmitglied der Polnischen Gesellschaft für Wissenschaft und Kultur im Ausland, Vizepräsident des Deutschen Polen-Instituts, Mitglied im Präsidium der deutsch-rumänischen und deutsch-polnischen Kommission für Schulbuchrevision und damit einer der Hauptverantwortlichen für die Schulbuchempfehlungen.

SELBSTBEDIENUNG VON ETABLIERTEN

Der hessische Diätenskandal 1988 hat schlaglichtartig beleuchtet, in welch unverschämtem Ausmaß sich Etablierte aus der Steuerkasse bedienen. Doch dieser Vorfall ist nur die Spitze des Eisbergs.
Im Unterschied etwa zur Deutschen Volksunion – Liste D, die sich fast ausschließlich mit Mitgliedsbeiträgen und Spenden finanziert, versorgen sich die Schatzmeister der etablierten Parteien überwiegend aus der Steuerkasse.
Pro Legislaturperiode gibt es über eine Milliarde Mark aus öffentlichen Mitteln (Wahlkampfkostenerstattung für Bundestags-, Europa- und Landtagswahlen; Fraktionszuschüsse).
Mehrere Milliarden aus der Steuerkasse flossen Etablierten in den letzten Jahren auf dem Umweg von „Parteistiftungen" zu (vier Milliarden Mark aus Bundesmitteln zwischen 1970 und 1986). Im Zusammenhang mit Stiftungen, „Geldwaschanlagen" usw. gab es bereits zahlreiche Skandale.
Schwer quantifizierbar, also in Mark und Pfennig auszurechnen, ist die Eigenwerbung der Etablierten mittels regierungsamtlicher Druckwerke. Da gibt es eine ganze Inflation von Hochglanzbroschüren, Zeitungsanzeigen, Verlautbarungen usw., die angeblich der Information der Öffentlichkeit dienen, in Wahrheit aber reine Reklame für die Herrschenden sind. Wo bleibt die Beachtung der vom Bundesverfassungsgericht gezogenen Grenzen? Dieser Mißbrauch ist natürlich kein Fall für die „Verfassungsschutzberichte" von Etablierten.
Ebenfalls schwer auszurechnen ist der Wert der Propaganda, den die öffentlich-rechtlichen Rundfunk- und Fernsehanstalten, die mit den Gebühren der Allgemeinheit versorgt werden, für Etablierte betreiben. Nichtetablierten Kräften wird keine Möglichkeit zur Selbstdarstellung geboten, und bei „Diskussionen" im Fernsehen schirmt man Herrschende sorgsam von den Argumenten der Nichtetablierten ab. Für keinen Stand unserer Gesellschaft wird so viel „Image"-Geld ausgegeben wie für etablierte Berufspolitiker. Und die Herrschaften bezahlen das nicht etwa aus eigener Tasche, sondern betreiben Selbstbedienung aus der Steuerkasse. Doch trotz der vielen Milliarden ist der Ruf Etablierter ausweislich demoskopischer Erhebungen denkbar schlecht. Sie riechen stark aus ihrem Leumund.

Ein weiteres Beispiel: Während die Etablierten dem Volk „Maßhalten“ diktieren, und Blüm Kleinstrentner mit dem scheußlichen Wort abfertigt, sie würden sich dem 80. Geburtstag „entgegenjammern“, wo man doch früher mit 35 „zufrieden gestorben“ sei, segnen sich etablierte Berufspolitiker aus dem Steuergeld-Füllhorn.

Ein normaler Steuerbürger müßte pro Jahr eine halbe Million Mark verdienen, um jenen Finanzstandard zu erreichen, den sich die Bundestagsabgeordneten selbst genehmigt haben (Grundeinkünfte, Aufwandsentschädigungen, Versicherungen, Beihilfen; ein ganzes Geflecht von Zuwendungen!). Nur der geringste Teil dieser Gelder ist steuerpflichtig. Und ein Bonner Abgeordneter hat bereits nach fünf Jahren Pensionsanspruch.

Was den Skandal komplett macht: Die meisten Abgeordneten finden sich nicht einmal regelmäßig an ihrem wichtigsten Arbeitsplatz, dem Plenum des Bundestages, ein. Bei der Mehrzahl der Debatten verlieren sich 20, höchstens 30 Abgeordnete im weiten Rund. Selbst das Notquartier im Bonner Wasserwerk ist offenbar noch viel zu groß. Doch gleichzeitig baut man sich in Bonn mit Riesensummen aus der Steuerkasse einen neuen gewaltigen Palast.

Ein weiteres Beispiel: Die 128 Parlamentarier, die dem Bundestag seit der Wahl vom Januar 1987 nicht mehr angehören, erhielten zusammen etwa acht Millionen Mark als „Übergangsgeld“. Maßgeblich hierfür ist § 18 des Abgeordnetengesetzes. Danach steht jedem ausscheidenden Mitglied des Bundestages eine Finanzspritze für den Wechsel in den alten Beruf zu. Die Höhe der Summe richtet sich nach der Zeit, die der Betreffende als Volksvertreter im Hohen Haus zugebracht hat.

Packt beispielsweise ein Abgeordneter nach vier Jahren Bonn die Koffer, stehen ihm fast 60000 Mark „Übergangsgeld“ zur Verfügung. Wer seit 1969 Abgeordneter war, dem wurde der Abgang 1987 mit nicht weniger als 278000 Mark versüßt. Sitzt man länger als 20 Jahre im Parlament, gibt es über 300000 Mark aus der Steuerkasse als Starthilfe für eine neue hochdotierte Karriere.

Etablierte Politiker lassen sich – obwohl sie genug eigenes Geld haben – von staatlich besoldeten Leibwächtern vor Gaunern schützen, damit sie nichts von der steigenden Kriminalität abbekommen, der der „einfache Bürger“ schutzlos ausgeliefert ist. Etablierte Politiker benutzen Bundeswehrmaschinen, um in der Gegend herumzujet-

ten. Sie lassen sich sogar manchmal ihre Geburtstagsfeiern aus der Staatskasse finanzieren.
Anfang 1988 fragte der Bund der Steuerzahler nach der Berechtigung, für private Feiern in die Staatskasse zu greifen, wie dies beim 50. Geburtstag des Berliner Parlamentspräsidenten geschehen sei. Öffentliche Mittel stünden für „Repräsentation des Parlamentes" und für „außergewöhnliche Repräsentationspflichten" des Präsidenten und seiner Stellvertreter zur Verfügung. Diese Zweckbestimmung sei im Falle des 50. Geburtstages mit Sicherheit nicht gegeben. Sebstverständlich stehe es dem Präsidenten frei, seine Geburtstagsfeier auf seine Kosten so aufwendig wie möglich zu gestalten, meint der Bund der Steuerzahler.
Ein besonders hanebüchenes Kapitel ist die Reisefreudigkeit Etablierter, für die der Steuerzahler blechen muß. Gemäß Liste des Ältestenrates im NRW-Parlament werden Abgeordnete aus Düsseldorf 1988 nicht weniger als 27mal auf Steuerzahlers Kosten zu Auslands-Tourneen gestartet sein. Ziele des Polit-Tourismus waren unter anderem das sonnige Spanien, aber auch der Ferne Osten (China, Korea, Taiwan, Japan). Gleich neun Ausschüsse des Landtages führten Erste-Klasse-Flüge auf Steuerzahlers Kosten in die Vereinigten Staaten von Amerika durch.
Ausnahmsweise wichen die etablierten Selbstbediener 1988 in Hessen einen Schritt zurück, nachdem ihr erneuter Bereicherungsversuch auf massiven öffentlichen Protest gestoßen war. Was sie geplant hatten, schilderte der Deutsche Anzeiger am 8. Juli 1988 so:
»In einem Gutachten erläutert der Jurist Hans Herbert von Arnim von der Hochschule für Verwaltungswissenschaften in Speyer die Diätenerhöhungen. Danach steigen die steuerpflichtigen Diäten von jetzt 6500 Mark in den nächsten drei Jahren jeweils um 500 auf 8000 Mark monatlich. Zusammen mit der automatischen Anhebung erhalten die Abgeordneten ein 13. Monatsgehalt. Die steuerfreie Kostenpauschale der hessischen Volksvertreter liegt höher als der Betrag für Bundestagsabgeordnete. Sie beträgt bei Abgeordneten, die mehr als 100 Kilometer von Wiesbaden entfernt wohnen, 5400 Mark. Ferner erhalten Mandatsträger pro Übernachtung pauschal 100 Mark.
Die Fraktionsvorsitzenden erhalten entgegen dem Diätenurteil des Bundesverfassungsgerichts das Zweifache der steuerpflichtigen monatlichen Grundverfügung sowie steuerfreie Kostenpauschalen von monatlich bis zu 8100 Mark. Wenn ein Fraktionsvorsitzender

Minister wird und später ausscheidet, erhält er eine Gesamtpension von weit über 20000 Mark monatlich. Die Neuregelung belastet den Jahresetat mit über 10 Millionen Mark. Um die Empörung in der Öffentlichkeit abzuschwächen, hatten Landtagspräsident Lengemann (CDU) und sein Stellvertreter Lang (SPD) zunächst eine Summe von 3,5 Millionen genannt.«

SIEBZEHNTER-JUNI-SKANDAL IM BUNDESTAG

Die Behauptung, bei der Volkserhebung am 17. Juni 1953 habe es sich nicht (!) um einen Aufstand für die Wiedervereinigung gehandelt, sowie die Warnung vor „Gefahren", die ein einiges Deutschland hervorrufe, und Anklagen gegen den „ruhelosen Deutschen", in dessen Seele „antiwestliche Affekte nisten", waren die Kernaussagen der Rede von US-Professor Fritz Stern am Tag der Deutschen Einheit 1987 im Deutschen Bundestag. Kein einziger der Bundestagsabgeordneten erhob Protest gegen Sterns Darlegungen. Das Protokoll verzeichnete nicht weniger als 13mal großen Beifall im Hause.
Eingeladen worden war Stern vom CDU-Bundestagspräsidenten Philipp Jenninger. Empfohlen hatte ihn die SPD. Der Referent lehrt Europäische Geschichte an der Columbia-Universität, New York. Stern wurde 1926 in Breslau als Sohn von Professor Dr. med. Rudolf Stern geboren. 1938 wanderte die jüdische Familie in die USA aus. Fritz Stern erwarb 1947 die US-Staatsbürgerschaft. Er schrieb unter anderem das Buch „Gold and Iron" (Gold und Eisen) mit dem Untertitel „Bismarck, Bleichroeder und die Schaffung des Deutschen Reiches", das die Beziehungen des Eisernen Kanzlers zum jüdischen Bankier Gerson Bleichroeder behandelt. Stern gehört dem einflußreichen Council on Foreign Relations an, einer US-Schaltstelle der internationalen Politik, auch als Politbüro des Kapitalismus bezeichnet.
„Unsere historische Perspektive ändert sich und somit unser Verständnis", leitete der Geschichtsprofessor von jenseits des Atlantiks seine Rede ein, die schließlich in dem Satz gipfelte: „Der 17. Juni war kein Aufstand für die Wiedervereinigung."
Kommentar der Deutschen Volksunion: „Energischer Protest wäre

angebracht gewesen, gerade aus den Reihen jenes Parlamentes, das am 4. Juli 1953 den 17. Juni zum nationalen Gedenktag mit dem Titel ‚Tag der Deutschen Einheit‘ feierlich deklariert hatte. Ist es vorstellbar, daß am Jahrestag des Bastille-Sturmes ein Ausländer im französischen Parlament eine vergleichbare Schmähung des Nationaltages vorbringen könnte? Ist es denkbar, daß sich eine solche Szene, wie am 17. Juni 1987 im Bundestag geschehen, in irgendeinem anderen Land der Welt ereignen könnte?“ Was wäre geschehen, hätte ein deutscher Gastredner vor dem US-Kongreß den US-Nationalfeiertag nicht etwa als Tag heroischen Freiheits- und Unabhängigkeitswillens dargestellt, sondern als Aufstand von Krämerseelen, die lediglich der britischen Besteuerung entkommen wollten?

Kaum verbrämt, nahm Stern auch zur Wiedervereinigungs-Diskussion Stellung: „Ruhelose Deutsche beunruhigen die Welt“, meinte der Gast aus Übersee. Und er fuhr fort: „Ein verlockender Ostwind kommt zu einer Zeit von Desillusionierung mit dem Westen.“ Zwar glaube er, so Stern weiter, „daß die antiwestlichen Affekte, die früher so tief in der deutschen Seele und Politik genistet haben“, zum größten Teil verschwunden seien. Aber: „Diese Affekte könnten in der jetzigen Lage einen neuen Reiz bekommen, wenn auch in völlig neuer Verkleidung.“

Nachdem Mister Stern deutsche „Träumereien an fremden Kaminen“ gegeißelt hatte, verkündete er noch, woran das deutsche Volk sich gefälligst ausrichten möge, nämlich an der „politischen Kultur Amerikas“, die sich jenseits des Ozeans „bereits im 18. Jahrhundert durchgesetzt hat“.

Im 18. Jahrhundert lief der US-Sklavenmarkt mit den Unglücklichen aus Afrika auf vollen Touren, wobei Millionen jämmerlich zugrunde gingen. Gleichzeitig waren die Repräsentanten jener „höheren politischen Kultur“ mit dem Holocaust an den Indianervölkern beschäftigt.

SOLDATENHETZE

Während Fahnenflüchtigen Denkmäler gesetzt werden, betreiben etablierte Kräfte eine gnadenlose Hetze nicht nur gegen die Soldaten der einstigen Wehrmacht, sondern auch gegen den Soldatenstand an sich. Die Bundeswehr wird von der soldatischen Tradition abge-

schnitten, sie darf als einzige Armee der Welt keine Paraden abhalten. Öffentliche Gelöbnisfeiern werden von Gewaltkriminellen überfallen. Soldaten dürfen straflos als Mörder beschimpft werden und – die widerlichste Erscheinung der Soldatenhetze – die Schändung von Gefallenen-Ehrenmale ist zum Volkssport ehrloser Krimineller geworden, gegen die die Obrigkeit nicht vorgeht.
Im Juli 1973 befahl der damalige Verteidigungsminister Georg Leber der Bundeswehr: „Betr.: Ableben des ehemaligen Generalfeldmarschalls Schörner. Der Bundesminister der Verteidigung hat hierzu angeordnet: Die Teilnahme an den Beisetzungsfeierlichkeiten von Soldaten in Uniform wird untersagt. Eine Teilnahme von Angehörigen der Bundeswehr in Zivil ist nicht erwünscht."
Nach einem Besuch des höchstausgezeichneten deutschen Soldaten der Deutschen Wehrmacht, Oberst Hans-Ulrich Rudel, 1976 in einer Bundeswehrkaserne kam es zu einer von der Meinungsindustrie inszenierten „Rudel-Affäre". Zwei Generale wurden geschaßt, weil sie Rudels Erscheinen in der Kaserne „nicht verhindert" hatten.
Damals schrieb CDU/CSU-Wehrexperte Manfred Wörner an Leber: „Ich kenne die politische Auffassung von Oberst a. D. Rudel nicht. Selbst wenn ich sie gegebenenfalls mißbilligen möchte, würde das meinen hohen Respekt vor der herausragenden Tapferkeit und der vorbildlichen soldatischen Haltung des Obersten Rudel im Zweiten Weltkrieg keinen Abbruch tun. 30 Jahre nach Kriegsende sollten wir endlich die innere Freiheit, die Unbefangenheit und den Mut aufbringen, soldatischen Leistungen der deutschen Kriegsteilnehmer den schuldigen Respekt zu zollen und davon den politischen Mißbrauch zu scheiden, der mit diesen Leistungen getrieben wurde."
Kaum an der Macht, im Dezember 1982, untersagte Wörner als Verteidigungsminister der Bundeswehr jede Ehrung des verstorbenen Rudel.
Ende 1980 untersagte der SPD-Verteidigungsminister die Beteiligung der Bundeswehr an den Begräbnisfeierlichkeiten für den verstorbenen Großadmiral und letzten Reichspräsidenten Karl Dönitz. Wörner damals: „Die Entscheidung des Verteidigungsministers halte ich für unwürdig und falsch. Bei allen Unterschieden in der Beurteilung von Karl Dönitz können ihm nicht Respekt und Dankbarkeit für seine Hilfe bei der Rettung von Flüchtlingen und Soldaten aus den überrollten Ostgebieten versagt werden. Seine militärischen Leistungen sind unbezweifelbar. Selbst viele seiner ehemaligen militärischen

B 2343 C

Deutsche Wochen-Zeitung

DEUTSCHE NACHRICHTEN

Rosenheim, 21. Juli 1978
21. Jahrgang / Nr. 29
Preis 1,50 DM; Österreich 13,– ÖS

OST – WEST – KURIER

FÜR NATIONALE POLITIK, KULTUR UND WIRTSCHAFT

CDU-Blüm beleidigt deutsche Soldaten

Der Vorsitzende der Sozialausschüsse der CDU: Ob einer im KZ Hitler gedient hat oder an der Front, ist dasselbe! / Franz Josef Strauß: Eine Beleidigung aller ehemaligen Frontsoldaten / Unionspolitiker plädiert für die Aufnahme von Kommunisten in den Staatsdienst: „Schwarze Marxisten"

In einem überaus arroganten Artikel in Folge 28 des Magazins „Der Spiegel" vertritt der Vorsitzende der CDU-Sozialausschüsse, Bundestagsabgeordneter Norbert Blüm, eine neue Kollektivschuld-These. Wörtlich schreibt er:

„Ich habe die Gesänge von der treuen Pflichterfüllung nie verstanden, wenn nicht zuvor geklärt war, in wessen Dienst diese Pflicht steht. Ob einer im KZ Hitler gedient hat oder an der Front, macht in meinen Augen nur einen graduellen Unterschied!"

Franz Josef Strauß nannte Blüms Infamie „eine Beleidigung aller ehemaligen Frontsoldaten", die ebensowenig hingenommen werden dürfe wie „andere Geschichtsfälschungen".

Der skandalöse Vorgang hat Abgründe aufgerissen in den Unionsparteien. Auf

Beamtenanwärter anrufen könnte! Und als ob „Mißverständnisse" und „Fehler" eine Rolle spielten, wo sich das Material des Verfassungsschutzes zu Bergen türmt!

Es erhebt sich die Frage, wie lange die CDU sich noch durch Leute vertreten lassen will wie den Vorsitzenden ihrer Sozialausschüsse. Die niederträchtige Beleidigung aller deutschen Frontsoldaten durch Norbert Blüm und sein Plä-

Das Faksimile zeigt die Deutsche Wochen-Zeitung vom 21. Juli 1978. Die DWZ schrieb seinerzeit: „Es erhebt sich die Frage, wie lange die CDU sich noch durch Leute wie Blüm vertreten lassen will." Die CDU hat sich keineswegs von Blüm getrennt. Er ist vielmehr in der Hierarchie dieser Partei bis an die Spitze aufgestiegen.

Gegner achten in ihm den brillanten Strategen der U-Boot-Kriegführung."

Und Wörners Praxis als Bundesverteidigungsminister? 1985 verstarb Eichenlaubträger Oberst a. D. Walther Dahl, letzter Inspektor der Tagjäger im Zweiten Weltkrieg und einer der herausragendsten soldatischen Persönlichkeiten des deutschen Volkes. Dahls todesmutige Rammjäger retteten Zehntausende vor dem Schicksal, von alliierten Holocaust-Bombern umgebracht zu werden. Auf Befehl Wörners wurden dem verstorbenen Dahl Ehrungen durch die Bundeswehr verweigert.

Dr. Manfred Wörner
Mitglied des Deutschen Bundestages

53 Bonn, Januar 1981
Bundeshaus
Fernruf 16..3723........
Die Wahl dieser Rufnummer vermittelt den gewünschten Hausanschluß.
Kommt ein Anschluß nicht zustande, bitte Nr. 161 (Bundeshaus-Vermittlung) anrufen.

Herrn
[redacted]

[redacted]

Sehr geehrter Herr [redacted]

für Ihren Brief, mit dem Sie zur Entscheidung des Bundesministers der Verteidigung anläßlich der Beisetzung des ehemaligen Großadmirals Karl Dönitz kritisch Stellung nehmen, danke ich Ihnen. In den letzten Tagen sind mir hierzu viele Schreiben zugegangen, aus denen Betroffenheit über Inhalt und Form dieser Entscheidung spricht. Ich teile diese Empfindung. Die Entscheidung des Verteidigungsministers halte ich für unwürdig und falsch. Diese kritische Einstellung habe ich unmißverständlich zum Ausdruck gebracht.

Bei allen Unterschieden in der Beurteilung von Karl Dönitz können ihm nicht Respekt und Dankbarkeit für seine Hilfe bei der Rettung von Flüchtlingen und Soldaten aus den überrollten Ostgebieten versagt werden. Seine militärischen Leistungen sind unbezweifelbar. Selbst viele seiner ehemaligen militärischen Gegner achten in ihm den brillanten Strategen der U Boot Kriegsführung.

Die Bundesregierung hat mit ihrer undifferenzierten Entscheidung gezeigt, daß sie die Vergangenheit nur verdrängt, aber keinen Beitrag zu deren Bewältigung leistet.

Mein Kollege Zimmermann und ich haben der Tochter des verstorbenen Admirals in einem persönlichen Schreiben kondoliert; Kollegen aus der CDU/CSU-Bundestagsfraktion haben an der Trauerfeier teilgenommen.

Mit freundlichen Grüßen

So täuschte Wörner die Wende vor.

Vorreiterdienste der Soldatenhetze leistete CDU-Politiker Norbert Blüm. In Nr. 28/1978 des Nachrichtenmagazins „Der Spiegel" ließ sich der Christdemokrat wie folgt ein: „Ich habe die Gesänge von der treuen Pflichterfüllung nie verstanden, wenn nicht zuvor geklärt wird, in wessen Dienst diese Pflicht steht. Ob einer im KZ Hitler gedient hat oder an der Front, macht in meinen Augen nur einen graduellen Unterschied." Diese ungeheuerliche Aussage tat der CDU-Karriere Blüms keinen Abbruch. Er stieg seither zum stellvertretenden CDU-Bundesvorsitzenden, zum Chef des mitgliederstärksten CDU-Landesverbandes, NRW, und zum CDU-Bundessozialminister auf.

Führend in dieser Hetze ist die „Zeit", Zentralorgan des Zeitgeistes mit dem langjährigen CDU-Bundestagsabgeordneten Bucerius an der Spitze. In der Ausgabe vom 8. März 1985 des Blattes schrieb Feuilleton-Chef Fritz J. Raddatz: „Schiebt es nicht immer auf ein paar SS-Bestien und Leibstandarten-Henker – auch die deutsche Wehrmacht hat tausendfach Verbrechen begangen, hat gemordet, geplündert, gebrandschatzt, geraubt . . . Norbert Blüm, deswegen gescholten, hatte schon recht, als er sagte: ‚Ob einer im KZ Hitler gedient hat oder an der Front, macht in meinen Augen nur einen graduellen Unterschied aus. Das KZ stand schließlich nur so lange, wie die Front hielt.'" Was zum Beispiel die U-Boot-Fahrer betrieben, „war ein unehrbarer Beruf", fuhr Raddatz fort. „Und sie wollten siegen: ‚Wir bauen für den Sieg' stand an einen U-Boot-Bunker gepinselt. Wohl wahr. Gott bewahre uns alle, sie hätten gesiegt." Raddatz ist unter anderem Träger des Adolf-Grimme-Preises des öffentlich-rechtlichen WDR, der mit Gebühren der Allgemeinheit unterhalten wird.

Durchaus typisch für die heutige Soldatenhetze ist auch der am 27. November 1987 von der Badischen Zeitung veröffentlichte Kommentar der Schriftstellerin Vilma Sturm, die während des Dritten Reiches NS-konform publiziert hatte. Überschrift ihres Beitrages vom November 1987: „Nichts als wertloses Blech". Sie schreibt: „An Hitlers Kriegshandlungen teilgenommen zu haben, ist nicht ruhmvoll. Nur mit Scham, bestenfalls mit Stillschweigen kann darauf reagiert werden . . . Viele, die Feldgrau trugen, nicht Braun oder Schwarz, nahmen nur allzu willig an den Schandtaten des Schurken teil, plünderten, brandschatzten und töteten Frauen und Kinder in Feindesland, behandelten das Volk im Osten als ‚Geschmeiß' und als

Warum den großen Kriegshelden
eherne Büsten errichten,
um an Gedenktagen Blumenkränze
mit schwülstigen Reden von Vaterland,
Blut und Dank darauf zu schichten?
Wir brauchen Spucknäpfe auf
Marktplätzen, vor Kirchen,
Parlamenten, in Parks.
Mit Totentafeln und Legenden
von Fehlleistungen, von Haß
und hundsfött'schem Verhalten.
Mit Spucktagen für Schulklassen,
an Ostern, Weihnachten
und Gründungstag.
Wann war das?
Wan ward es das Große Reich?
Und Blutschalen mit
Blutgesudel und Namensregistern,
wo man mit dicker Tusche
die großen Namen für immer ausstreicht.
Für immer.

Gedichte aus der Zeitschrift „Die Brücke" (April/Mai 1988). Es handelt sich um ein Blatt „für Gleichberechtigung (der Ausländer) und Völkerverständigung" und wird herausgegeben von einem Verein, dem die deutsche Obrigkeit „Gemeinnützigkeit", also Steuervergünstigung, gewährt.

‚Ungeziefer' . . . Damit sind aber auch die Orden nichts als wertloses Blech, die Eisernen- sowohl wie die Ritterkreuze, und es ist unerträglich zu erfahren, daß ihre Träger eine Gemeinschaft bilden, die sich im Zeichen dieses ruhmlosen und blutbesudelten Blechs zusammengefunden hat."

In der Bundesrepublik darf straflos gesagt werden: „Alle Soldaten sind potentielle Mörder." In einem Berufungsverfahren wurde ein 39jähriger Arzt, der dies geäußert hatte, vom Landgericht Frankfurt/Main freigesprochen. Diese Entscheidung vom Dezember 1987 hob die erstinstanzliche Verurteilung des Soldaten-Diffamierers (er war zu 10500 Mark Geldstrafe verurteilt worden) auf. Zur Begründung des Freispruchs fiel dem Landgericht eine Entscheidung aus dem Jahr 1932 ein. Damals war Carl von Ossietzky freigesprochen worden, nachdem er in seiner Zeitung die Tucholsky-Formulierung „Soldaten sind Mörder" veröffentlicht hatte. Nach Meinung des

Unseren Toten

ein ehrenvolles Gedenken!

Wir bedauern sehr, daß wir am diesjährigen Volkstrauertag nicht, wie seit über 30 Jahren, der Opfer der Kriege und der Gewaltherrschaft in einer **Feierstunde am Ehrenmal in der Karlsaue** gedenken können.

Wir wollen uns jedoch nicht wieder Provokationen und Diffamierungen wie im vergangenen Jahr aussetzen, zumal viele von uns durch Verwundung nicht unerheblich beschädigt sind.
Wir gedenken darum auf diesem Wege mit unseren über 20 000 Angehörigen der Toten in Ehrfurcht und Trauer und fühlen uns verpflichtet, weiterhin für die Versöhnung zwischen den Völkern zu wirken, dem Frieden zu dienen und den Krieg zu ächten.

Arbeitsgemeinschaft
der Soldaten- und Kriegsopfer-Verbände
in Kassel

Anzeige in der Hessischen Allgemeinen vom November 1986.

Frankfurter Gerichtes kann wohl heute nicht Unrecht sein, was damals Recht gewesen ist. Die Frankfurter Richter stellten ferner fest, der Volksverhetzungs-Paragraph, nach dem der 39jährige ursprünglich verurteilt worden war, diene dem Schutz von Minderheiten, nicht jedoch von Institutionen wie der Bundeswehr.
Bezeichnend auch folgender Bericht aus der Deutschen National-Zeitung vom 29. April 1988: „Manfred Wörner, noch Bundesverteidigungsminister und demnächst Nato-Generalsekretär, will ‚die Vorwürfe gegen Generaloberst Eduard Dietl gründlich überprüfen lassen'. So schrieb es der CDU-Politiker jetzt an die SPD-Bundestagsabgeordnete Sigrid Skarpellis-Sperk. Der Sozialdemokratin paßt es nicht, daß in Füssen eine Bundeswehrkaserne nach dem Generalobersten Dietl benannt ist, dessen Tapferkeit und Anständigkeit selbst von professionellen Vergangenheitsbewältigern anerkannt wird und der 1944 bei einem Flugzeugabsturz ums Leben kam. Statt der SPD-Abgeordneten gebührend entgegenzutreten, will Wörner, der den Deutschenkiller Hemingway als seinen Lieblingsschriftsteller benennt, jetzt das Militärgeschichtliche Forschungsamt mit ‚Ermittlungsaufträgen' in Sachen Dietl behelligen. Sinnvoller wäre es, das aus Steuermitteln finanzierte Institut würde die Maßgabe erhalten, energisch dem Ehrenschutz deutscher Soldaten zu dienen, meint die DVU."

SOWJET-DEUTSCHE

Nur langsam bessern sich die Lebensumstände der in der Sowjetunion beheimateten Deutschen, Nachfahren der Siedler, die von russischen Herrschern ins Land gerufen worden waren. Die Entspannung ist eine Folge innersowjetischer Entwicklungen. Bonn hat sich um das Schicksal dieser Landsleute nie mit dem erforderlichen Einsatz gekümmert.
Der größte Teil der fast zwei Millionen Personen, die sich bei der letzten sowjetischen Volkszählung als Deutsche bezeichneten und dies in ihren Paß eintragen ließen, lebt heute in der zentralasiatischen Sowjetrepublik Kasachstan. Dorthin waren sie unter dem Kollektivvorwurf der „Zusammenarbeit mit den Faschisten" deportiert wor-

den. Den Unrechtsmaßnahmen Stalins in den 40er Jahren fielen Hunderttausende Deutsche in der Sowjetunion zum Opfer.
Obwohl es Anfang der 60er Jahre zu einer Teilrehabilitierung der Sowjetdeutschen kam, wurden sie weiterhin in wesentlichen Volkstumsrechten eingeengt. Sie sind heute zu etwa gleichen Teilen Kolchosbauern und Industriearbeiter. Viele sind im technischen und wissenschaftlichen Bereich tätig. Die Geburtenrate der Deutschen in der Sowjetunion liegt um zwei Drittel höher als die der Russen.
Das Überleben der Volksgruppe wird davon abhängen, ob sich die Öffentlichkeit in Westdeutschland und vor allem die westdeutsche Regierung ihres Schicksals annehmen und endlich die erforderliche Unterstützung gewähren.
In einem Interview, das der sowjetjüdische Dissident Andrej Sacharow, der sich stets vorbildlich für die Sache der Sowjetdeutschen einsetzte, 1978 der exilrussischen Zeitschrift „Russkaja Mysl“ (Paris) gewährte, hieß es:
„Frage: Ist die Lage der Sowjetdeutschen zu vergleichen mit der Lage der russischen Juden?
Sacharow: Nein, bestimmt nicht. Die russischen Juden haben internationale Unterstützung. Vor kurzem gab es eine Demonstration von russischen Juden in Moskau, keiner wurde verhaftet. Und wenn einmal einer bei einer solchen Demonstration verhaftet wird, dann wird er höchstens 15 Tage festgehalten. Für die Deutschen ist die Lage ganz anders. Viele von ihnen sitzen in Gefängnissen. Ich kenne 300 Fälle sehr genau, in denen Deutsche zu zwei bis sieben Jahren verurteilt wurden, nur weil sie sich um ihre Ausreise bemüht hatten. Bis jetzt zeigen die Deutschen in der Bundesrepublik, in den Vereinigten Staaten von Amerika und anderen Ländern, in denen es große deutsche Gemeinden gibt, im persönlichen und politischen Handeln viel zu wenig Aktivität für diese Sache. Hier gibt es für sie bei den jüdischen Gemeinden mit ihren ausgezeichneten Traditionen gegenseitiger Hilfe etwas zu lernen.“

STAHLKRISE

1982, zu Beginn der Bonner „Wende“, gab es noch 251000 Stahlarbeitsplätze in der Bundesrepublik Deutschland. 1983 wurden fast 24000 abgebaut, 1984 betrug die Verminderung 12500, 1985 gab es 1500 weniger Stahl-Arbeitsplätze, 1986 fast 12000 weniger, 1987 wurden weitere 14000 abgebaut. Macht zusammen 64000 Stahlarbeitsplätze weniger seit der „Wende“.
Der Beschluß von 1988, das Krupp-Stahlwerk von Duisburg-Rheinhausen stillzulegen, war das vorläufig letzte Glied in einer langen Kette der Arbeitsplatzvernichtung. Die bereits bekannten Pläne lassen erwarten, daß der Industriezweig Ende 1990 nur noch rund 150000 Menschen beschäftigt. In vielen Orten, die früher von Stahl und Eisen bestimmt waren, sucht man inzwischen vergeblich nach entsprechenden Produktionsstätten.
Während unsere „EG-Partner“ ihre zum Teil verstaatlichte und technisch veraltete Stahlindustrie allein in den letzten fünf Jahren mit 150 Milliarden Mark subventionierten, erhielten unsere hochmodernen Stahlbetriebe ganze fünf Milliarden. Quotenregelung, vertragswidrige Subventionierung anderer EG-Staaten und unfaire Wettbewerbsbedingungen strangulieren die bundesdeutsche Stahlindustrie und beseitigen Arbeitsplätze in gewaltigem Ausmaß. Durch die Anwendung des Artikels 58 des Montanunionsvertrages bestimmt ausgerechnet die unfähige EG-Bürokratie nunmehr seit vielen Jahren über die deutsche Rohstahlproduktion. Der Montanunionsvertrag wurde 1951 in der offenkundigen Absicht geschaffen, die deutsche Industrie zu gängeln.
Am 4. März 1988 hieß es dazu im Deutschen Anzeiger: „Die Krise des Ruhrgebietes – des wirtschaftlichen Herzens Deutschlands, dank dessen Stärke auch der Aufstieg aus den Trümmern nach 1945 gelang – begann in den 60er Jahren mit der planmäßigen Ruinierung der Kohle durch die damalige CDU-Energiepolitik. Dann kamen die Wettbewerbsverzerrungen beim Stahl durch die EG. Bonn ließ die deutschen Stahlarbeiter im Stich. Die überdurchschnittlich hohe Arbeitslosigkeit im Revier läßt sich darauf zurückführen. Erforderlich ist, daß Bonn endlich energisch deutsche Interessen in der EG durchsetzt, daß den Stahlarbeitern, die den Verlust ihres Arbeitsplatzes befürchten müssen, in einer nationalen Kraftanstrengung großen Ausmaßes geholfen wird, daß der deutschen Kohle endlich wieder

jener Rang zukommt, der ihr als einzigem heimischen Bodenschatz gebührt. Am Hellweg, der alten Straße quer durchs Ruhrgebiet, entscheidet sich – so die Prophezeiung des Philosophen Erwin Guido Kolbenheyer – das Schicksal Deutschlands. Das Revier muß ein starkes Stück Deutschland bleiben!"

STEUERGELDVERSCHWENDUNG

Zwischen 70 und 100 Milliarden Mark ließen sich jährlich deutschen sozialen Zwecken zuführen, würde deutsches Geld nicht gegenleistungslos ans Ausland, an Ausländer und an die EG gehen und würde man die rund fünfunddreißig Milliarden Mark, die derzeit per anno durch öffentliche Mißwirtschaft und Verschwendung verlorengehen, auf ein erträglicheres Maß reduzieren.
In einer Pressekonferenz hat der Präsident des Landesrechnungshofes Nordrhein-Westfalen, Dr. Günter Heidecke, 1981 in bezug auf das Land NRW erklärt: „Wenn die öffentliche Hand wirtschaftlich arbeiten würde, könnte man jährlich fünf bis zehn Prozent des Haushaltsvolumens einsparen."
Dazu der Bund der Steuerzahler: „Fünf Prozent, das sind, bezogen auf das Jahr 1986, beim Bund rund 13,1 Milliarden, bei den Ländern rund 12,3 Milliarden und bei den Gemeinden rund 7,5 Milliarden Mark. Knapp 33 Milliarden Mark werden also nach Ansicht eines prominenten Rechnungsprüfers unwirtschaftlich verwendet, wenn man seine Schätzung auf das Jahr 1986 anwendet." (Aus einer Broschüre des Bundes der Steuerzahler von Anfang 1987.)
Der Bundesrechnungshof und die Landesrechnungshöfe haben zu wenig Macht, um gegen diese Steuergeldverschwendung wirksam vorgehen zu können. Ein großer Teil der Beanstandungen des Bundesrechnungshofes verläuft im Sande.
Der Bund der Steuerzahler hat 16 Fälle untersucht, in denen der Haushaltsausschuß des Deutschen Bundestages sich die Kritik des Rechnungshofes zu eigen machte und seinerseits von den kritisierten Ministerien unter Setzung von Fristen konkrete Maßnahmen verlangte.
In keinem der sechzehn Fälle wurden die Forderungen des Bundesrechnungshofes und die Beschlüsse des Haushaltsausschusses voll-

Mit Schriften wie dieser weist der Bund der Steuerzahler auf die Milliardenverschwendung der öffentlichen Hand hin.

ständig in die Praxis umgesetzt. In vier Fällen wurden die Beschlußempfehlungen zum Teil befolgt. In vier weiteren Fällen wurde Besserung versprochen; doch was konkret veranlaßt wurde, darüber schweigt sich die Verwaltung aus. In drei Fällen steht fest, daß überhaupt nichts geschah. Und bei den restlichen fünf Fällen ließen die Stellungnahmen der Ministerien und des Rechnungsprüfungsausschusses keine Schlüsse auf mögliche Konsequenzen zu.

Der Bund der Steuerzahler wertet dieses Ergebnis als skandalös, zumal die Dunkelziffer bei der öffentlichen Verschwendung groß ist, denn der Bundesrechnungshof kann nur stichprobenartig prüfen, und in seinen Bemerkungen werden nur die schwerwiegenden Fälle aufgelistet. Eine Brüskierung der Bürger sieht der Bund der Steuerzahler auch in der Tatsache, daß die Forderung des Bundesrechnungshofes, die Einleitung von Regreß- und Disziplinarmaßnahmen

zu prüfen, die dieser in sechs Fällen erhob, auch sechsmal ohne erkennbare Wirkung blieb.
Fast immer gehen die Steuergeldverschwender straffrei aus, werden meist nicht einmal disziplinarrechtlich belangt. Währenddessen ist die Obrigkeit bemüht, kleine Steuersünder oder solche, die sie dafür hält, unnachsichtig zu verfolgen.
Gemäß Meinungsumfragen sprechen sich 83,2 Prozent der Bundesbürger dafür aus, Steuerverschwendung unter Strafe zu stellen.
Und die „Bonner Wende"? Steuerzahlerbund: „Es scheint, daß kräftige Worte, wie sie namentlich von Unions-Politikern zitiert werden konnten, von der Oppositionsbank leichter fielen als auch nur kleine praktische Schritte in der neu übernommenen Regierungsverantwortung."
1988 erschien das neue „Schwarzbuch" des Bundes der Steuerzahler mit dem Titel „Die öffentliche Verschwendung". Aufgelistet sind ausgewählte Fälle der Steuergeld-Verplemperung. Im Vorwort schreibt Dr. Armin Feit, Präsident des Steuerzahlerbundes: „Die geplante Entlastung der Steuerzahler sei nicht zu finanzieren, weil an allen Ecken und Kanten das Geld fehle. Das meinen vor allem jene Politiker, denen die Ausgabenseite der öffentlichen Haushalte unantastbar erscheint. Tatsache ist aber, daß sich die Steuersenkung leichter finanzieren ließe, wenn die öffentlichen Hände sparsamer und wirtschaftlicher wären."
„Milliarden an Steuergeldern werden vergeudet", fährt Dr. Veit fort, „vergeudet durch Fehlplanungen und Bauskandale, Kostenüberschreitungen, Mängel im Beschaffungswesen und teuren Polittourismus." Diese Mißstände führen nach Ansicht Veits zu „wachsendem Steuerwiderstand". Denn: „Wenn der Bürger mitansehen muß, wie seine sauer verdienten Groschen von den öffentlichen Händen verplempert werden, rückt ihn auch das innerlich von seinem Staat ab. Schwarzarbeit und Schattenwirtschaft sind die Folgen. Daraus resultieren erhebliche Ausfälle an Steuern und Sozialabgaben, die im Volumen die vorgesehenen Steuersenkungen bei weitem überschreiten."
„Für ein Sanktionierungsinstrumentarium gegen die öffentliche Verschwendung gibt es weiterhin Handlungsbedarf", schreibt Dr. Veit. Gemeint ist energisches disziplinar- und auch strafrechtliches Vorgehen gegen Steuersünder aus den Reihen der Obrigkeit, wie es auch von der DVU gefordert wird.

STEUERREFORM

Steuersenkungen wurden den Bundesbürgern im Zuge der „Wende“ versprochen sowie eine großangelegte Steuerreform. Doch aus dem „Jahrhundertwerk“ wurde eine Eintagsfliege. Im Endeffekt zahlt der Bürger drauf. Die Durchschnittsbelastung der Arbeitnehmer mit Steuern und Abgaben lag 1982 bei 39,8 Prozent. Sie steigt 1989 auf eine neue Rekordhöhe von 43 Prozent. Das heißt: Man muß fast sechs Monate im Jahr arbeiten für Abgaben an die Obrigkeit.
Rechnet man nur Steuersenkung und Steuererhöhung gegeneinander auf, bleibt Verheirateten mit zwei Kindern und 2000 Mark brutto im Monat zwanzig Mark im Jahr mehr, wenn es hochkommt. Alleinstehende mit 7000 Mark brutto hingegen können ein Plus von rund 4000 Mark verbuchen. Ist das sozial gerecht?
Der „Haushaltstyp I“ des Statistischen Bundesamtes (Rentnerehepaar mit monatlich 1970 Mark) büßt durch die Bonner Steuerreform mindestens 100 Mark im Jahr ein, wie Dieter Vesper vom Deutschen Institut für Wirtschaftsforschung berechnet hat.
Nicht berücksichtigt in diesen Modellrechnungen sind staatliche Verteuerungen, zum Beispiel beim Porto und die indirekten Steuererhöhungen, z.B. in Form der Erhöhung der Beiträge für die Arbeitslosenversicherung.
Kommentar der Deutschen National-Zeitung: „Zu den über 13 Milliarden Mark, die Stoltenbergs Steueranhebungspläne kosten, sind die progressions- und inflationsbedingten Steuererhöhungen hinzuzurechnen. Dieser enorme Anstieg der Steuerbelastung steht im krassen Gegensatz zu Kohls Versprechungen. Als Wahlschwindel entpuppte sich Kohls Propaganda anläßlich der Bundestagswahl 1987.“
Besonderen Wirbel löste die 1988 beschlossene Steuerbefreiung für Flugbenzin aus. Eine Maßnahme, die auf Betreiben des Hobbypiloten Franz Josef Strauß zustandekam und in deren Genuß eine winzige Schicht von Bürgern gelangte, die es sich leisten kann, die Freizeit über den Wolken zu verbringen. Unter ihnen, wie könnte es anders sein, zahlreiche etablierte Politiker.
Die Steuerbefreiung für Flugbenzin wurde sogar in den Rang einer Koalitionsfrage erhoben. Das heißt: Das Wohl und Wehe der Regierung machte man von dieser Vergünstigung für Begüterte abhängig.

Dazu hieß es im Deutschen Anzeiger vom 1. Juli 1988: „Es ist schon aufschlußreich, welche Problemkreise es in Bonn zur Koalitionsfrage bringen, also welche Anliegen Etablierten augenscheinlich am wichtigsten sind: Voriges Jahr war es der Streit darum, ob die Reichsten der Reichen, darunter viele Gönner der etablierten Parteien, stark oder überaus stark steuerlich entlastet werden (Spitzensteuersatz). Und jetzt avancierte zum Bonner Dreh- und Angelpunkt die Steuerbefreiung für Flugbenzin. Zukunfts- und Schicksalsfragen der deutschen Nation geraten da in den Hintergrund. Wegen der Überfremdung durch zunehmende Ausländerzuwanderung oder wegen des Tötens von über 200000 Ungeborenen jedes Jahr kommt in Bonn niemand auf den Gedanken, die Koalitionsfrage zu stellen. Auch nicht wegen der skandalösen Mehrbelastung des ‚kleinen Mannes' zugunsten der EG-Bosse."

STRAFVOLLZUG

Ende 1987 veröffentlichte Professor Schwind, Präsident der Deutschen Kriminologischen Gesellschaft und einstiger niedersächsischer Justizminister, die Ergebnisse einer Untersuchung seines Bochumer Lehrstuhls: Die Zahl der Befürworter der „Resozialisierung", also der Theorie einer vorrangigen „Wiedereingliederung der Straftäter in die Gesellschaft" ist unter den Bundesbürgern von 61,2 Prozent im Jahre 1975 auf 47,5 Prozent im Jahr 1987 gesunken. Die Zahl der Bürger, die Straftäter aus Gründen von Sühne und Abschreckung hinter Gittern sehen wollen, stieg in diesem Zeitraum von 26,5 Prozent auf 40,9 Prozent. Besonders deutlich, so Schwind, werde der Meinungswandel bei Hausfrauen und jungen Menschen, die früher eher für und heute mehrheitlich eher gegen auf „Resozialisierung" zielenden Strafvollzug sind. Der Professor: „Möglicherweise spukt in den Köpfen mancher Bürger auch die Vorstellung vom fidelen Gefängnis." Die Politiker müßten sich fragen lassen, wieviel an Vollzugslockerungen der Bevölkerung zuzumuten sei.

Die Zahl der Verbrechen und Vergehen in der Bundesrepublik steigt ständig, und gleichzeitig sinkt die Zahl der von den Gerichten Verurteilten, fallen die Geld- und Gefängnisstrafen immer geringer aus, werden sogar Schwerverbrecher „auf Ehrenwort" aus der Haft

entlassen. Die Folge: „Im Kittchen sind Zimmer frei." Das heißt, bundesdeutsche Gefängnisse sind so leer wie lange nicht mehr. Straftäter laufen frei herum. Die Bedrohung für die Bevölkerung wächst.
Dies gilt selbstverständlich nicht für Schwerreiche, die sich Leibwächter leisten können (die sie aber immerhin aus der eigenen Tasche bezahlen). Ungefährdet sind auch etablierte Politiker. Sie lassen sich von Heerscharen Bewaffneter aus den Reihen der Polizei und des Bundesgrenzschutzes schützen. Diese Tausende Ordnungshüter fehlen nicht nur zum Schutz des „einfachen Bürgers". Die „Bodyguards" von Etablierten werden auch noch bezahlt vom gleichen Volk, auf das etablierte Politiker die Gauner loslassen.
Aufschlußreich ist beispielsweise die Strafverfolgungsstatistik NRW, veröffentlicht 1988: Nach Angaben des Düsseldorfer Justizministers Rolf Krumsiek hat die Gesamtzahl der wegen Verbrechen und Vergehen im vergangenen Jahr im größten Bundesland verurteilten Personen im Vergleich zu 1986 um 2,5 Prozent abgenommen. Und das, obwohl NRW 1987 einen Kriminalitätsrekord der Nachkriegsgeschichte aufwies.
Es wurde 1987 sogar die niedrigste Verurteilten-Zahl pro 100000 Einwohner seit zwanzig Jahren registriert, während sich die Zahl der registrierten Straftaten mehr als verdoppelt hat.
Rückläufig sind die Verurteilungen besonders bei Schwerstverbrechen wie Mord, Totschlag und Körperverletzung, Vergewaltigung und Raub. In NRW sind die Gefängnisse nur noch zu 80 Prozent belegt. Die Gauner, die eigentlich hinter Gittern gehören, können ihr Unwesen in Freiheit weiter treiben.
Auch in den anderen Bundesländern wird die „erfreuliche Tatsache" gemeldet, daß die Gefängnisse unterbelegt sind. Der eingangs erwähnte Professor Schwind gab 1987 bekannt: Ein Viertel der bundesdeutschen Haftplätze sind unbelegt.
Hohe Polizeioffiziere und leitende Männer der Polizei-Gewerkschaften führen Beschwerde darüber, von etablierten Politikern bei der Verbrechensbekämpfung im Stich gelassen zu werden. Oft wird ein unter Gefahren für Leib und Leben der Beamten eingefangener Straftäter aufgrund der von herrschenden Politikern zu verantwortenden „weichen Welle" wieder laufengelassen. Nicht selten muß dann – auch in der „XY"-Sendung Eduard Zimmermanns – nach schweren Kalibern erneut gefahndet werden, denen man Hafturlaub

gewährt oder die man erst gar nicht in Untersuchungshaft genommen hatte.

SUDETENLAND

3,5 Millionen Sudetendeutsche wurden vertrieben, 250000 verloren dabei ihr Leben. Die Zurückgebliebenen wurden einer erbarmungslosen Tschechisierung ausgesetzt. Obwohl vom Grundgesetz dazu verpflichtet, nimmt Bonn seine Funktion als Interessenvertretung und Schutzmacht für diese Deutschen nicht wahr und versäumt es, für die Durchsetzung der deutschen Volkstumsrechte auf dem urdeutschen Territorium, das jetzt zum Prager Machtbereich gehört, Sorge zu tragen.
Ein Großteil der einstmals blühenden sudetendeutschen Städte und Dörfer ist unterbesiedelt. Streckenweise gleicht das Land heute einer gespenstischen, menschenleeren Kulturwüste. Parallel zur kulturellen Auslöschung verlief die ökologische Zerstörung. Erschütternd lesen sich die Berichte über Ökoschäden im Sudetenland. Alleine im Erzgebirge sind schon mindestens 40000 Hektar Wald (andere Schätzungen mutmaßen: 100000 Hektar) vernichtet worden. Über 1000 Dörfer und Städte sind dem Erdboden gleichgemacht worden, unzählige Gotteshäuser der Spitzhacke zum Opfer gefallen.
Wie verhält sich Bonn? Anfang 1988 besuchte Kanzler Kohl den tschechischen Machtbereich und versprach dem ČSSR-Ministerpräsidenten Lubomir Strougal weitere deutsche Geldzuweisungen. An diese Zusage wurde keineswegs die Bedingung geknüpft, den im Prager Machtbereich lebenden Deutschen endlich die grundlegenden Volkstums- und Menschenrechte zu gewähren.
Kohl verbreitete während seiner Visite in der ČSSR bemerkenswerte Erkenntnisse. So sagte er zum Thema Lidice (172 Menschen fielen dort einer „Vergeltungsaktion“ für die Ermordung des deutschen Reichsprotektors zum Opfer): „Das ganze Erlebnis der Barbarei der Nazis ist dort beinahe körperlich spürbar. Was in Lidice geschehen ist, ist so grauenhaft, daß man seine Gefühle schwer in Worte ausdrücken kann.“ Er fühle sich von der „Wucht der Geschichte“ förmlich niedergeworfen.

Zum Thema Vertreibungsverbrechen an den Sudetendeutschen (eine Viertelmillion Menschen wurden grausam ermordet) äußerte Kohl lapidar: „Deutsche Landsleute mußten nach 1945 ihre alte Heimat unter oft sehr dramatischen Verhältnissen (!) verlassen." Eine „dramatische Westwanderung" gewissermaßen, um Kohls Erkenntnis durch ein Wort des Bundespräsidenten für die Vertreibung zu bereichern.
In bezug auf die Tschechoslowakei vor 1938 behauptete der Kanzler, in ihr habe es „ein gedeihliches Miteinander von Deutschen, Tschechen und Slowaken" gegeben. Tatsächlich waren Deutsche und auch Slowaken einem unbarmherzigen Terror ausgesetzt.
Für die heute im tschechischen Machtbereich lebenden und brutal unterdrückten Deutschen fand der Kanzler während seines Staatsbesuches kein Wort.

SÜDTIROL

Seit siebzig Jahren steht Südtirol, die südlichste deutsche Provinz, unter fremder Verwaltung. Immer noch werden den dort lebenden Deutschen elementare Volkstums- und Menschenrechte vorenthalten. Immer noch gibt es Relikte aus faschistischer Zeit, in der die Südtiroler wegen ihres Volkstums besonders schweren Verfolgungen ausgesetzt waren.
Trotz aller Schwüre von deutsch-italienischer Freundschaft und Partnerschaft in EG und Nato hat sich grundsätzlich an der Benachteiligung der Deutschen und an der Verwehrung des Selbstbestimmungsrechtes nichts geändert.
Die meisten etablierten bundesdeutschen Politiker scheren sich nicht um die Südtiroler, ebensowenig wie um die Belange anderer Grenzland- oder Auslandsdeutscher.
Bezeichnend ist ein Schreiben des Bundespräsidialamtes vom 7. Dezember 1987. Einen Bürger, der sich beschwert hatte, daß Weizsäcker ständig zu weit entfernt liegenden Konfliktgebieten Stellung nehme, die deutschen Belange, zum Beispiel die Interessen der Südtiroler, aber vernachlässige, ließ der Bundespräsident durch seinen Sekretär von Puttkamer wie folgt bescheiden:

Zu diesem Bild notierte der Deutsche Anzeiger Nr. 9/ 1983: „Faschistische Denkmäler auf deutschem Boden, gibt es das noch? Ja, und zwar in Südtirol. Unser Bild zeigt ein Relief auf dem Gebäude des Finanzamtes in Bozen: Der Begründer des Faschismus (vorher führender Funktionär der Sozialistischen Internationale), Benito Mussolini, reitet in römischer Imperatorenmanier einher. Die italienischen Behörden haben das Gebäude unter Denkmalschutz gestellt."

„Der Herr Bundespräsident hat mich beauftragt, Ihnen auf Ihren Brief den Text der Rede zu übersenden, die er anläßlich des Besuches des libanesischen Staatspräsidenten gehalten hat. Vielleicht trägt die Lektüre doch zu einem besseren Verständnis für die politische Situation in diesem Land und die Menschen, die unschuldig in diesem Konflikt leiden, bei. Die italienischen Staatsbürger deutscher Sprache in Südtirol, deren autonome Rechte von ihrer politischen Vertretung mit Unterstützung der Republik Österreich erfolgreich durchgesetzt werden, bedürfen unserer Hilfe nicht."

BUNDESPRÄSIDIALAMT

Kaiser-Friedrich-Straße 16
5300 **BONN 1**, den 7.12.1987

Az.: II/1-17260/87
(Bei Rückfragen bitte angeben)

Telefon: (0228) 200 ... 318 ...
(oder über Vermittlung 2001)
Telex: adbpn d 886393
Telefax: (0228) 200-200

Sehr geehrter Herr Jung,

der Herr Bundespräsident hat mich beauftragt, Ihnen auf Ihren Brief vom 24.11.1987 den Text der Rede zu übersenden, die er anläßlich des Besuches des libanesischen Staatspräsidenten gehalten hat.

Vielleicht trägt die Lektüre doch zu einem besseren Verständnis für die politische Situation in diesem Land und die Menschen, die unschuldig in diesem Konflikt leiden, bei.

Die italienischen Staatsbürger deutscher Sprache in Südtirol, deren autonome Rechte von ihrer politischen Vertretung mit Unterstützung der Republik Österreich erfolgreich durchgesetzt werden, bedürfen unserer Hilfe nicht.

Mit freundlichen Grüßen

von Puttkamer

Engagement in fernen Konflikten, die deutschen Südtiroler im Stich lassend: Richard von Weizsäcker.

TIEDGE-SKANDAL

Der Verrat des Verfassungsschützers Tiedge, der sich samt seiner Intimkenntnisse über sämtliche Geheimnisse bundesdeutscher Spionageabwehr zu seinen östlichen Auftraggebern abgesetzt hat, schlug im August 1985 wie eine Bombe ein. Nicht überrascht waren nur einige wenige, nämlich diejenigen, die in Tiedge nicht nur schon immer das unvertretbare Sicherheitsrisiko sahen, sondern auch seine

Vorgesetzten vor ihm gewarnt hatten. Diese Warnungen wurden von Heribert Hellenbroich in den Wind geschlagen, der oberster Vorgesetzter Tiedges im Bundesamt für Verfassungsschutz war.

Hellenbroich war zwar von überempfindlicher Hellhörigkeit, wenn es um die „rechte Gefahr“ ging, mochte diese Gefahr auch nur in der Einbildung des CDU-Mannes existieren. Für die echte Gefahr, die in der Person des „Verfassungsschützers“ Tiedge lag, hatte der Verfassungsschutzpräsident kein Organ. Ganz im Gegenteil. Als „Beichtvater und Schutzpatron“ („Der Spiegel“) hielt Hellenbroich beharrlich seine schützende Hand über seinen Untergebenen. Auch noch zu einem Zeitpunkt, da die Gefahr bereits mit den Händen zu greifen war, blockte er alle Bestrebungen ab, den Ostspion aus seiner Schlüsselstellung im Verfassungsschutzamt zu entfernen.

Tiedge, er war Leiter der Spionageabwehr des Bundesamtes, kannte jeden und wußte alles. Er war zuständig für Sicherheitsüberprüfungen des öffentlichen Dienstes und hatte es in der Hand, Bewerber entweder zu warnen oder in Schlüsselstellungen zu bringen. Bei der Sicherheitsüberprüfung des Kanzleramtsspions Guillaume bescheinigte er diesem die Unbedenklichkeit, obwohl der Name Guillaumes bereits in einem anderen Agentenfall aufgetaucht war. So konnte der Spion ins Kanzleramt gelangen.

Tiedge kannte auch alle V-Leute, die für den Verfassungsschutz in der „DDR“ arbeiten. In Mitteldeutschland wurden laut „Neues Deutschland“ 1984/85 168 „BRD-Spione“ verhaftet, während in der Bundesrepublik in jener Zeit kaum ein Ostagent hochging. Dieser mehr als merkwürdige „Zufall“ wird auf Tiedges Tätigkeit hinter den Kulissen zurückgeführt.

Tiedge war ein „Mensch mit vielen Problemen“. Was der Wirtin seiner Stammkneipe bewußt war, ignorierte man im Bundesamt für Verfassungsschutz, wo Tiedge 19 Jahre tätig war. Der Senator der Karnevalsgesellschaft „Die Großen von 1823“ konnte „Schneisen in Büffets fressen“ und hatte ein Übergewicht von fast 100 Prozent des Tolerierbaren. In letzter Zeit war er immer häufiger mit einer Alkoholfahne im Amt erschienen. Die Vorgesetzten zogen auch keine Konsequenzen, als er mit 2,19 Promille am Steuer seines Wagens gestellt worden war. Damals erhielt Tiedge acht Monate Führerscheinentzug und eine Geldstrafe in Höhe von 6500 Mark.

Im Juli 1982 war Tiedges Frau Ute von ihren Töchtern mit einer blutenden, schweren Kopfverletzung im Badezimmer gefunden worden. Sie wurde sofort ins Kölner Unfallkrankenhaus eingeliefert, starb aber bald darauf an den Folgen einer Gehirnblutung. Den Nachbarn war bekannt, daß sich die Frau hatte scheiden lassen wollen, weil sie von Tiedge häufig brutal mißhandelt worden war. Tatsächlich gibt es Indizien dafür, daß sie ihrem Mann gedroht haben könnte, ihn wegen seiner Spionagetätigkeit anzuzeigen.

Tiedge, der zweimal im Jahr an der hessischen Zonengrenze bei Wüstensachsen Urlaub zu machen pflegte, hatte nach dem Tod seiner Frau mit seinen drei Töchtern Probleme. Da ein Familienleben nicht stattfand, sorgte das Bundesamt für Verfassungsschutz dafür, daß die Kinder in einer Kneipe täglich ihr Essen bekamen.

Tiedge hatte sich auch mit seinem Hausbau in Köln übernommen. Er geriet mit Zinsen und Tilgung immer mehr in Verzug, hatte über 200000 Mark Schulden. In seinem Haus wurden ungeöffnete Briefe mit Rechnungen im Gesamtbetrag von etwa 35000 Mark gefunden. Es kam zu mehreren Pfändungen, weil er die Gebühren nicht bezahlte.

In auffallender Weise vernachlässigte Tiedge aber auch seine dienstlichen Obliegenheiten. Nicht nur zu Hause ließ er Akten, die den Vermerk „Geheim" trugen, herumliegen, sondern auch an öffentlich zugänglichen Stellen.

Das alles veranlaßte die Verantwortlichen des Verfassungsschutzes nicht etwa einzugreifen, sondern sie vergeudeten ihre Zeit mit der Jagd auf „Rechtsextremisten", bis Tiedge mit seinem enzyklopädischen Geheimdienstwissen in den Osten überwechseln konnte.

TIERSCHUTZ

Das am 1. Januar 1987 in Kraft getretene neue Tierschutzgesetz hat nach Einschätzung des Deutschen Tierschutzbundes keine grundsätzliche Wende zum Besseren gebracht. In manchen Bereichen wird sogar eine Verschlechterung gegenüber der bis dahin gültigen Rechtslage festgestellt.

In bezug auf den Tierschutz ist Deutschland anderen Staaten stets voraus gewesen. Das erste deutsche Tierschutzgesetz trat am 24. November 1933 in Kraft. Damit war Deutschland der in Sachen

Tierschutz fortschrittlichste Staat. Novellierungen gab es 1972 und 1986. Dennoch liegt vieles im argen, und zahlreiche neue Ursachen des Leides von Tieren sind hinzugekommen.
„Das novellierte Tierschutzgesetz ist weit hinter den Erwartungen zurückgeblieben“, heißt es in einer Stellungnahme des Tierschutzbundes. Dies gelte insbesondere für den Problembereich Tierversuche und für die Nutztierhaltung.
Es war die erklärte Absicht der Bundesregierung, Tierversuche weitgehend einzuschränken. Tierschutzbund: „Dieses Ziel wird durch die vorliegenden Regelungen nicht erreicht. Nach wie vor ist alles erlaubt, was begründbar ist. Die konkretesten Verbotsbestimmungen beschränken sich überwiegend auf Versuche, die in der Praxis gar nicht durchgeführt werden.“
Die Ausweitung der Institutionen, die Tierversuche durchführen dürfen und die Umwandlung von genehmigungspflichtigen Tierversuchen in lediglich anzeigepflichtige wird mit Besorgnis betrachtet, zumal eine überwiegende Zahl der bei uns schon durchgeführten Tierversuche schon vorher lediglich anzeigepflichtig war. Besonders schwer wiege, daß das Gesetz keine konsequenten Leidensbegrenzungen enthalte, merkt der Tierschutzbund kritisch an. Nach wie vor dürfen auch wiederholt schmerzhafte Versuche am unbetäubten Tier durchgeführt werden.
Verschlechterungen registriert der Tierschutzbund für landwirtschaftliche Nutztiere. Die dauernde Bewegungseinschränkung sei nicht mehr generell verboten. Damit werde der intensiven Nutztierhaltung weiterhin der Weg geebnet. In der Verordnung zur Haltung von Legehennen in Käfigen werde die tierquälerische Haltungsform auf unbefristete Zeit festgeschrieben. Auch die Fläche von 450 Quadratzentimetern, die man einer Legehenne zumesse (= 21 × 21 cm), sei kleiner ausgefallen, als es der Bundesinnenminister vorgeschlagen habe. Diese Fortsetzung der Qualen von Legehennen durch minimalen Lebensraum ist der EG-Bürokratie zu verdanken, die deutsche Bemühungen, den Legehennen wenigstens 600 Quadratzentimeter Lebensraum zu gewähren, abblockte.
„Wesentliche Forderungen der Tierschutzorganisationen wurden nicht in das Tierschutzgesetz aufgenommen“, lautet die Kritik des Tierschutzbundes. Es fehlen demzufolge u. a.: Konkrete Bestimmungen zur Haltung landwirtschaftlicher Nutztiere, Verbot der Kastration von jungen landwirtschaftlichen Nutztieren ohne Betäu-

Auch in Italien werden unsere Singvögel abgeschlachtet. Das Bild zeigt einen „Jäger" mit der Beute eines Vormittags: Hunderte von Singdrosseln. Wo bleibt der Versuch Bonns, diese Schandtaten via EG zu unterbinden?

bung; Verbot, landwirtschaftliche Nutztiere für nicht tiergerechte Haltungssysteme zurechtzuamputieren; Verbot der Versendung von Tieren per Nachnahme; Verbot des Kupierens der Ruten bei Hunden; Verbot der Haltung von exotischen Tieren im Privathaushalt; unabhängige Tierschutzbeauftragte.

Tierschutzbund: „Nach unserer Auffassung wurde bei der Novellierung des Tierschutzgesetzes die Chance für eine Verbesserung weitgehend vertan. Trotzdem werden wir den vorgegebenen Rahmen soweit wie möglich ausschöpfen, um den Tieren zu helfen."

Besonders scharf wenden sich die Tierschützer gegen das von religiösen Minderheiten auch in Deutschland praktizierte und von der

Obrigkeit tolerierte Schächten. Es handelt sich um das Ausblutenlassen eines unbetäubten Tieres aus religiösen Gründen.

Ein Skandal ist auch das Abschlachten Hunderttausender Singvögel (die im Sommer bei uns zu Gast sind) in Italien und Belgien. Die Gefiederten gelten dort als Delikatesse. Obwohl dieser Vogelfang mit oft grausamen Methoden betrieben wird und sogar gegen EG-Bestimmungen verstößt, haben weder die Europäische Gemeinschaft noch Bonn ernsthafte Anstrengungen gegen die Massentötung der Singvögel unternommen.

In der Bundesrepublik Deutschland sind rund 750000 Tier- und Pflanzenarten (= 30 bis 50 % des Gesamtbestandes) vom Aussterben bedroht. Weltweit sind es 25 %. Skrupellose, international tätige Händler tragen unvermindert zur Ausrottung exotischer Tierarten bei. Diese bestürzende Bilanz zieht die Naturschutzstiftung World Wildlife Fund (WWF) 15 Jahre nach Inkrafttreten der ersten Konvention zum Schutz bedrohter Tiere und Pflanzen. So habe sich der Bestand des afrikanischen Nashorns von 60000 (1970) auf jetzt nur noch 1794 verringert. In Asien gilt das aus dem Horn des Dickhäuters angefertigte Pulver als potenzfördernd.

Nach WWF-Angaben zählt die Bundesrepublik zu den Hauptabnehmern der internationalen Tierhändler – allerdings nicht, was das potenzfördernde Nashorn-Pulver angeht. Hierzulande werden vornehmlich exotische Haustiere abgenommen sowie Produkte aus Krokodil- oder Schlangenhäuten.

Bis zu 100000 lebende Papageien gelangen nach Ermittlungen des WWF jährlich in die Länder der Europäischen Gemeinschaft. Nur jeder Dritte der gefangenen Vögel kommt lebend in den Verkauf. Die anderen gehen beim Transport oft unter grausamen Umständen zugrunde. Allein für den westeuropäischen „Bedarf" müssen also pro Jahr 300000 Papageien eingefangen werden.

Als geradezu lächerlich werten die internationalen Tierschützer die Strafen für skrupellose Händler. Diese würden die verhältnismäßig geringfügigen Geldzahlungen bei der zu erzielenden Gewinnspanne mit Leichtigkeit verkraften.

Der WWF kann aber auch Erfreuliches melden: Zum Beispiel sind Frösche und Schildkröten kaum noch auf dem Speisezettel von Restaurants zu finden. Robbenfelle sind vom Markt praktisch verschwunden.

ÜBERFREMDUNG

In vielen Gegenden der Bundesrepublik Deutschland sind die Einheimischen zur Minderheit geworden. Die Ausländer stellen dort die Mehrheit. Dies ist besonders in zahlreichen Großstadt-Bezirken der Fall. Betroffen sind vorwiegend alte und sozial schwache Deutsche, denen die eigene Heimat zur Fremde wird.
Am weitesten gediehen ist diese Entwicklung in Frankfurt am Main, das von Ex-Kanzler Schmidt als „amerikanische Stadt mit türkischer Bevölkerung“ bezeichnet wurde.
1965 betrug die Einwohnerzahl Frankfurts 689000. Davon waren 52000 (= 7,6 Prozent) Ausländer. 1972 lebten in der Mainmetropole 678000 Personen, davon 102000 Ausländer (= 15,1 Prozent). 1986 gab es in Frankfurt 614000 Einwohner, davon 139000 Ausländer (= 22,6 Prozent).
In den Ausländerzahlen nicht inbegriffen: Die Illegalen, die sich gesetzwidrigerweise in Frankfurt aufhalten, sowie die amerikanischen Besatzungssoldaten nebst Familienangehörigen.
Die Zahl der Deutschen ist also in Frankfurt in den letzten 20 Jahren um 162000 zurückgegangen. Die Zahl der Ausländer hat sich in diesem Zeitraum, die Illegalen zurückhaltend hinzugeschätzt, um weit über 100000 erhöht.
Im Bahnhofsviertel beträgt der Ausländeranteil 81,2 Prozent, im Gutleutviertel sind es 80,2 Prozent und in der Innenstadt 48,7 Prozent. An zahlreichen Frankfurter Schulen sind die deutschen Kinder in der Minderheit.
1982 schrieb Professor Eibl-Eibesfeldt, Leiter der Forschungsstelle für Humanethologie am Max-Planck-Institut in Seewiesen und Schüler von Konrad Lorenz:
„Bleibt das Wirtsvolk, wie gegenwärtig, bei seiner niedrigen Fortpflanzungsrate, dann kann es auch zu einer Verdrängung der einen Ethnie durch die andere kommen. Auf diese Möglichkeit einer biologischen und kulturellen Verdrängung muß man hinweisen können, ohne sich gleich den Vorwurf einzuhandeln, man denke rassistisch. So wie die Ausländer in erster Linie ihre Interessen vertreten, so dürfen auch die Wirtsvölker ohne Schuldgefühle ihre eigenen Interessen wahrnehmen, ja die Regierungen haben sich sogar meist dazu verpflichtet, die Interessen des eigenen Volkes zu wahren. Das

Grundgesetz der Bundesrepublik Deutschland macht da wohl keine Ausnahme. Nur dadurch, daß jedes Volk seine Eigenarten pflegt, bleibt uns die ethnische Vielfalt erhalten, der die Menschheit ihre adaptive Breite verdankt." Auf die Dauer, so Eibl-Eibesfeldt, könne kein Land beliebige Mengen von Bürgern anderer Länder bei sich aufnehmen, ohne in ernsthafte Schwierigkeiten zu kommen. „Die Öffnung des eigenen bereits übervölkerten Landes hilft auf die Dauer keinem."

In seinem 1988 erschienenen Buch „Die Endlösung der Deutschen Frage" notiert Soziologie-Professor Robert Hepp: „Ganz spontan, ohne daß irgendeine bewußte Absicht erkennbar wäre, wandelt sich das Gesicht der Stadtteile, in denen sich die Fremden zusammenballen. Auch dem Fall Roms ist eine Epoche der ‚friedlichen Unterwanderung' bei gleichzeitigem Dahinschwinden der eingeborenen Römer vorausgegangen. Lange bevor Alarich mit seinen bewaffneten ‚Horden' in Rom einmarschierte und der Germane Odoaker das Kaiserlein Romulus absetzte, waren Rom und Italien bereits fest in fremder Hand. Es hatte ganz harmlos mit der Beschäftigung von ‚Fremdarbeitern' begonnen. Am Ende waren – nach den Inschriften auf den stadtrömischen Grabsteinen der Kaiserzeit – fast 90 Prozent der römischen Plebs und über drei Viertel des gewerblichen Mittelstandes fremder Abkunft. Karthagisch-syrische Kaiser herrschten über diese neuen ‚Römer' und führten gegen alles, was von römischer Art noch aufrecht stand, einen vernichtenden Kampf."

Vorangestellt hat Hepp seinen Darlegungen ein Zitat von Oscar Hertwig: „Dagegen mag ein Staat nach einem verlorenen Krieg seine Verfassung und Organisation oder Teile seines Besitzes und Territoriums verlieren, er mag aufgeteilt oder auch ganz unterjocht werden, so bleiben doch seine Bürger, die den lebendigen Inhalt und den Wert eines Staatswesens ausmachen, trotz alledem erhalten und können sich durch Fortpflanzung in die Zukunft, unter Umständen in noch reicherem Maße als ihre ehemaligen Besieger, vermehren und sich ausbreiten. Völker sterben nicht durch verlorene Kriege."

Aus dieser Erkenntnis leitet Hepp folgende Aussage ab: „Man mag es drehen und wenden, wie man will: Letzten Endes kann ein über Jahrzehnte andauernder Bevölkerungsrückgang, der laufend durch Einwanderung ‚kompensiert' werden muß, zu gar keinem anderen Ergebnis führen als zum biologischen und kulturellen Untergang des betroffenen Volkes. Der Volkstod in der Form wachsender Überfremdung ist die notwendige Folge des selbstmörderischen Geburtenrückgangs der Deutschen."

Was derzeit betrieben werde, sei die Verwirklichung „der Ausrottungsprogramme von ‚Menschenfreunden' wie Ilja Ehrenburg, Roosevelt, Morgenthau, Theodor Kaufman". Stalin-Propagandist Ehrenburg hatte empfohlen, alle Deutschen umzubringen. Roosevelt befürwortete den Plan seines Ministers Morgenthau, der darauf abzielte, rund 30 Millionen Deutsche zu vernichten. Der US-Publizist Kaufman empfahl in seinem 1941 veröffentlichten Werk „Germany must perish" (Deutschland muß vernichtet werden): „Es bleibt nur ein Verfahren, die Welt für immer vom Deutschtum zu befreien, und das ist, die Quelle trockenzulegen, aus der diese kriegslüsternen Seelen entstehen, indem man verhindert, daß das Volk der Deutschen jemals wieder seine Art fortpflanzt. Diese moderne Methode, der Wissenschaft als eugenische Sterilisation bekannt, ist sofort praktikabel, ist human und gründlich." Anthropologie-Professor Earnest Albert Hooton von der US-Universität Harvard empfahl am 4. Januar 1943 im „Peabody Magazine", die „schlechten Erbanlagen" der Deutschen wegzuzüchten, indem man in einer Phase der Besetzung und Überwachung Deutschlands die Geburtenrate vermindere, die Einwanderung und Ansiedlung Nichtdeutscher, besonders nichtdeutscher Männer, fördere und deren Vermählung mit deutschen Frauen.

Ein Sprecher der DVU – Liste D: „Für alle verantwortungsbewußten Kritiker der Überfremdung ist es klar, daß die in unserem Land lebenden Ausländer keine Schuld tragen an der verderblichen Entwicklung. Die Interessen sowohl von Deutschen wie auch von Ausländern werden durch die etablierte Überfremdungspolitik gefährdet. Die Hauptschuld liegt bei ‚denen da oben', die auf den Gipfeln der Macht thronen und eine konsequente Überfremdungspolitik betreiben sowie eine Propagandamaschinerie, um von ihren wahren Zielen abzulenken."

Zum Abschluß noch ein Wort des russischen Nobelpreisträgers Alexander Solschenizyn: „In jüngster Zeit wurde es Mode, von der Nivellierung der Nationen zu sprechen, von Gleichheit, vom Aufgehen der Völker im Schmelztiegel der Weltzivilisation. Dem stimme ich nicht zu. Das Verschwinden der Nationen würde uns nicht weniger arm machen, als wenn alle Menschen gleich würden mit einem Charakter, einem Gesicht. Die Nationen sind der Reichtum der Menschheit, ihre kollektive Persönlichkeit. Noch die geringste von ihnen hat ihre besonderen Farben und trägt in sich eine besondere Facette des göttlichen Plans."

ÜBERFREMDUNGSPLÄNE

Immer neue Vorschläge und Pläne zur Überfremdung werden präsentiert. Dabei bleibt es jedoch nicht. Mit einiger zeitlicher Verzögerung gehen die Etablierten daran, diese Pläne zu verwirklichen. Im folgenden einige der wichtigsten Überfremdungs-Pläne 1987/88:
Februar 1987. Bei einer Tagung der Ausländerbeauftragten der evangelischen Kirche schlägt Manfred Rommel, CDU-Bürgermeister von Stuttgart, eine doppelte Staatsangehörigkeit für die in der Bundesrepublik geborenen Ausländerkinder vor. Er wolle „konkrete Vorschläge für ein Doppelstaatswesen" im Deutschen Städtetag einbringen. Wie Rommel weiter ausführte, sei mit steigendem Ausländeranteil in den deutschen Großstädten zu rechnen. Dies entspreche den Wünschen derer, „die immer von Europa reden".
Anfang 1987. Der staatlich dotierte Soziologie-Professor Karl Otto Hondrich veröffentlicht im „Spiegel" einen Artikel mit der Überschrift „Die Verwandlung". Er beschreibt die Vergreisung der bundesdeutschen Gesellschaft infolge Geburtenmangels. Als Ausweg schlägt er vor: „Es bleibt als letzte Chance gesellschaftlicher Verjüngung die Rettung von außen." Die Millionen Zuwanderer aus fremden Ländern bezeichnet Hondrich als „Bewahrer vor der Entvölkerung". Die Deutschen seien sich der „Rettungstat" der Ausländer nicht bewußt und lasten „den ungeliebten Rettern auch noch ein Überfremdungsproblem an", klagt der Professor. Die Asylbewerber nennt er „Symbole für Wege aus der Ausweglosigkeit".
April 1987. Burkhard Hirsch, innenpolitischer Sprecher der FDP-Bundestagsfraktion, beklagt die „geringe Quote von Einbürgerungsanträgen von Ausländern". Nach Angaben des Statistischen Bundesamtes erwerben nur 0,5 Prozent der dazu berechtigten Ausländer jährlich einen deutschen Paß, 99,5 Prozent wollen nicht „Deutsche werden". Hirsch fordert ein „massives Integrationsangebot", um die Zahl der Einbürgerungen „erheblich zu erhöhen".

April 1987. Die Ausländerbeauftragte des Berliner Senates, Barbara John (CDU), antwortet auf die Frage „Wie wird Berlin in 50 Jahren aussehen“ dem „Volksblatt“ wie folgt: „In Berlin gibt es Ängstlichkeiten und Verkrampfungen von seiten der Einheimischen längst nicht mehr. Die Berliner betrachten auch die öffentlich sichtbaren Besonderheiten einiger Minderheitengruppen als farbige Attribute einer weltoffenen, international verflochtenen Stadt. Nationalismus und engstirniger Nationalstolz werden als historisch überholte Marotte des 19. und des frühen 20. Jahrhunderts begriffen. Entspannt hat sich auch das Verhältnis zur DDR. Das hat auch eine Gruppe Berliner türkischer Herkunft genutzt. Es handelt sich hauptsächlich um Gewerbetreibende, so daß man im Ostberliner Stadtbild, aber auch im Dresdner hier und da jetzt Döner-Kebap-Stände findet. Zur 800-Jahr-Feier lädt die Stadt unter dem Motto ein: Weltoffene Stadt Berlin, weltoffene Stadt in Europa.“
Mai 1987. Beim „Ronnenberg-Forum“ sagt die niedersächsische Ausländerbeauftragte Gabriele Erpenbeck (CDU): „Wer sagt, daß wir keinen Platz für Türken haben, ist kein Realist. Wir brauchen ihre Arbeitskraft, sind aus politischen und demographischen Gründen auf sie angewiesen. Es liegt in unserem allereigensten Interesse, daß wir den Türken Platz und Möglichkeit geben, sich hier zu entfalten.“
August 1987. Die Berliner Ausländerbeauftragte trägt im „Tagesspiegel“ weitere Anregungen zur Überfremdung vor. Frau John schreibt: „Der Berliner Senat gestattet der jungen Ausländergeneration, allerdings nur Männern, die Einbürgerung auch dann, wenn die bisherige Staatsbürgerschaft vorläufig noch weiterbesteht. In Ausnahmefällen sollte man dahin kommen, daß sogar Minderjährige mit Zustimmung ihrer Eltern Deutsche werden können, auch wenn die übrigen Familienmitglieder diesen Schritt nicht gehen wollen.“ Zugewanderte Minderheitengruppen seien „in verschiedenen Bereichen Diskriminierungen ausgesetzt“. Dagegen müsse eingeschritten werden, „etwa in Form von Ergänzungen des Strafrechtes oder aber, indem besondere Schutzgesetze gegen verschiedene Formen der Ausgrenzung geschaffen werden (Antidiskriminierungsgesetz)“. Die Ausländerbeauftragte fährt fort: „Erst der normative Druck durch institutionelle Regelungen wird dazu führen, daß den Zugewanderten öffentlich Achtung und Respekt gezeigt wird. Die Einbürgerung wird allerdings nach wie vor der Königsweg zur rechtlichen Gleich-

Türkische Frauen mit Kopftuch und Kleid tummeln sich in den Berliner Schwimmbädern – so stellt sich Hanna-R. Laurien die Zukunft vor

Berlin, 31. Dezember v.r.

Türkische Frauen mit Kopftüchern tummeln sich im Wasser der Berliner Schwimmbäder, sie haben keine Badeanzüge an, sie tragen Kleider, wenn sie sich im kühlen Naß erfrischen.

So stellt sich Schul- und Sportsenatorin Hanna-Renate Laurien zukünftig den Betrieb in Berlins Hallen- und Freibädern vor.

Die Senatorin: Man sollte den Mädchen die Möglichkeit geben, ihre Tradition zu pflegen. Ich habe nichts gegen Kopftücher im Wasser.

Günter Spanier, Sprecher der Senatorin: Selbst das Kleid sollte kein Stein des Anstoßes sein. Auch unsere Großeltern stiegen noch in „voller Montur" ins Wasser.

Hanna-Renate Laurien, selbst aktive Hobbyschwimmerin: Auf diesem Wege könnte man die türkischen Mitbürger stärker in den Freizeitbereich einbeziehen.

Aus der Berliner „BZ" vom 31. Dezember 1987.

stellung bleiben." Die CDU-Politikerin schließt: „Die kulturelle Buntheit ist ein Beweis dafür, wie anpassungsfähig und erfindungsreich der Mensch ist. Es ist in unsere Hände gelegt, ob wir das Zusammenleben als eine gemeinsame Aufgabe begreifen wollen und neue Formen suchen, die unvermeidlichen, oft interessanten Konflikte in einer humanen Weise auszutragen."

Oktober 1987. Der innenpolitische Sprecher der CDU/CSU-Bundestagsfraktion, Johannes Gerster, beklagt die geringe Einbürgerungsbereitschaft der Ausländer. Er schlägt deshalb vor, die Dauer des Mindestaufenthaltes in der Bundesrepublik von zehn auf acht Jahre zu senken und die Verwaltungsgebühren zum Erwerb der deutschen

NIEDERSÄCHSISCHE AUSLÄNDERBEAUFTRAGTE BEIM RONNENBERG-FORUM:

Wir müssen Türken Platz geben, sich zu entfalten

Schlagzeile aus der Kirchenzeitung für das Bistum Hildesheim vom 31. Mai 1987. Die Ausländerbeauftragte der niedersächsischen Landesregierung, Gabriele Erpenbeck (CDU) äußerte: »Wer sagt, daß wir keinen Platz für Türken haben, ist kein Realist. Wir brauchen ihre Arbeitskraft, sind aus politischen und demographischen Gründen auf sie angewiesen. Es liegt in unserem allereigensten Interesse, daß wir den Türken Platz und Möglichkeit geben, sich hier zu entfalten.«

Staatsbürgerschaft „auf den symbolischen Betrag von 100 Mark herabzusetzen". Auch müsse im Ausländergesetz die Voraussetzung der einheitlichen Einbürgerung aller Familienangehörigen aufgehoben werden.

Dezember 1987. Die Nachrichtenagentur dpa meldet am 11. des Monats: „Die schrumpfende Bevölkerungszahl in der Bundesrepublik wird nach Ansicht von Kanzleramtschef Wolfgang Schäuble (CDU) langfristig durch einen verstärkten Zuzug von Ausländern ausgeglichen werden müssen. Auf einer Veranstaltung in Osnabrück erklärte Schäuble gestern abend, die Integrationspolitik der Bundesrepublik müsse sich schon jetzt danach ausrichten."

Dezember 1987. Laut Evangelischem Pressedienst vom 21. des Monats fordert der Politikprofessor Dieter Oberndörfer, Leiter des Arnold-Bergsträsser-Instituts und als „CDU-Vordenker" bekannt, die Deutschen sollten nicht mehr „in den Kategorien des völkischen Nationalismus" denken. Der Eckstein des Grundgesetzes sei die Würde des Menschen und nicht die Würde der Deutschen. Oberndörfer weiter: „Wenn wir nicht bereit sind, Menschen auch anderer Kulturräume aufzunehmen und ihnen die deutsche Staatsbürger-

Schäuble: Zuzug von Ausländern nötig

Agentur-Meldung der dpa vom 11. Dezember 1987.

Osnabrück (dpa) Die schrumpfende Bevölkerungszahl in der Bundesrepublik wird nach Ansicht von Kanzleramtschef Wolfgang Schäuble langfristig durch einen verstärkten Zuzug von Ausländern ausgeglichen werden müssen. Auf einer Veranstaltung in Osnabrück erklärte Schäuble gestern abend, die Integrationspolitik der Bundesrepublik müsse sich schon jetzt danach ausrichten. „Das bedeutet etwa auch, daß wir nicht ausländerfeindlich werden dürfen." Schäuble erklärte, die Bundesrepublik sei seit 1970 der geburtenärmste Staat der Welt.

schaft zu geben, verraten wir die Grundwerte unserer republikanischen Verfassung." Seiner Ansicht nach werde völlig verkannt, „daß Einwanderung auch Bereicherung bedeuten kann". Der CDU-Professor fragt: „Können wir, wenn die Armen der Dritten Welt an unser Tor pochen, einfach sagen, wir lassen sie nicht herein, obwohl wir alle Voraussetzungen haben, um sie aufzunehmen?"

Januar 1988. Weil die Ausländer die Bundesrepublik Deutschland kulturell und finanziell „bereichern", sollen sie noch mehr Rechte bekommen und soll die Zuwanderung von Fremden verstärkt werden. Das sind die Kernaussagen eines „Thesenpapiers zur Ausländerpolitik" der CDU. Das Papier wurde von einer Kommission der Sozialausschüsse ausgearbeitet. Vor der Presse hat es CDU-Bundestagsabgeordneter Alfons Müller bekanntgemacht. Der Zuzug von Ausländern sei auch deshalb wichtig, weil nicht genügend deutscher Nachwuchs vorhanden sei.

Die Einwanderung von Millionen Ausländern ist gemäß CDU-Papier „faktisch endgültig". Die angestrebte EG-Freizügigkeit „relativiert das Leitbild des deutschen Nationalstaates", heißt es ferner. Gefordert werden „erhebliche Aufwendungen zur Integration von

neu zuziehenden Ausländern". Die Ausländer sollen sich „im Laufe der Generationen mit unserer Kultur vermischen".
Die CDU-Ausschüsse wollen, daß die Aufenthaltsrechte der Ausländer verbessert werden. Abgelehnten Asylbewerbern soll „aus humanitären Gründen" der weitere Aufenthalt in Deutschland gestattet werden. Junge Ausländer sollen eine eigenständige Aufenthaltsberechtigung, Asylanten und nachgezogene Familienangehörige eine Arbeitserlaubnis schon ein Jahr nach Einreise erhalten, und nach längerem Aufenthalt soll „ein Rechtsanspruch auf Einbürgerung entstehen". Die Gebühr, „um Deutscher werden zu können", soll auf einen „symbolischen Betrag" in Höhe von 100 Mark gesenkt werden. In bestimmten Fällen soll der Ausländer auch dann die deutsche Staatsbürgerschaft erhalten können, wenn er die Staatbürgerschaft seines Herkunftslandes beibehält. Weitere CDU-Forderungen: „Uneingeschränktes Nachzugsrecht für minderjährige Kinder, deren Eltern sich in der Bundesrepublik legal aufhalten. Nachzugsrecht für Ehegatten, unverheiratete Kinder und unverheiratete Geschwister bei anerkannten Asylflüchtlingen und Kontingentflüchtlingen ohne Wartezeiten. Nachzugsmöglichkeit für weitere Verwandte von Flüchtlingen. Keine Visapflicht für Bürger aus Ländern mit erheblichen Menschenrechtsproblemen." Gefordert wird auch „Einräumung einer zwei Jahre gültigen Rückkehroption für Ausländer". Das heißt: Zu- und Wegzug sollen ausschließlich in das freie Ermessen der Fremden gestellt werden. Abschließend fordern die CDU-Politiker: „In einem Antidiskriminierungsgesetz sind Äußerungen, Maßnahmen und Verhaltensweisen, in denen sich Ausländerfeindlichkeit ausdrückt, unter Strafe zu stellen."
Januar 1988. Für eine gesetzliche Regelung, die Kindern von in der Bundesrepublik lebenden Ausländern schon bei der Geburt die deutsche Staatsangehörigkeit sichert, hat der rheinland-pfälzische Innenminister Geil (CDU) plädiert. Er kündigte eine „gezielte Einbürgerungswerbung" bei den in Rheinland-Pfalz lebenden Ausländern an.
Januar 1988. Die „Europa-Union" fordert: „Abbau aller Grenzkontrollen innerhalb der EG und volle Freizügigkeit für alle EG-Bürger." Präsident der Europa-Union ist Walter Scheel. Dem Präsidium gehören ferner Ex-DGB-Chef Vetter und Ex-DIHT-Präsident Wolff von Amerongen an. Prominente Präsidiumsmitglieder: Frau Griesinger (Ex-CDU-Ministerin in Baden-Württemberg), Egon Klepsch

(CDU-Europaabgeordneter) und Friedrich Bohl (Geschäftsführer der CDU/CSU-Bundestagsfraktion).
Januar 1988. Die Ausländerbeauftragte der CDU-geführten Bundesregierung, Liselotte Funcke (FDP), fordert „mehr Rechte für die in der Bundesrepublik lebenden Ausländer". Sie verlangt eine gesicherte Aufenthaltsberechtigung und eine erleichterte Familienzusammenführung. Darüber hinaus möchte Frau Funcke den „Schutz der in der Bundesrepublik aufgewachsenen Ausländer vor Ausweisung verbessern sowie die Erleichterung der Einbürgerung auch unter Inkaufnahme der Doppelstaatlichkeit gewährleisten".

Februar 1988. CDU-„Vordenker" Professor Oberndörfer fordert: „Es ist höchste Zeit, daß die Bürger der Bundesrepublik die Realitäten der demographischen Entwicklung als positive Herausforderung sehen. Hierzu gehört eine aktive, sozial und kulturell verträgliche Einwanderungs- und Assimilationspolitik."
Mai 1988. Die CDU-Fraktion im hessischen Landtag will die Einbürgerung junger Ausländer erleichtern. So sollen zum Beispiel die Einbürgerungskosten gesenkt werden und bei den Ausländerbehörden künftig „Einbürgerungsberater" arbeiten. Es gehe darum, die Bereitschaft zum Wechsel der Staatsbürgerschaft bei den Fremden zu fördern, erläutert CDU-Fraktionschef Nassauer.

Mai 1988. Ein „bundesweit einzigartiges Modell" macht Schlagzeilen. Der Berliner CDU-Senator Kewenig verkündet, künftig könnten ausländische Jugendliche, die mit den Eltern in die Heimat zurückgekehrt sind, wieder nach Berlin kommen. Sie haben eine dreijährige Rückkehroption. Weitere Kewenig-Maßnahmen: Ausländerkinder bekommen auch dann eine unbefristete Aufenthaltserlaubnis, wenn sie studieren oder in betreuten Wohngemeinschaften leben. Bisher war dazu die Bindung an den elterlichen Haushalt nötig. Neu sind auch Erleichterungen beim Aufenthaltsrecht für geschiedene Ehegatten und für Arbeitslose. Für eine unbefristete Aufenthaltserlaubnis in Berlin mußten Ausländer bisher ein ungekündigtes Arbeitsverhältnis nachweisen. Künftig wird diese Erlaubnis auch erteilt, wenn der Ausländer arbeitslos ist.

Juni 1988. „Unsere ausländischen Mitbürger brauchen die Sicherheit, hier als Bürger, als Gleiche unter Gleichen leben zu können." Diese Meinung vertritt Stuttgarts Oberbürgermeister Manfred Rommel (CDU). Seine Vision: „In 10 oder 20 Jahren wird die Bevölke-

Rommel fordert:

Ausländer mehr integrieren

Das Festklammern an einer einzigen Staatsbürgerschaft sei nicht mehr zeitgemäß, und die Stadt der Zukunft müsse eine „Multinationalität" ihrer Bürger ertragen'- diese Auffassung hat am Dienstag Oberbürgermeister Manfred Rommel vor der Presse geäußert. Er wundere sich zunehmend, so der Oberbürgermeister, daß vor allem auch Bonn die Frage der Ausländer-Integration in der Bundesrepublik nicht mit größerer Aufmerksamkeit verfolge. Der soziale Friede, vor allem in den Großstädten, werde in den kommenden Jahren nicht zuletzt davon abhängen, daß den ausländischen Mitbürgern ein steigendes Maß an Sicherheit für ihren Aufenthalt in der Bundesrepublik zuerkannt werde. Das gelte vor allem für die nachwachsende Generation. Das Thema Staatsbürgerschaft könne in einem wachsenden Europa längst nicht mehr die Rolle wie früher spielen. Rommel teilte mit, er habe dem Chef des Bundeskanzleramts, Schäuble, in einem Schreiben nahegelegt, die Bundesregierung solle in dieser Sache aktiver werden. Rommel kritisierte überdies, daß verschiedentlich deutsche Botschaften im Ausland unzureichende Auskünfte erteilten oder Besucher „einfach abwimmeln". Das sei dem deutschen Ansehen in der Welt abträglich. -ube-

Aus der Stuttgarter Zeitung vom 11. Mai 1988.

rung in den großen Städten multinational sein. Für die Menschen, die dann in den Metropolen wohnen, darf nicht zweierlei oder dreierlei Recht gelten." Rommel: „Die Doppelstaatsangehörigkeit wäre ein vernünftiger Schritt. Ich finde das affenartige Festklammern an einer Staatsangehörigkeit einfach nicht mehr zeitgemäß." Einwand: „Was ist, wenn der Vater Türke bleiben, sein Sohn dagegen nebenher Deutscher werden will?" Rommel: „Na und? Unsere Gesellschaft hat diese traditionellen Familienbande doch ohnehin gelockert." Können sich die Doppelstaatsangehörigen aussuchen, wo sie den Wehrdienst ableisten? Rommel: „Warum nicht? Auf diese Weise lösen wir nebenbei unsere Nachwuchsprobleme bei der Bundeswehr, weil natürlich die meisten Griechen oder Türken hierzulande den bequemeren Wehrdienst ableisten würden." Sollen die Doppelstaatsbürger auch zweimal wählen dürfen? Der CDU-Politiker: „Daß und was Doppelstaatler dann in zwei Ländern wählen, ist mir – ehrlich gesagt – wurscht."

Juli 1988: Der Deutsche Anzeiger berichtet in seiner Ausgabe vom 1. des Monats: „Heiner Geißler, Generalsekretär der CDU, hat in einem Gespräch mit dem Deutschen Allgemeinen Sonntagsblatt die Leitlinien der herrschenden Ausländerpolitik umrissen. Der nach Kohl einflußreichste Mann in der führenden Partei der Bonner Regierungskoalition sagte: ‚Wir müssen den vier bis fünf Millionen Ausländern, die auf Dauer bei uns bleiben, die Integration durch eine Erleichterung der Einbürgerung und durch den Familiennachzug ermöglichen. Wenn man es Menschen, die schon hier sind und auf die Dauer hier bleiben wollen, verwehrt, daß sie ihre Frauen und Kinder zu sich holen, widerspricht das unserem christlichen Menschenverständnis. In der Ausländerpolitik muß die CDU sich immer wieder darauf besinnen, auf welcher grundsätzlichen Position sie ihre Politik aufbaut, nämlich auf dem christlichen Menschenbild'."

UMWELTSCHUTZ

Warnungen vor zunehmender Umweltzerstörung und vor Raubbau am deutschen Wald wurden bereits in den 50er und 60er Jahren von der deutschen Rechten erhoben. Etablierte und Linke taten dies als „Blut und Boden"-Ideologie ab. Erst Anfang der 70er Jahre, in vielen Bereichen zu spät, setzte sich die Meinung durch, daß an der Umwelt gesündigt wird. Die Etablierten sahen sich dennoch nicht veranlaßt, Maßnahmen zur Bewahrung der Umwelt einzuleiten. Jetzt, nachdem das Kind in den Brunnen gefallen ist, fordern Etablierte „Sonderopfer" in Milliardenhöhe von den Bundesbürgern, um die gefährlichsten Folgen der umweltpolitischen Sünden abzuwehren.
Rheinverseuchung, Waldsterben und die Gefahr des biologischen Todes der Nordsee sind drei der bekanntesten Umweltskandale in der Bundesrepublik. Hinzu kommt die Gefährdung durch Umweltgifte in der Nahrung.
Schon lange warnten Umweltschützer ungehört vor der Verseuchung des Rheins, der zwanzig Millionen Menschen in der Bundesrepublik, in den Niederlanden und in Frankreich mit Trinkwasser versorgt.
Im November 1986 gelangte nach einem Brand in dem schweizerischen Unternehmen Sandoz (Basel) ein großer Teil der dort lagern-

den rund 1250 Tonnen giftiger Chemikalien, unter anderem Pestizide und Quecksilberverbindungen, mit dem Löschwasser in den Fluß. In den ersten Tagen nach dem Unfall verendeten allein ca. 150000 Aale im Rhein. Die Trinkwasserversorgung war gefährdet, zahlreiche Wasserwerke wurden vorübergehend geschlossen.

Erst nach weiteren Störfällen, u.a. bei den Chemieunternehmen BASF in Ludwigshafen, Bayer in Leverkusen sowie Ciba-Geigy in Basel, kamen in Bonn Überlegungen auf, ob die nachlässig kontrollierte Produktion der Chemiekonzerne unter ökologischen Gesichtspunkten zu verantworten sei.

Beim Störfall im BASF-Werk gelangten durch einen Defekt im Kühlwassersystem 2000 Kilogramm des Unkrautvernichtungsmittels Dichlorphenoxyd-Essigsäure in den Rhein. Bei Ciba-Geigy flossen rund 400 Kilogramm des Pflanzenschutzmittels Atrazin und bei Bayer in Leverkusen ca. 800 Kilogramm Methylalkohol in den Fluß.

Die kurzfristigen Folgen waren unter anderem ein Massensterben von Fischen und Kleinstlebewesen sowie eine Ablagerung der Gifte im Flußbett, aus dem die Schadstoffe noch über Jahre insbesondere bei Hochwasser herausgelöst werden. Die langfristigen Folgen sind schwer abzuschätzen. Zu befürchten ist vor allem aber, daß das biologisch nicht abbaubare Element Quecksilber über die Nahrungskette den Menschen gefährdet. Es kann zu schweren gesundheitlichen Schäden führen.

Das Waldsterben, vor allem durch Umweltbelastungen hervorgerufene Schäden an Laub- und Nadelbäumen, gefährdet den Bestand des Waldes und damit zugleich die Regulierung des Wasserhaushalts, die Filterung der Luft, die Produktion von Luftsauerstoff und den Schutz vor Bodenerosion. In der Bundesrepublik Deutschland werden laut Waldschadensbericht des Bundeslandwirtschaftsministeriums rund vier Millionen Hektar Wald mit geschädigten Baumbeständen registriert (1983: 2,5 Millionen Hektar).

Buche und Eiche sind mit 60 Prozent geschädigter Fläche stärker betroffen als Fichte und Kiefer mit rund 54 Prozent.

Die Ursachen des Waldsterbens werden vor allem in verschiedenen Faktoren der Luftverschmutzung gesehen: Schwefeldioxid und Stickoxide setzen sich als Stäube direkt auf den Bäumen ab oder verbinden sich mit Regenwasser zu Saurem Regen, lassen den Waldboden versauern, töten Mikroorganismen ab und beeinträchtigen die Nährstoffversorgung der Bäume. Unter Einwirkung des Sonnenlichts können aus Stickoxiden oder Kohlenwasserstoffen sogenannte Photooxidantien entstehen, beispielsweise das pflanzengiftige Ozon. Nach Ansicht vieler Wissenschaftler und Naturschützer reichen die eingeleiteten Maßnahmen zur Verminderung der Schadstoffbelastung nicht aus, um das Waldsterben zu stoppen. Gefordert wird unter anderem ein gezielter Ausbau des Schienenverkehrs statt der einseitigen Ausrichtung auf den Straßenverkehr (der seit Kriegsende in der Bundesrepublik Deutschland nicht weniger als 500000 Todesopfer gefordert hat).

Gifte sind auch in Lebensmitteln enthalten; ein Problem, das durch die Verwässerung bundesdeutscher Lebensmittelschutzgesetze durch die EG noch verschärft wird. Unter Berufung auf Artikel 30 des EG-Vertrages, der Einfuhrbeschränkungen zwischen Mitgliedsstaaten verbietet, verurteilte der Europäische Gerichtshof die Bundesrepublik Deutschland im März 1987, die Einfuhr von Bier zuzulassen, auch wenn es nicht nach dem bundesdeutschen Reinheitsgebot, einem der ältesten Lebensmittelschutz-Gesetze der Welt, gebraut worden ist.

Durch die EG beeinträchtigt werden auch die Schutzgesetze für Käse und andere Milchprodukte sowie für Fleischwaren, die keine Zusatzstoffe enthalten dürfen. Die Eurokraten haben es geschafft, das bundesdeutsche Lebensmittelrecht aufzuweichen. So war bei uns beispielsweise das Chemieprodukt Corbadox als Schweinefutterzusatz verboten, auf Weisung des EG-Ministerrates ist es jetzt erlaubt. Die EG-Bürokraten sind unentwegt dabei, die Verfälschung natürlicher Lebensmittel durch Chemikalien, Hormone, Aroma- und Ersatzstoffe auch in der Bundesrepublik Deutschland voranzutreiben.

UNO

Die Bundesrepublik Deutschland zahlt über eine halbe Milliarde Mark jährlich in die Kassen der UNO. Sie bestreitet mehr als acht Prozent des Gesamtetats der Weltorganisation, der 159 Staaten angehören. Bonns Haushaltsanteil ist wesentlich höher als der anderer westeuropäischer Staaten wie zum Beispiel Frankreichs und

Großbritanniens, die im Gegensatz zur Bundesrepublik sogar ein Veto-Recht in der UNO haben.
Trotz der gewaltigen Zuschüsse aus der bundesdeutschen Steuerkasse nutzt Bonn das Forum der Vereinten Nationen nicht, um die Deutsche Frage auf die Tagesordnung der Weltpolitik zu bringen. Gleichzeitig weist Kanzler Kohl jedes Begehren auf aktive Deutschlandpolitik mit dem Hinweis zurück, die Deutsche Frage stehe nicht auf der Tagesordnung der Weltpolitik.
Der Haushalt der UNO-Hauptorganisation 1988/89 weist ein Volumen von umgerechnet drei Milliarden Mark auf. Davon bestreitet Bonn 8,26 Prozent (= 247 Millionen Mark). Das ist fast soviel, wie die Supermacht Sowjetunion einzahlt (die nicht nur Veto-Recht hat, sondern auch gleich über mehrere Sitze in der UNO verfügt). Bonn zahlt rund ein Drittel mehr als Frankreich, annähernd das Doppelte des britischen Beitrages und 120 Prozent mehr als Italien.
Mehr als die Bundesdeutschen geben die Sowjets und Japan (das allerdings doppelt soviel Einwohner hat wie die Bundesrepublik) sowie die Vereinigten Staaten von Amerika. Die Zahlungsmoral Washingtons ist allerdings miserabel. Die UNO ist bemüht, US-amerikanische Zahlungsverpflichtungen noch aus dem Jahr 1986 einzutreiben. Bonn zahlt selbstverständlich pünktlich.
Zu den 247 Millionen aus westdeutscher Steuerkasse für die UNO-Hauptorganisation (Sicherheitsrat, Generalsekretariat usw.) gesellen sich noch Bonner Zahlungen in Höhe von fast 350 Millionen Mark für die UNO-Unterorganisationen, zum Beispiel 87 Millionen für die WHO, 83 Millionen für die FAO, 49 Millionen für die UNESCO. Bei einigen Unterorganisationen beläuft sich der bundesdeutsche Beitrag auf annähernd 10 Prozent.
Wenn Bonn das Finanzgewicht der Bundesrepublik wenigstens in politisches Gewicht umsetzen würde, wäre weitaus weniger gegen die gewaltigen Zahlungen einzuwenden. Da dies jedoch nicht geschieht, muß man einen Großteil der bundesdeutschen UNO-Gelder in die Rubrik „skandalöse Steuergeldverschwendung" aufnehmen. Bonn hat nicht einmal den Versuch unternommen, die Deutschland diskriminierende UNO-Feindstaatenklausel (sie gewährt den einstigen Siegerstaaten des 2. Weltkrieges Interventionsrecht) zu beseitigen.

VERFASSUNGSSCHUTZBERICHT

„Verfassungsschutzbericht" lautet der Titel des wohl kuriosesten Pamphlets Etablierter. Das Bundesverfasssungsgericht hat den Verfassungsschutzbericht als „Meinungskundgabe des Innenministers" charakterisiert. Es ist also ein Propagandainstrument und nicht, wie man weismachen will, ein rechtsstaatlicher Index gesetzwidriger Aktivitäten.

Der reine Propagandacharakter des Pamphlets ergibt sich schon allein aus der Tatsache, daß Verfassungsbrüche Herrschender selbst dann nicht im Bericht auftauchen, wenn das bundesdeutsche Höchstgericht in Karlsruhe die Verfassungswidrigkeit von Gesetzen und Maßnahmen von Etablierten per Urteil oder Beschluß festgestellt hat, wie bisher schon in über 150 Fällen.

Ebensowenig notiert der Verfassungsschutzbericht Aktivitäten verfassungsfeindlicher Bonner Politiker, zum Beispiel den Verzicht auf Wiedervereinigung (Verstoß gegen Präambel des Grundgesetzes), Gewährenlassen und Finanzieren des jährlich über 200000fachen Mordes an Ungeborenen (Verstoß gegen Artikel 2; körperliche Unversehrtheit), demokratiefeindliche Behinderung nichtetablierter politischer Gruppen und Parteien (Verstoß gegen Artikel 5; Meinungsfreiheit), Zerstörung von Ehe und Familie (Verstoß gegen Artikel 6) oder den Skandal, daß zwar für 100 Prozent der Politiker Schutzraumplätze vorhanden sind, für 98% der Bevölkerung jedoch nicht (Verstoß gegen Artikel 12a Grundgesetz) – um nur wenige von vielen Fällen zu nennen.

Im Verfassungsschutzbericht werden nichtetablierte politische Kräfte – von links bis rechts – denunziert, deren Konkurrenz die Herrschenden fürchten. Die Aktivitäten solcher nichtetablierter Konkurrenten werden in einen Topf geworfen mit Gaunereien oder Gewalttaten von Wirrköpfen oder Polit-Verbrechern. So kann es geschehen, daß auch der 1988 in Bonn veröffentlichte Verfassungsschutzbericht absolut rechtsstaatstreue Nationaldemokraten und Nationalfreiheitliche ebenso auflistet wie rote Banden, die Menschen töten. Gewalttäter aus den Reihen der Etablierten, zum Beispiel jener FDP-Landesvorsitzende, der sich als Juwelenräuber betätigte, kommen im Bericht nicht vor. Auch der Barschel-Pfeiffer-Skandal, die Wörner-Kampagne gegen General Kießling oder die Verbrechen des Kohl-Vertrauten Werner Nachmann fallen unter den Tisch.

Deutsche Volksunion und Nationaldemokraten rangieren im Bericht unter „Rechtsextremisten". Ihnen unterstellt der Bundesinnenminister „Streben nach totalitären oder autoritären Staatsformen". Wörtlich heißt es im Bericht: „Sie lehnen die repräsentative parlamentarische Demokratie ab und treten für die Einengung der Individualrechte ein." Beweise für diesen Vorwurf kann das Innenministerium nicht anführen. Wer die inneren Verhältnisse von Nationalfreiheitlichen und Nationaldemokraten kennt, weiß, daß dort weitaus mehr Demokratie praktiziert wird als in etablierten Parteien, die in Vergangenheit und Gegenwart mit Politsumpf-Methoden innere und äußere Konkurrenz bekämpft haben. Hätte die CDU/CSU-geführte Bundesregierung nach dem Fall Barschel nicht lieber an die Selbstreinigung gehen sollen, anstatt mit den Fingern auf andere zu zeigen? Ein „rassistisch verstandener Nationalismus" wird den „Rechtsextremisten" vorgeworfen, weil sie auch die gemeinsame Abstammung zum Kriterium der Volkszugehörigkeit erhöben. Demzufolge wären etliche Gesetze, zum Beispiel das Bundesvertriebenengesetz und das Staatsbürgergesetz, und wären auch Entscheidungen des Bundesverfassungsgerichtes, in denen die gemeinsame Abstammung als Teil der Volks-Definition benannt worden ist, verfassungswidrig.

Den Nationalfreiheitlichen wird vorgehalten, sie würden in bezug auf das Grundgesetz nur „Lippenbekenntnisse" ablegen. Umgekehrt ist es richtig. Die Praxis Etablierter zeigt, daß sie es sind, die die Verfassung mißachten, daß sie sich in Lippenbekenntnissen in bezug auf das Grundgesetz ergehen. Steinwürfe also aus dem Bonner Glashaus!

„Ausländerfeindlichkeit der Rechtsextremisten" will der Verfassungsschutzbericht „beweisen" mit dem Zitieren folgender Parolen: „Millionen fordern Ausländerstopp", „Wir wollen Deutschland bleiben und nicht Ausländer-Land werden", „Asylantenschwemme". Tatsächlich geben solche Schlagzeilen die Ansicht der großen Mehrheit der Westdeutschen wieder, die ausweislich aller Meinungsumfragen die herrschende Überfremdungspolitik ablehnen. Der Skandal liegt nicht etwa darin, daß die Rechten solche Parolen verbreiten, sondern daß etablierte Politiker – den Charakter einer Demokratie verkennend – sich arroganterweise über den Willen der Volksmehrheit hinwegsetzen. Nicht die Forderung „Ausländerstopp" oder „Ausländerbegrenzung" gehört in einen Verfassungsschutzbericht,

der seinen Namen verdient, sondern Parolen wie „Noch mehr Ausländer hereinholen“ oder „Wahlrecht für Ausländer“.
Die Verfassungsschutzberichte sind nichts anderes als mit zweckentfremdeten Steuergeldern finanzierte Rufmordpamphlete Herrschender, die von eigenen Schandtaten ablenken wollen.

VERFASSUNGSSCHUTZ-SKANDALE

Der Verfassungsschutz betätigt sich als Brandstifter statt als Feuerwehr. V-Leute setzen kriminelle Akte, die dann politisch Mißliebigen in die Schuhe geschoben werden. An der Spitze der Verfassungsschutzämter gab es zahlreiche Skandale.
Erster Chef des Bundesamtes für Verfassungsschutz war Otto John. Er wurde 1956 wegen landesverräterischer Fälschung in Tateinheit mit landesverräterischer Konspiration zu vier Jahren Zuchthaus verurteilt. Ihm folgte als Verfassungsschutz-Chef Hubert Schrübbers, der wegen seiner NS-Vergangenheit (er wirkte bei der SS und diente dem Dritten Reich als Staatsanwalt) 1972 zurücktrat. Dann führte Günther Nollau das Bundesamt. Nachdem er im Zusammenhang mit dem Skandal um die Agententätigkeit des Kanzleramtsspions Guillaume völlig versagt hatte, trat er 1975 vorzeitig in den Ruhestand. BND-Chef Gehlen urteilte über Nollau, der der NSDAP angehört hatte: „Es ist verwunderlich, was für merkwürdige Leute in der Zeit nach dem Kriege zum Teil in leitenden Stellen bei deutschen Behörden es zu etwas gebracht haben und noch dazu solche, die für die Sicherheit der Bundesrepublik verantwortlich sind.“ Auch die Karriere von Nollau-Nachfolger Richard Meier, der das Bundesamt von 1975 bis 1983 führte, endete mit einem Eklat: Er wurde in den einstweiligen Ruhestand versetzt, nachdem er einen Verkehrsunfall verschuldet hatte, der seiner Freundin das Leben kostete und mehrere Schwerverletzte forderte. Er war deshalb zu einer hohen Geldstrafe verurteilt worden. Der nächste Verfassungsschutz-Präsident, Heribert Hellenbroich, hatte das Amt von 1983 bis 1985 inne und wechselte dann an die Spitze des BND. Daß der alkoholsüchtige, zu Honecker übergelaufene Verfassungsschutz-Abwehrchef Tiedge unter seiner Präsidentschaft hatte wirken können, führte zu Hellenbroichs Rücktritt vom Amt als BND-Chef nach nur einem halben Jahr.

Verfassungsschutz gründet „rechte Terrororganisation"

So tief ist die NRW-Landesregierung gesunken

Schlagzeile aus der Deutschen National-Zeitung vom 16. Juni 1972. Es ging um eine „Europäische Befreiungsfront" mit Verfassungsschutz-Beteiligung.

Aufschlußreich auch der Fall des langjährigen bayerischen Verfassungsschutz-Chefs Hans Langemann. Er wurde 1984 zu acht Monaten Gefängnis auf Bewährung wegen Geheimnisverrats verurteilt. Vor schärferer Bestrafung rettete ihn ein medizinisches Gutachten, in welchem ihm attestiert wurde, daß er unter starken Stimmungsschwankungen, Depressionen, Weinkrämpfen, Gedächtnislücken, Schwindelattacken, teilweiser Taubheit, Beeinträchtigung der Denkabläufe und Selbstmordneigung leide. Langemann gab zu, mit besagten Ausfallerscheinungen schon lange gekämpft zu haben: „Je mehr die Arbeit bürokratisch war, desto mehr litt ich am Kopf."

Wie Verfassungsschützer Straftaten inszenieren, zeigen die folgenden Beispiele (die für zahlreiche ähnliche Fälle stehen):

1981 verurteilte das OLG Celle fünf Mitglieder einer angeblich neonazistischen Organisation („Braunschweiger Gruppe") zu hohen Haftstrafen. Sie hatten Sprengstoffverbrechen und Vergehen gegen das Waffengesetz begangen. Auf ihr Konto ging unter anderem ein Anschlag auf das Gebäude der Amtsanwaltschaft in Flensburg und auf das Amtsgericht in Hannover. Anläßlich des Urteils fragte die Deutsche National-Zeitung: „Was ist das für ein Rechtsterrorismus, der direkt vom niedersächsischen Verfassungsschutz geführt wird? Schlüsselfigur der ‚Braunschweiger Gruppe' war der Verfassungsschutz-Mann Hans-Dieter Lepzien (38). Er hatte gegen Bezahlung dem Verfassungsschutz seit Jahren Informationen geliefert und seine vier ‚Mitkämpfer' in seine Wohnung zu häufigen Treffs geladen, Sprengstoff beschafft und zu Verbrechen angeregt." Später entschuldigte sich Lepzien durch eine Annonce in der National-Zeitung, daß er mit seinen Taten das nationale Lager in Verruf gebracht habe.

In ihrer Ausgabe vom 26. Dezember 1986 berichtete die Deutsche National-Zeitung: „Wegen Bombenlegung und Brandstiftung in mehreren Fällen hat die Erste Strafkammer beim Landgericht München einen 28jährigen Mann zu zwei Jahren und zehn Monaten Haft verurteilt. Vor Gericht war der Angeklagte geständig, und plauderte aus, unter dem Decknamen ‚Donner' Mitarbeiter des Landesamtes für Verfassungsschutz gewesen zu sein. Die Taten seien verübt worden, damit er tiefer in die ‚linksextremistische Szene' habe eindringen können. Der Verfassungsschutz habe ihm ‚für Spontantaten freies Feld' gewährt. 2000 bis 4000 Mark plus Spesen pro Monat seien der Lohn für seine V-Tätigkeit gewesen." Kommentar der National-Zeitung: „Bei allem Verständnis dafür, daß die Sicherheitsbehörden ungewöhnliche Wege gehen müssen, um organisierter Kriminalität auf die Schliche zu kommen; doch es geht zu weit, wenn ein Brand mit Benzin gelöscht werden soll."

Aus dem Deutschen Anzeiger, Nr. 18/1987: „Reuig gab sich Hellmuth Jüllich, ehemaliger Chef des niedersächsischen Landesamtes für Verfassungsschutz, bei der Befragung durch den ‚Bomben-Ausschuß' des Hannoverschen Landtages. Das Gremium soll die Umstände klären, die zum Bombenanschlag auf das Celler Gefängnis im Jahre 1978 führten – eine Gewalttat, initiiert vom Verfassungsschutz. Der niedersächsische Ministerpräsident Albrecht ist nach Angaben Jüllichs ‚früh über alle Einzelheiten informiert' worden. Es habe drei Besprechungen diesbezüglich in Albrechts Privathaus gegeben. Der Ministerpräsident habe die Bomben-Aktion schließlich ‚abgesegnet'."

Deutsche National-Zeitung vom 8. Juli 1988: „Neue schwere Vorwürfe gegen Niedersachsens Obrigkeit und den dortigen Verfassungsschutz. Nach Recherchen zweier Journalisten sind V-Leute tief verstrickt in angeblichen ‚neonazistischen Terror', haben sogar zu ‚rechtsextremen' Gewalttaten angeleitet. Hintergrund: Eine als neonazistisch bezeichnete Gruppe mit dem Namen ‚EK 1' hat sich mit kriminellen Taten hervorgetan. Ein Anhänger, 17 Jahre alt, wurde im Zuge gruppeninterner Kämpfe umgebracht. Den Ermittlungen der Journalisten zufolge, hat ‚EK-1-Führer' Futter während seiner Tätigkeit als Chef der Gruppe regelmäßig in Kontakt gestanden zu

staatlichen Stellen und im Zusammenwirken mit ihnen Jugendliche zu Straftaten verleitet. Es kam zu Brandanschlägen und Einbrüchen. Nach Futters Aussagen habe ihn die Polizei zu einem Einbruch in ein Waffengeschäft aufgefordert. Beamte hätten die Aktion observiert und mit Fotos und Video dokumentiert. Der ihn ‚betreuende' Polizeikommissar habe ihm geraten, nicht selbst ins Bild zu kommen. Nach den Ermittlungen der Journalisten wurden auch weitere kriminelle Akte, ausgeführt mit den erbeuteten Waffen, jedesmal von einem Polizeiteam beobachtet. Ferner wird berichtet, ein Führungsmitglied der ‚FAP', das auch die EK 1 mit aufgebaut habe und dann an mindestens einem der Brandanschläge beteiligt gewesen sei, habe für das Verfassungsschutzamt gearbeitet. Telefonisch oder bei konspirativen Treffen habe er die Verfassungsschützer über Anschläge informiert: Brandstiftungen in einem von Ausländern bewohnten Haus, in einem türkischen Übersetzungsbüro, einem Jugendzentrum und sogar in einem Polizeirevier. Das habe die Verfassungsschützer zwar interessiert, doch die Behörden hätten nichts unternommen. In den Verdacht, ein Lockspitzel zu sein, ist auch ein weiterer niedersächsischer FAP-Mann geraten, der im Prozeß gegen die Mörder des eingangs erwähnten 17jährigen in Zeugenaussagen beschuldigt wurde, im Keller seines ‚Hauptquartiers' jene Molotow-Cocktails ‚angemischt' zu haben, mit denen später Anschläge verübt wurden."
Am 4. August 1988 meldete die Deutsche Presse-Agentur: „Wegen eines Vergehens gegen das Waffengesetz hat die Erste Große Strafkammer des Landgerichts Osnabrück am Mittwoch in einem Revisionsverfahren den ehemaligen Verfassungsschutzmitarbeiter Manfred Berger zu einer Freiheitsstrafe von sechs Monaten zur Bewährung verurteilt. Der 42jährige Berger ist bereits mehrfach unter anderem wegen versuchten Mordes und Diebstahls vorbestraft. Berger war im Zusammenhang mit dem vom Verfassungsschutz vorgetäuschten Sprengstoffattentat auf die Außenmauer des Celler Gefängnisses 1978 als Verfassungsschutz-V-Mann enttarnt worden und anschließend mit Hilfe des Verfassungsschutzes unter anderem in Uruguay, Italien und der Schweiz untergetaucht. Bei einer Verkehrskontrolle war er 1986 mit zwei nichtgenehmigten Schußwaffen im Raum Lingen gefaßt worden.«

VERGANGENHEITSBEWÄLTIGER

Unter jenen, die am häufigsten Vergangenheitsbewältigung zu Lasten des deutschen Volkes betreiben, befinden sich zahlreiche einstige glühende Nationalsozialisten. Es ist offenbar, daß diese Leute von ihrer eigenen Karriere unter Hitler ablenken wollen. Dazu schreibt Dr. Frey im Vorwort zum Lexikon Prominente ohne Maske: „Alle Deutschen, die schon aus Altersgründen mit NS-Untaten nichts zu tun haben können, sollten es nicht länger hinnehmen, sich von früheren Gefolgsleuten oder gar Propagandisten Hitlers Moral lehren zu lassen."

Im folgenden einige Beispiele für Profi-Vergangenheitsbewältiger, die früher „auch dabei" waren:

Heinz Artzt: Er sorgte von 1964 bis 1977 als stellvertretender Chef der Zentralstelle zur Verfolgung von NS-Verbrechen in Ludwigsburg dafür, daß selbst Greise nicht in Ruhe gelassen wurden. Während des Dritten Reiches war er aktives NSDAP-Mitglied, Mitglied des NSKK-Sturmes 3/M 33, wirkte im NS-Rechtswahrerbund mit und diente dem Regime ab 1942 als Staatsanwalt. In seiner Ausarbeitung „Der Reichsstatthalter im Gemeinschaftsstaat" forderte er strenge Strafverfolgung von NS-Gegnern.

Theodor Eschenburg: Er ist die Zentralfigur der bundesdeutschen Umerziehung und Vergangenheitsbewältigung, auch aktiv als Herausgeber der „Vierteljahreshefte für Zeitgeschichte" des Münchner Instituts für Zeitgeschichte. Sein Credo: Wer die Alleinschuld Deutschlands am Zweiten Weltkrieg bestreite, entziehe der Nachkriegspolitik die Grundlagen. Eschenburg wurde 1933 Mitglied der SS, beteiligte sich in Hamburg aktiv an der „Gleichschaltung" im Sinne Hitlers und fungierte als einer der maßgeblichsten Wirtschaftsbosse im NS-Staat. Er war Geschäftsführer von nicht weniger als 21 Wirtschaftsverbänden.

Werner Höfer: Als WDR-Fernsehdirektor war er zeitweise verantwortlich für 25 Prozent des ARD-Fernsehprogramms und stellte die Weichen auf Umerziehung. Nicht anders verfuhr er bis zu seinem Sturz 1987 beim „Internationalen Frühschoppen". Er zählte ab 1933 zur NSDAP und war Mitarbeiter bei zahlreichen nationalsozialistischen Blättern. Schließlich brachte er es zum Sachbearbeiter mit Ministerialzulage im Rüstungsministerium.

Friedrich Wilhelm Hymmen: Als Chef der evangelischen Nachkriegspublizistik (epd) und als Bewältigungsschreiber in Blättern wie „Deutsches Allgemeines Sonntagsblatt" sowie als Juryvorsitzender des Kriegsblindenpreises bestimmte er lange Jahre das Klima der Umerziehung. Hymmen zählte ab 1929 zur HJ, ab 1935 zur NSDAP. Er verfaßte NS-Dramen und zahlreiche nationalsozialistische Bücher, und er fungierte als stellvertretender Hauptschriftleiter des HJ-Führungsorgans „Wille und Macht".

Carl Gustav Jung: Der Psychoanalytiker gilt als Begründer der Kollektivschuldthese. Die Ereignisse zwischen 1933 und 1945 würden den Schluß nahelegen, daß „sozusagen ein ganzes Volk als psychopathisch minderwertig aufzufassen" sei, schrieb er nach Kriegsende. Eine Art „kollektiver Wahn" habe die Deutschen ergriffen. Während des 3. Reiches redigierte Jung gemeinsam mit einem Vetter von Reichsmarschall Göring das Zentralblatt für Psychotherapie, wollte „germanische" und „jüdische" Psychologie streng voneinander getrennt wissen und begeisterte sich für das „deutsche Phänomen" unter Hitler. Seinem Lehrer Freud warf er vor, „jüdischen Denkkategorien" zu huldigen. Und Jung forderte dazu auf, „die germanische Seele in der gewaltigen Erscheinung des Nationalsozialismus" zu begreifen.

Eugen Kogon: Er schuf auf Geheiß der alliierten Militärdiktatoren mit dem Buch „Der SS-Staat" den Klassiker der Umerziehung. 1933 schrieb er: „Das nationalsozialistische Deutschland hat das ungeheure Wagnis auf sich genommen, das Netz internationaler Ränke zu zerreißen." Die Auflösung des Reichstages durch Hitler zeuge von „Kühnheit", der „laizistische freimaurerische, jüdische Staat der sogenannten Demokratie" sei abzulehnen. Und zu Mussolini fiel ihm ein: „Faschismus befreit, indem er bindet."

Helmut Krausnick: Er ist neben Eschenburg Zentralfigur der Vergangenheitsbewältigung und stand jahrelang dem umerzieherischen Institut für Zeitgeschichte vor. In NS-Prozessen trat er als Gutachter für die Anklage auf. Krausnick hatte sich schon 1932 der NS-Bewegung angeschlossen und wirkte an zentraler Stelle bei der NS-Geschichtsschreibung mit, rückte sogar bis in die Archivkommission des Auswärtigen Amtes vor.

Theo M. Loch: Er fungierte von 1977 bis 1983 als WDR-Chefredakteur und war u. a. für die Ausstrahlung der mehrteiligen Hollywood-Serie „Holocaust" verantwortlich. In der Zeit des Dritten Reiches hatte er sich der NSDAP angeschlossen, war SA-Truppführer und diente als Obersturmführer in der Leibstandarte Adolf Hitler.

Werner Pfromm: Als Generalstaatsanwalt in Köln war er führend in Sachen Vergangenheitsbewältigung tätig. In seinem Beurteilungsbogen aus dem Jahr 1944 hieß es, er sei „ein überzeugter Nationalsozialist, der auf Grund seiner genossenen Schulung in den Gliederungen der Partei und als nationalsozialistischer Führungsoffizier ganz besonders geeignet ist, das nationalsozialistische Gedankengut zu vermitteln".

Czeslaw Pilichowski: Er war der führende „Nazi-Jäger" im polnischen Machtbereich und leistete viele Jahre die „Hauptkommission zur Untersuchung von Naziverbrechen". Stolz war er darauf, die Verurteilung von über 5000 Deutschen erreicht zu haben. Vor 1945 war er Hitler-Kollaborateur und zählte im Vorkriegspolen zur militant antisemitischen Organisation ONR.

Luise Rinser: Die Schriftstellerin geriert sich als „antifaschistische Kronzeugin" und als Anklägerin im Sinne der Vergangenheitsbewältigung. Sie brachte es deshalb sogar zur Bundespräsidenten-Kandidatin der Grünen. Während des 3. Reiches betrieb sie NS-konforme Propaganda und veröffentlichte u. a. in Dr. Goebbels' Renommierblatt „Das Reich". Von ihr stammt auch folgende Hymne auf Hitler: „Wir, des Führers gezeichnete Geschworene. Wir sind Deutschlands brennendes Blut."

Erwin Schüle: Als Leiter der Ludwigsburger Zentralstelle zur Verfolgung von NS-Verbrechen war er jahrelang Bundesdeutschlands führender „Nazi-Jäger". Dann kam heraus, daß er als NSDAP-Mitglied und SA-Mann glühender Nationalsozialist war und von den Sowjets nach dem Krieg unter dem Vorwurf, schwerste Kriegsverbrechen begangen zu haben, zu 25 Jahren Zwangsarbeit verurteilt worden war. In seinem Fall war es „ganz klar", daß die sowjetischen Behauptungen „nur Fälschungen sein konnten". Viele andere aber wurden aufgrund östlicher Denunziation verurteilt, oft zu lebenslänglicher Haft.

Axel Caesar Springer: Der Verleger hielt den Deutschen unaufhörlich die böse Vergangenheit vor und forderte zu ewiger Sühne gegenüber Israel auf. Im Dritten Reich war er Chef vom Dienst und Stellvertretender Chefredakteur der „Altonaer Nachrichten", die seinem Vater gehörten. Jenes Blatt hetzte gegen den „New Yorker Judenpöbel" und stellte das jüdische Volk „Vampiren" gleich.

VERSCHULDUNG

Mit vierzig Milliarden Mark Neuverschuldung im Bundeshaushalt hat CDU-Finanzminister Stoltenberg 1988 einen traurigen deutschen Rekord aufgestellt. Zu den wesentlichen Wendeversprechungen der Regierung Kohl zählte der Abbau der Staatsverschuldung. Nach sechs Jahren Wenderegierung gibt es jedoch nicht weniger, sondern erheblich mehr öffentliche Schulden.

1982 stand der Bund mit 309 Milliarden Mark in der Kreide, jetzt sind es fast 500 Milliarden. Vor der Wende mußte der Bund für seine Schulden 22,1 Milliarden Mark Zinsen jährlich aufbringen (= 9 Prozent des Haushaltes). Inzwischen ist die Zinslast auf 32,5 Milliarden pro Jahr angestiegen (= 12,2 Prozent des Haushaltes). Meinhard Miegel, Leiter des Bonner Instituts für Wirtschaft und Gesellschaft: „Im Grunde hat die Regierung Kohl den Schuldenpfad, der Anfang der 70er Jahre eingeschlagen worden ist, nie wirklich verlassen."
War diese Entwicklung unabwendbar? Wohl kaum, wenn man an die gegenleistungslose Verschwendung deutscher Steuergelder ans Ausland denkt. Nur ein Beispiel von vielen: Obwohl Kohl genau wußte, daß Stoltenberg 40 Milliarden Mark zu pumpen beabsichtigte, ging der Kanzler zusätzliche Zahlungsverpflichtungen an die EG ein, die sich für die nächsten Jahre bis 1992 auf ca. 35 Milliarden Mark summieren. Allein diese EG-Zahlungen, die nur ein Teilausstoß des bundesdeutschen Füllhorns fürs Ausland darstellen, machen fast die Höhe der bundesdeutschen Neuverschuldung 1988 aus. Mit anderen Worten: Würde Bonn mit deutschem Geld sorgfältiger umgehen, hätten wir eine wesentlich geringere Verschuldung.

Die Gesamtverschuldung von Bund, Ländern und Gemeinden beträgt gegenwärtig (Stand 1988) 921 Milliarden Mark und wird 1990 die Billionen-Grenze überschreiten (Billion = eine Zahl mit zwölf Nullen). Bezogen auf das Bruttosozialprodukt lag die Verschuldung der bundesdeutschen öffentlichen Hand 1970 bei rund 18 Prozent. Heute beläuft sie sich auf mehr als 44 Prozent mit weiter steigender Tendenz.

Als eine wesentliche Ursache des Schulden-Zuwachses in der Bundesrepublik wird die Ölpreiskrise des Jahres 1973 und deren Folgen angesehen. Der eingangs erwähnte Miegel schreibt: „Mit dem rezessiven Einbruch nach der ersten Ölpreiskrise 1973 stieg der Finanzbe-

darf des Staates erheblich." Mitschuldig wurden also jene kurzsichtigen Politiker, die den heimischen Energieträger Kohle planmäßig zugunsten der Abhängigkeit von eingeführtem Erdöl verdrängt hatten. Diese Fehlentwicklung gab es im wesentlichen in den 60er Jahren unter der Verantwortung christdemokratischer Kanzler.
Laut Grundgesetz (Artikel 113) darf die Nettokredit-Aufnahme der Bundesregierung nur ausnahmsweise höher sein als die jährliche Investitionsausgabe. 1982 strengte die damalige christdemokratische Opposition gegen die SPD/FDP-Regierung wegen Verstoßes gegen diese Grundgesetz-Vorschrift Verfassungsklage an. An der Macht, verstößt die CDU/CSU-geführte Bundesregierung jetzt selbst gegen die Verfassung, denn die Investitionen des Bundes untertrafen die Neuverschuldung 1988 um sage und schreibe sechs Milliarden Mark. Kommentar des Münchner Merkurs: „Stoltenberg ist der größte Schuldenmacher in der Geschichte der Republik. Er übertrifft seinen sozialdemokratischen Vorgänger Matthöfer, der 1981 mit 37,39 Milliarden einen unrühmlichen Schulden-Rekord aufgestellt hatte. Der Schuldenabbau, Ziel Nummer Eins und hochgelobtes Symbol der Wende von 1982, ist mißlungen." Braunschweiger Zeitung: „Es verblaßt der Nimbus eines Mannes, Stoltenberg, der als Garant solider Haushaltspolitik und Bollwerk wider die Schuldenwirtschaft galt. Das Fatalste: Der Wähler hat keine Alternative mehr. Wen soll er nächstes Mal beauftragen, wenn das Wende-Team genauso sündigt wie seine Vorgänger? Es droht eine Abkehr von den großen Parteien auf breiter Front."

WALDHEIM-SKANDAL

Mit einer internationalen Verleumdungskampagne wollte der zionistische Jüdische Weltkongreß (New York) unter seinem Chef, dem Spirituosen-Milliardär Edgar Bronfman, die Wahl Kurt Waldheims zum österreichischen Bundespräsidenten verhindern. Nachdem sich das Volk in freier Wahl mit großer Mehrheit für Waldheim entschieden hatte, wurde die Kampagne verstärkt fortgesetzt. Es ging nun um zweierlei: Erstens, Österreich gefügig zu machen, zweitens, die Angehörigen der Wehrmacht, in der Waldheim als Offizier diente, zu diffamieren. Bundesdeutsche Politiker wie Weizsäcker und Kohl

BRZOJAVKA

Vrieme 09 22.VII.42

Vrieme

Vrieme

Službeni podatci: Adresa: ZAPOVJEDNIŠTVO 1 GR.ZDRUGA

1100-VKDO ŽURNO. Poručnik Kurt Waldheim iz štaba generala Stala traži da 4.224 zarobljenika sa Kozare, pastojeći se uglavnom od žena i djece, te oko 1% starih muškaraca, uputi 3.514 u Grubišino polje, a 730 u Zemun.

Mit diesem gefälschten Telegramm, das Waldheims Beteiligung an Kriegsverbrechen beweisen sollte, wollte man den österreichischen Bundespräsidenten zu Fall bringen. Auch der „Spiegel" fiel herein.

solidarisierten sich mit den Anti-Waldheim-Hetzern, obwohl der Bonner Bundespräsident ebenfalls Wehrmacht-Offizier war wie auch Kohls Vater: Bronfman wurde von beiden wie ein alter Freund empfangen, Mithetzer Wiesenthal erhielt sogar das Bundesverdienstkreuz.

Weitere Motive für die Anti-Waldheim-Hetze nannte Mitte 1987 der österreichische Diplomat jüdischer Herkunft Hans Reichmann: Waldheim müsse für Kreisky, den ehemaligen sozialistischen Kanzler Österreichs, büßen, weil dieser unter anderem mit seiner antiisraelischen Haltung für Verärgerung gesorgt habe. Waldheim müsse ferner die Rechnung für seine Tätigkeit als UNO-Generalsekretär

Der Kamerad
OFFIZIELLES ORGAN DES ÖSTERREICHISCHEN KAMERADSCHAFTSBUNDES

In dieser Ausgabe

Hetzer in Österreich in den USA S. 7
Pflichterfüllung S. 9
Wir Reservisten bekennen uns zur soldatischen Tradition S. 10

● FÜR FRIEDEN – FREIHEIT – LANDESVERTEIDIGUNG ●

29. JAHRGANG JULI/AUGUST 1987 / NUMMER 7/8 Schilling 15,–

Auch Einreiseverbot für alle ehemaligen Angehörigen der Deutschen Wehrmacht in die USA?

Wir haben nichts dagegen!

Durch meine Unterschrift erkläre ich, daß ich im Zweiten Weltkrieg in der Deutschen Wehrmacht – ohne persönlich schuldhaftes Verhalten – gedient habe. Ich stelle daher den Antrag, gemeinsam mit unserem Bundespräsidenten und Oberbefehlshaber des Bundesheeres auf die „Watch-List" gesetzt zu werden:

Franz Wegart, Präsident des Steiermärkischen Landtages, Graz, Landhaus

Dr. Helmut Heidinger, Landesrat, Graz

Siegmund Burger, NAbg. a. D., Leoben

Gen.-Dir. i. R. Komm.-Rat Dr. Sigbert Pauritsch, Graz

Oberrat Mag. Friedrich Zankel, Gemeinderat, Graz

Komm.-Rat Franz Eder, St. Stefan i. R., Präs.-Mitgl. der CEAC, Paris

Dr. Maximilian Czesany, Luftkriegshistoriker

Eisernes Kreuz, gestiftet von Wilhelm III. im Jahre 1813. Verliehen sowohl in den Freiheitskriegen als auch im Ersten und Zweiten Weltkrieg

Confederation Europeenne des Anciens Combattants Conseil de la Croix du Combattant de l'Europe

Dr. Theodor Piffl-Percevic, Bundesminister a. D., Graz

Rudolf Marwan-Schlosser, NAbg. a. D., Wr. Neustadt

LAbg. Bgm. Komm.-Rat Alois Harmtodt, Feldbach

Karl Wimmler, LAbg. a. D., Liezen

Dr. Hans Miksch, Jennersdorf

Prälat Franz Unger, Militärdekan i. R., Graz

Hofrat Dr. Eduard Grom, Fürstenfeld

Aktion Aufnahme in die „Watch-List" von ehemaligen Angehörigen der Deutschen Wehrmacht

AUCH WIR trugen eine Uniform, die wir uns nicht ausgesucht haben. AUCH WIR mußten an Orten und Dienststellen Tätigkeiten verrichten, die wir uns nicht ausgesucht haben. AUCH WIR wurden zu Truppenteilen der deutschen Wehrmacht eingezogen, die wir uns nicht ausgesucht haben. AUCH WIR haben uns in derselben Lage befunden wie unser Bundespräsident. AUCH WIR haben nicht einem politischen System, sondern unseren Kameraden und der Heimat gegenüber unsere Pflicht erfüllt.

Daher beantragen wir beim Justizministerium der USA, aus Solidarität mit dem Bundespräsidenten und Oberbefehlshaber des Bundesheeres, in die **„Watch-List"** aufgenommen zu werden. Das „Büro für Spezialuntersuchungen (OSI)" erspart sich dann eine jahrelange Untersuchung, um wie beim Bundespräsidenten nichts zu finden.

Mit den auf dieser Seite verzeichneten Unterschriften in Faksimile wird diese Aktion begonnen.

In allen Ortsverbänden werden nun Listen aufliegen, in denen sich ehemalige Soldaten der Deutschen Wehrmacht, ganz gleich, welchen Dienstgrad sie bekleideten, durch ihre Unterschrift zu dieser Aktion bekennen können. Die Listen werden entweder dem Botschafter der USA in Wien oder dem Außenministerium der USA in Washington übergeben. Alle Angehörigen der Deutschen Wehrmacht, gleichgültig, ob sie dem ÖKB angehören oder nicht, ungeachtet ihrer Parteizugehörigkeit, werden gebeten, ihre Unterschrift zu leisten.

Kameraden, legt selbst solche Listen an und ersucht Kameraden, sich mit uns solidarisch zu erklären. Wir wollen damit, den nach unserem Rechtsempfinden unrechtmäßigen und eines demokratischen Staates unwürdigen Vollzug, das Staatsoberhaupt eines befreundeten Landes auf die **„Watch-List"** zu setzen, ad absurdum führen. Wir sind es auch unseren gefallenen Kameraden schuldig, uns gegen die erfolgte beispiellose Diskriminierung zu wehren!

Oberst i. R. Josef Prislan, Klagenfurt

Das Faksimile zeigt die Titelseite des offiziellen Organs des Österreichischen Kameradschaftsbundes. Berichtet wird über die Aktion „Aufnahme in die Watch-List". Von der bundesdeutschen Obrigkeit gab es keine Solidarität mit Waldheim.

zahlen, weil einige Leute jetzt „Rache nehmen“ wollten. (Als Waldheim Generalsekretär der Weltorganisation war, wurde der Zionismus von der UNO als rassistisch verurteilt.) Schließlich – und das sei der dritte Grund – habe die Regierung in Washington mit Blick auf die nächsten Wahlen auf bequeme Weise jüdische Stimmen sammeln wollen.
Die bundesdeutsche Meinungsindustrie beteiligte sich eifrig an der Anti-Waldheim-Kampagne. So wurde unter anderem ein gefälschtes Telegramm verbreitet, das des österreichischen Präsidenten Beteiligung an Kriegsverbrechen „beweisen“ sollte.

WATCH-LIST

Die Watch-List ist das US-Verzeichnis von Seuchenkranken, Bundesdeutschen, Österreichern und ähnlichen Personenkreisen, die man nicht ins Land einreisen lassen möchte.
Mitte 1988 erweiterte das US-Justizministerium die Watch-List um weitere 2000 Namen. Dabei handelt es sich um Deutsche und deren Waffenbrüder im Zweiten Weltkrieg, die man bezichtigt, „an Kriegsverbrechen beteiligt gewesen“ zu sein. Im März 1988 hatte Washington knapp 10000 zusätzliche Personen auf die Watch-List gesetzt. Bekanntester Name auf dem Index der Unerwünschten ist der des österreichischen Bundespräsidenten Kurt Waldheim.
Kriterium für die Aufnahme in die Watch-List ist die Denunziation durch zionistische oder sowjetische Dienststellen. Wer von den Zentralen in Jerusalem oder Moskau als deutscher „Kriegsverbrecher“ bezeichnet wird, muß regelmäßig damit rechnen, von den US-Behörden wie ein Seuchenkranker abgewiesen zu werden. Es nutzt der betreffenden Person nichts, wenn sie ein lupenreines Strafregister vorweisen kann und rechtsstaatliche Strafverfahren wegen des Vorwurfes der Kriegsverbrechen eingestellt wurden oder mit Freispruch endeten. Im Falle Waldheims reichte angebliche „Mitwisserschaft“ aus.
Dazu hieß es im Deutschen Anzeiger vom 20. Mai 1988: „Die USA sind bekanntlich jener Staat mit der höchsten Verbrecherquote pro tausend Einwohner. Washington war seit 1945 in zahlreiche Kriege verwickelt, wobei es zu schrecklichen Massenverbrechen kam; man

denke nur an My Lai oder an den Einsatz chemischer Kampfstoffe, infolgedessen es noch heute zu schwersten Mißbildungen indochinesischer Neugeborener kommt. Weder in Bonn noch in Wien denkt man daran, einen Index US-amerikanischer Krimineller, Kriegsverbrecher und ähnlicher Gestalten zu erstellen, denen die Einreise verweigert wird, oder gar dem Heer der US-,Mitwisser' den Aufenthalt in den Bundesrepubliken Deutschland und Österreich zu verbieten."

Das Washington in Nato und „westlicher Wertegemeinschaft" verbundene Bonn hat keinerlei Anstrengungen unternommen, die diskriminierenden Watch-List-Entscheidungen revidieren zu lassen.

WERFTENKRISE

Die Bundesrepublik Deutschland ist der größte Exporteur der Welt. Aber als Schiffahrtsstaat rutscht sie auf der internationalen Rangskala immer weiter nach unten; sie erscheint in Lloyd's Schiffsregister erst auf dem 20. Platz. Vor zehn Jahren, 1977, fuhr noch eine Tonnage von 8,5 Millionen Bruttoregistertonnen unter deutscher Flagge, weitere drei Millionen BRT fuhren zwar unter fremder Flagge, aber unter deutscher Regie. Seither sind immer mehr deutsche Schiffe „ausgeflaggt", verkauft oder verschrottet worden. Im Jahr 1987 war die deutsche Handelsflotte auf 3,8 Millionen BRT geschrumpft. Die Tonnage unter fremder Flagge, aber deutscher Regie ist dagegen auf 4,1 Millionen Tonnen angewachsen. Sie fahren zwar weiter unter deutscher Regie, zeigen aber die Flagge Panamas, Singapurs, Liberias oder anderer Länder. Der Rückgang insgesamt von 1978 bis 1987: 3,6 Millionen BRT.

1986 gingen bei den bundesdeutschen Werften nur noch Aufträge im Wert von 1,5 Mrd. DM ein (1985: 3,8 Mrd. DM); der Auftragsbestand ging von 4,5 Mrd. DM (1985) auf 3,1 Mrd. DM zurück. Der Weltmarktanteil der bundesdeutschen Werften am Schiffsneubau betrug 3,1 Prozent (1956: 17,3 Prozent).

Die Lage der deutschen Werften hat sich nach Angaben des Vorsitzenden des Verbandes deutscher Schiffbauindustrie, Martin Jansen, dramatisch verschlechtert. Während im Weltschiffbau und in den übrigen EG-Ländern 1986 ein Rückgang von sieben Prozent zu

verzeichnen gewesen sei, habe die neugebuchte Tonnage in der Bundesrepublik um 48 Prozent abgenommen. Die Zahl der Beschäftigten verringerte sich seit 1982 um 28,8 Prozent auf jetzt 40919. Jansen: „Wir können eine Schiffbaupolitik nicht akzeptieren, die mit Zustimmung der deutschen Regierung hohe Subventionen im Ausland erlaubt und gleichzeitig eine angemessene Förderung des deutschen Schiffbaus unterläßt." In anderen Ländern betragen die Subventionen laut Jahresabschlußbericht der deutschen Schiffbauindustrie teilweise 40 Prozent. Seitdem hat sich die Werftenkrise weiter verschärft; Bonn leitete keine Wende in der Schiffbauförderung ein. Ebensowenig unternimmt Bonn irgend etwas dagegen, daß die deutschen Küstenhäfen mehr und mehr in ihrer Bedeutung durch ausländische Häfen herabgesetzt werden, vor allem durch Rotterdam. Auch in dieser Beziehung verabsäumt es Bonn, innerhalb der EG die deutschen Interessen geltend zu machen.
Eine stark exportorientierte Industriegesellschaft wie die der Bundesrepublik begibt sich in unkalkulierbare Risiken, wenn sie die heimische Werftenindustrie in den Ruin treibt und den eigenen Häfen im wahrsten Sinne des Wortes das Wasser abgräbt.

WIEDERGUTMACHUNGSSKANDALE

Nicht daß für begangenes Unrecht in der Zeit des entsetzlichen NS-Antisemitismus, dem Millionen zum Opfer fielen, Wiedergutmachung versucht wurde, ist skandalös, sondern die damit verbundenen betrügerischen oder politisch schädlichen Machenschaften. Skandalös ist ferner, daß die bundesdeutsche Obrigkeit nie den Versuch unternommen hat, Wiedergutmachung für Verbrechen zu erlangen, die dem deutschen Volk zugefügt worden sind.
Die Wiedergutmachungs-Betrügereien des Werner Nachmann, aufgeflogen 1988, sind kein Einzelfall. Aus der Fülle der Beispiele sei der Auerbach-Skandal erwähnt. „Prominente ohne Maske" berichtet: „Philipp Auerbach, über Korruption gestrauchelter Wiedergutmachungspolitiker, geboren 1906 in Hamburg, gestorben (Selbstmord) 1952 in München. 1933 emigrierte er, wurde 1940 in Frankreich verhaftet und kam in ein KZ. Nach 1945 stieg Auerbach zum führenden Kopf der jüdischen Gemeinde auf, wurde zudem bayeri-

scher Staatskommissar für rassisch, religiös und politisch Verfolgte. Er entdeckte mit außerordentlichem Einfallsreichtum Möglichkeiten des Wiedergutmachungsbetruges und entzog sich der strafrechtlichen Ahndung seiner Gaunereien durch Selbstmord nach der Urteilsverkündung. Eine Münchner Strafkammer hatte ihn wegen Unterschlagung, Betrugs, Untreue und unberechtigten Führens des Doktor-Titels zu zweieinhalb Jahren Haft verurteilt. Kommentar der ‚Deutschen Rehabilitierung e. V.': ‚Jedenfalls war Auerbach der Träger und Verfechter der Wiedergutmachung. Wenn jetzt Milliarden an Israel als Entschädigung gezahlt werden, dann ist die Arbeit Philipp Auerbachs belohnt. Denn er ist derjenige, der den Boden hierfür bereitet hat.'"

Am 27. Mai 1988 meldete die Deutsche National-Zeitung: „Gefälschte Haftbescheinigungen, falsifizierte ärztliche Atteste, wahrheitswidrige Sterbeurkunden, Doppelregistrierungen von Todesfällen – Auerbach und seine Helfer beherrschten virtuos die Klaviatur des Entschädigungsbetrugs." Doch seltsamerweise urteilte die „Allgemeine Jüdische Wochenzeitung": „Wenn die zukünftigen Generationen in den Annalen der Nachkriegsgeschichte der Juden in Deutschland blättern werden, wird ihr Blick länger als üblich beim Kapitel Dr. Philipp Auerbach verweilen. Mit Staunen und Achtung werden sie das Wirken des Mannes betrachten, dessen Name untrennbar mit der Wiedergutmachung des NS-Unrechts verbunden ist." Und: „Tiefe Trauer und Bestürzung griffen um sich, als die Nachricht von seinem Tode die Öffentlichkeit erreichte."

Auch, daß verdeckte bundesdeutsche „Wiedergutmachungsleistungen" in Form von Waffenlieferungen an einen nahöstlichen Staat gingen, der von der UNO mehrfach wegen aggressiver Kriegspolitik verurteilt worden ist, muß als skandalös gewertet werden.

Eine zentrale Frage lautet: Wäre es nicht besser gewesen, dem Ratschlag des einstigen Bundesfinanzministers Schäffer zu folgen und schon in den 50er Jahren eine abschließende Regelung der Wiedergutmachung zu erreichen, anstatt – wie es die damalige CDU/CSU-geführte Bundesregierung vorzog – ständige Nachforderungen zu ermöglichen?

In einer 1985 vom Bundesfinanzministerium herausgegebenen Schrift zum Thema Wiedergutmachung heißt es: „Die gesamten Lasten der Wiedergutmachung werden derzeit auf rund 86 Milliarden

In diesem Zusammenhang sind die Darlegungen des Völker- und Staatsrechtlers Professor Dr. Helmut Rumpf, langjähriger hoher Beamter im Bonner Außenministerium, belangreich. Er versuchte sich an einer Berechnung der deutschen Reparationsleistungen, die zusätzlich zur „Wiedergutmachung“ erfolgten.

DM geschätzt. Die entschädigungsrechtlichen Elemente der Sozialversicherung sind in der amtlichen Statistik nicht enthalten, weil sie nur schwer quantifizierbar sind. Ihr Ausmaß hat steigende Tendenz. Der wirkliche Endbetrag wird also wohl bei 90 oder mehr Milliarden Mark liegen.“

Am 6. Juni 1988 schätzten die in Tel Aviv erscheinenden „Israel Nachrichten“: „Insgesamt ist die Bundesrepublik Deutschland Wiedergutmachungs-Verpflichtungen an Juden in Höhe von 102,6 Milliarden Mark eingegangen.“ Dem Blatt zufolge sind „23,9 Milliarden DM noch fällig“.

1978 sagte der Präsident der Zionistischen Internationale, Nahum Goldmann: „Wissen Sie, ich habe gute Erfahrungen mit den deutschen Nachkriegspolitikern gemacht. Die Deutschen hätten die Sache mit der Wiedergutmachung viel billiger haben können. Aber Adenauer, dieser sehr harte Mensch vom Zuschnitt einer mittelalterlichen Holzfigur, hat die moralische Verpflichtung akzeptiert, für die es überhaupt keine juristische Handhabe gab.“

Zu einem ähnlichen Ergebnis kommt auch die israelische Wissenschaftlerin Professor Nana Sagi: „Weder verpflichtete das Völkerrecht Deutschland dazu, Israel und dem jüdischen Volk Entschädigung zu zahlen, noch übten die Mächtigen Druck auf die Bundesrepublik Deutschland aus, sie zu leisten. Es geschah aus freiem Willen heraus, vor allem als Folge des entschlossenen Standpunkts von Bundeskanzler Konrad Adenauer.“
Frau Professor Sagi berichtet ferner über zionistische Bemühungen, eine Rechtsgrundlage für die Wiedergutmachung zu schaffen. Sie zitiert eine auf Empfehlung des zionistischen Führers Dr. Siegfried Moses am 27. Oktober 1944 vom Verband mitteleuropäischer Einwanderer in Palästina verabschiedete Resolution: „Jüdische Ansprüche auf Entschädigung müssen auf Anerkennung der Tatsachen beruhen, daß die Juden einer seit 1933 mit Deutschland im Krieg befindlichen Nation angehören.“ Hier überlappen sich also Wiedergutmachungs- und Reparationsansprüche.

Rumpf verweist auf ein im Auftrag des Bundesfinanzministeriums 1974 erstelltes Gutachten, demzufolge die Reparationsleistung aller deutschen Gebietsteile auf rund 143 Milliarden Goldmark in Vorkriegsparität zu veranschlagen sei.
Eine Schätzung des Gesamtwertes des enteigneten deutschen Auslandsvermögens belaufe sich, so der Professor, auf „mindestens 20 Milliarden Mark in der Parität zum Vorkriegsdollar“. Eine Aufstellung der Verluste durch Annexion deutscher Gebiete stehe noch aus. Keine Bundesregierung habe es gewagt, eine solche Gegenrechnung aufzumachen, obwohl statistische Unterlagen in Bundesministerien existieren würden.
Rumpf weist noch auf folgenden wichtigen Gesichtspunkt hin: In den vertraglichen Regelungen zwischen Bonn und den Westalliierten (Londoner Schuldenabkommen 1953, Überleitungsvertrag 1954) wird die Lösung der Reparationsfrage mit dem auch heute noch ausstehenden Friedensvertrag und mit der Wiedervereinigung verknüpft. Rumpf: „Seit 1955 hatten die Bundesregierungen also eine völkerrechtliche Grundlage, alle Reparationsforderungen bis zum Friedensvertrag mit ganz Deutschland abzuweisen, Reparationspolitik mit Wiedervereinigungspolitik zu koppeln. Diese rechtspolitische Chance wurde nicht genutzt. Es wurden mehrere Abkommen mit einzelnen ehemaligen Kriegsgegnern geschlossen, die im Effekt Reparationszahlungen bewirkten, wenn auch unter anderen Bezeichnungen.“

WIEDERVEREINIGUNG

Im Urteil des Bundesverfassungsgerichts vom 31. Juli 1973 zum Grundlagenvertrag heißt es: „Aus dem Wiedervereinigungsgebot des Grundgesetzes folgt: Kein Verfassungsorgan der Bundesrepublik Deutschland darf die Wiederherstellung der staatlichen Einheit als politisches Ziel aufgeben, alle Verfassungsorgane sind verpflichtet, in ihrer Politik auf die Erreichung dieses Zieles hinzuwirken, das schließt die Forderung ein, den Wiedervereinigungsanspruch im Inneren wachzuhalten und nach außen zu vertreten – und alles zu unterlassen, was die Wiedervereinigung vereiteln würde.“
Viele Etablierte in Bonn haben die vom Verfassungsgericht postu-

lierte nationalstaatliche Wiedervereinigung Deutschlands de facto längst abgeschrieben. Weder bringt die Bundesregierung das Thema Deutsche Einheit auf die Tagesordnung der Weltpolitik, zum Beispiel in der EG oder in der UNO, noch werden neue Wege versucht, die Einheit zu erreichen. Deutsche Politiker sprechen das Thema in Washington nicht an, und sie versäumen es vorsätzlich, Möglichkeiten auszuloten, die sich aus der neuen sowjetischen Politik ergeben könnten. Alle außenpolitischen Energien werden auf die EG konzentriert, wobei der westeuropäische Bundesstaat mit der daraus folgenden völligen deutschen Souveränitätsaufgabe und der entstehenden „multikulturellen Gesellschaft“ eine „Endlösung der Deutschen Frage“ (Professor Robert Hepp) ergeben könnte.
In einer 1985 erschienenen Broschüre der Landeszentrale für Politische Bildung des CDU-regierten Niedersachsen bringt Kohl-Berater Professor Michael Stürmer die herrschende Politik auf folgenden Nenner: Einen souveränen deutschen Nationalstaat werde es nie wieder geben, nicht einmal ein „verkleinertes Bismarck-Reich vom Schwarzwald bis zu den Seelower Höhen“ sei möglich. Die Seelower Höhen liegen bei Frankfurt an der Oder. Stürmer ferner: „Jedes prinzipielle Rühren an die Oder-Neiße-Linie verletzt die Geschäftsgrundlage der Ostverträge von 1970 und 1972 und gefährdet damit auch die Gewinne, die sie brachten, wirft für Polen die Existenzfrage auf.“ Und dann formuliert er: „Die staatliche Einheit der Deutschen war immer in der neueren Geschichte, allein durch ihre bloße Existenz, eine Belastung Europas und ein Skandalon der Europäer.“ (Skandalon, griechisch = Ärgernis.)
Ende 1987 berichtete Dr. Detlef Kühn, Präsident des Gesamtdeutschen Instituts, von einem „Schlüsselerlebnis“ in den USA: Nach seinem Vortrag an der Universität in San Antonio/Texas habe ihm der Dekan eröffnet, daß die Einheit Deutschlands erstmals von einem Deutschen angesprochen worden sei. Die Deutschen, so der Dekan, sprächen in den USA über alles, „nur nicht über das Selbstbestimmungsrecht ihres Volkes“. Deshalb fordert Kühn von westdeutschen Politikern, Wissenschaftlern und Publizisten, das Ziel der Einheit in den USA offensiver zu vertreten. Drüben herrsche „Unkenntnis und Mißverständnis“. Der Instituts-Präsident: „Es lohnt sich, auf die Verknüpfung von Deutschland- und Sicherheitspolitik zu verweisen. Daß nämlich eine defensive Haltung des Westens und der Verzicht auf eigene operative Deutschlandpolitik Gorba-

Le chancelier Kohl expose au « Monde » sa conception de la sécurité européenne

- *« On ne peut défendre Strasbourg sans défendre Karlsruhe »*
- *« La liberté est plus importante que l'unité de l'Allemagne »*

Schlagzeilen der französischen Tageszeitung „Le Monde" vom 20. Januar 1988. Kanzler Kohl erklärte in dem Interview: „Die Freiheit ist wichtiger als die Einheit."

tschow reizvolle Perspektiven zur Verwirrung der westeuropäischen Öffentlichkeit eröffnen."

Bernd Wilz, Präsident des Bundes der Mitteldeutschen, hat Bonn aufgefordert, in den USA das deutsche Interesse an der Wiedervereinigung klarer zum Ausdruck zu bringen. Auch müsse versucht werden, beim Nato-Partner in Washington durchzusetzen, die Deutsche Frage in die Verhandlungen mit Moskau einzubringen. Wilz hatte Gespräche in der US-Hauptstadt geführt und dabei festgestellt, daß den Amerikanern das Problem der Teilung Deutschlands „kaum bewußt" sei.

Es sei nicht anzunehmen, daß die USA dieses Thema von sich aus in den Gesprächen mit Moskau anschneiden, meint Wilz. Die Deutschen müßten ihre Wünsche deutlich machen. Das sei Aufgabe der Bundesregierung. Die gegenwärtige Dynamik in den Beziehungen zwischen West und Ost müsse genutzt werden, um auch in der Überwindung der Teilung voranzukommen. Um die konkreten Möglichkeiten auszuloten, sei es erforderlich, daß die Deutsche Frage in den Verhandlungen der Supermächte eine Rolle spiele.

Kanzler Kohl machte im Januar 1988 in einem Interview mit der französischen Tageszeitung Le Monde klar, wie er die Deutschlandpolitik sieht: „Die Freiheit ist wichtiger als die Einheit." Mit der Pseudoalternative „Freiheit/Einheit" wird vertuscht, daß es die

AUSWÄRTIGES AMT

Bonn, den 12. September 1983

210 - E - D

Herrn
Bernhard D[redacted]

[redacted]

AUSWÄRTIGES AMT

13.9.83

Sehr geehrter Herr D[redacted]

auf Ihre Anfrage vom 31. August 1983 kann ich Ihnen mitteilen, dass keine EG-Vereinbarungen oder Erklärungen bekannt sind, die eine Festlegung auf die Wiedervereinigung Deutschlands enthalten.

Mit freundlichen Grüßen
Im Auftrag

Die deutsche Einheit ist für die EG kein Thema.

nationale Freiheit der Deutschen bei Fortbestand des Status quo, der Teilung, nicht geben kann, daß Freiheit und Einheit ein Bedingungsgefüge sind, wie es auch das Grundgesetz normiert.

Ebenfalls im Januar 1988 räumte Kohls Deutschlandministerin Dorothee Wilms anderen europäischen Staaten ein Vetorecht in bezug auf die deutsche Einheit ein: „Für uns sind Lösungen der deutschen Frage im Alleingang oder gegen den Willen unserer Nachbarn ausgeschlossen. Wir werden auch das Einverständnis unserer Nachbarn brauchen." Damit wird das Wohl und Wehe der nationalstaatlichen Einheit in das Ermessen anderer Regierungen gestellt. Ein klarer Verstoß gegen das Grundgesetz. Denn im Urteil des Bundesverfassungsgerichtes heißt es: „Das Grundgesetz verbietet, daß sich die Bundesregierung vertraglich in eine Abhängigkeit

begibt, nach der sie rechtlich nicht mehr allein, sondern nur noch im Einverständnis mit dem Vertragspartner die Aufnahme anderer Teile Deutschlands verwirklichen kann."
In diesem Zusammenhang erteilte Frau Wilms jeder möglichen Sowjet-Offerte zur deutschen Einheit eine entschiedene Absage: „Die Gespenster der Vergangenheit treiben in manchen Moskauer Köpfen noch ihr Unwesen," sagte sie und meinte damit Moskauer Hinweise auf deutsch-sowjetisches Einvernehmen unter anderem beim Vertrag von Rapallo. Die Deutschlandministerin fuhr fort: „Wir Deutschen haben unsere Wahl getroffen: Aufbau Europas und das Atlantische Bündnis. Wir Deutschen sind nicht neutral und streben Neutralität auch nicht an. Die Weltmacht Sowjetunion kann nur durch die andere Weltmacht USA ausbalanciert werden."
Nicht anders sieht es Kanzler Kohl: „Die Bundesrepublik ist fest verankert in der westlichen Wertegemeinschaft. In unserer Politik ist kein Platz für nationalistische Alleingänge, auch nicht für neutralistische Träumereien."
Im Juli 1988 schrieb die FAZ: „Als der amerikanische Botschafter in Bonn, Burt, Anfang dieses Jahres eine gemeinsame Strategie des Westens zur Überwindung der politischen Teilung Deutschlands forderte, bekam er weder von der Bundesregierung noch aus den Reihen der Opposition Unterstützung. Niemand griff den Vorschlag auf. Als am 7. Juni Professor Daschitschew, Leiter der Abteilung Außenpolitik in der sowjetischen Akademie der Wissenschaften, Deutschlandexperte und Berater Gorbatschows, in der sowjetischen Botschaft in Bonn erklärte, Mauer und Stacheldraht seien schlimme Relikte des Kalten Krieges, die das Dasein und die Psyche der Menschen belasteten und deshalb mit der Zeit verschwinden müßten, gab es unter den Bonner Politikern wiederum keine merklichen Reaktionen. Das offizielle Bonn, die Regierung, die Parteien nahmen von Daschitschews Äußerungen keine Notiz."

WIESENTHAL-EHRUNG

Unerbittlich verfolgt der zionistische Aktivist Simon Wiesenthal Deutsche wegen Unrechtstaten vor weit über vier Jahrzehnten. Auf die Idee, sich auf die Bewältigung tausendfachen Unrechts von

heute, zum Beispiel in Nahost, zu konzentrieren, kommt der Ewiggestrige nicht.
Bei seiner „Nazi-Jagd" bedient sich Wiesenthal nach Ansicht des aus jüdischer Familie stammenden ehemaligen sozialistischen Bundeskanzlers Österreichs, Bruno Kreisky, „Mafia-Methoden".
Vor der Bonner „Wende" wurde die Verleihung des Bundesverdienstkreuzes an Wiesenthal abgelehnt. 1982 hieß es in Bonn: „Es haben sich keine Anhaltspunkte für die Rechtfertigung einer Ordensauszeichnung ergeben. Die deutsche Justiz verfolgt die NS-Verbrechen seit Jahrzehnten von Amts wegen. Es ist kein konkreter Fall bekannt, der durch die Tätigkeit von Herrn Wiesenthal nennenswert gefördert worden wäre. Seine häufige Kritik an der deutschen Justiz reicht jedoch für die Begründung eines Ordensvorschlages nicht aus."
Diese Bewertung änderte sich nach Kohls Amtsantritt und seitdem CDU-Weizsäcker als Bundespräsident für die Verleihung von Bundesverdienstkreuzen zuständig ist. 1985 erhielt Wiesenthal das Große Verdienstkreuz der Bundesrepublik „in Anerkennung der um Volk und Staat erworbenen besonderen Verdienste".
Der 23. Juni 1988 schließlich war für einen anderen hochrangigen CDU/CSU-Politiker ein ganz besonders großer Tag. Verteidigungsminister Rupert Scholz durfte nämlich einem Festakt in Bonn beiwohnen, der der Ehrung Wiesenthals galt.
„Sehr verehrter, lieber Herr Wiesenthal," hub Scholz an, „Sie haben aus vielfältigen Andeutungen schon gehört, daß mir die Ehre – ich sage es ausdrücklich: die Ehre – zugefallen ist, den Herrn Bundeskanzler hier zu vertreten . . . Der Herr Bundeskanzler hat mir vor allem aufgetragen, Ihnen, lieber Herr Wiesenthal, seine Hochachtung und seine Sympathie auszudrücken, und vor allem auch seinen Dank für Ihr unermüdliches Wirken im Dienste der Wahrheit, der Gerechtigkeit und der Versöhnung."
Bei dieser Gelegenheit verteidigte der Bundesverteidigungsminister das deutsche Volk nicht etwa, sondern griff es an: „Deutsche wurden als Einzelpersonen schuldig, aber sie haften in ihrer Gesamtheit für das Unrecht, das in ihrem, in unserem deutschen Namen begangen wurde."

WÖRNER-KIESSLING-SKANDAL

Wie kein bundesdeutscher Verteidigungsminister hat Manfred Wörner dem Ansehen der Truppe durch seine haltlosen Denunziationen gegen General Günter Kießling geschadet. Nachdem der Skandal in vollem Umfang aufgeflogen war, trat Wörner nicht etwa zurück, sondern wurde von Kanzler Kohl im Amt belassen. Vier Jahre später stieg Wörner sogar, auf besonderes Drängen Kohls, zum Nato-Generalsekretär auf.

Am 23. Dezember 1983 erhielt Dr. Günter Kießling, General der Bundeswehr und stellvertretender Nato-Oberbefehlshaber, von Wörner die formlose vorzeitige Entlassung in den Ruhestand. Der Öffentlichkeit wurde der Schritt begründet mit „homosexuellen Kontakten", die der General unterhalte. Wochenlang speiste die Meinungsindustrie, von der Hardthöhe und Wörner „gefüttert", die Öffentlichkeit mit neuen „Enthüllungen" aus Kießlings Privatleben. Der General treibe sich in Kölner Homo-Treffs wie der Disco „Tom Tom" herum, hieß es.

Schließlich ließ Wörner sogar den Homosexuellen-Prominenten und Schriftsteller Alexander Ziegler aus der Schweiz mit einer Bundeswehr-Maschine nach Bonn einfliegen, um „Beweise" gegen Kießling zu erhalten.

Die Kampagne steigerte sich, so daß der denunzierte General sogar an Freitod dachte. Doch er nahm den Kampf gegen die Denunziation auf, konnte alle Anschuldigungen widerlegen und mußte schließlich in vollem Umfang rehabilitiert werden. Er wurde mit einem Großen Zapfenstreich in Anwesenheit Wörners am 26. März 1984 ehrenvoll in den Ruhestand entlassen.

Die Hintergründe der Denunziations-Affäre sind immer noch nicht voll aufgeklärt; dem Parlamentarischen Untersuchungsausschuß wurden Hemmnisse auferlegt.

Wahrscheinlich wurde Kießling Opfer einer Kampagne des von US-Amerika dirigierten Nato-Geheimdienstes CI (Counter Intelligence), der auch in der Bundesrepublik Narrenfreiheit hat. Er darf zum Beispiel ohne jede gesetzliche Regelung Telefone abhören.

Gewissen US-Kreisen war nicht verborgen geblieben, daß Kießling ein Ende der Diskriminierung der Bundesrepublik innerhalb der Nato forderte, eine wahre Gleichberechtigung innerhalb des Bünd-

nisses. Auch verficht der General den Gedanken eines wiedervereinigten, blockfreien Gesamtdeutschlands ohne Bevormundung aus Ost und West.
Als der Parlamentarische Untersuchungsausschuß seine Arbeit zur Affäre Wörner aufnahm, forderte das Bundesverteidigungsministerium plötzlich, die Nato „aus bündnispolitischen Gründen" aus dem Spiele zu lassen. Die SPD stimmte nach einem Gespräch zwischen der Hardthöhen-Spitze und der Fraktionsführung zu.
Vergeblich bemühte sich der SPD-Abgeordnete Horst Jungmann, deutsche Offiziere aus dem Stab des US-Nato-Chefs Rogers vorzuladen. Begründung: Hier gehe es nicht um Bündnis-Politik, sondern um die Frage, was aus der Nato an das Verteidigungsministerium in Bonn weitergegeben worden sei. Die eigenen Genossen lehnten in geheimer Sitzung Jungmanns Antrag ab.
US-General Rogers verabschiedete seinen ehemaligen Stellvertreter mit den Worten: „Ich kann mir vorstellen, daß Sie durch eine schwere Zeit gegangen sind. Ich kann nur hoffen, daß ich nicht noch dazu beigetragen habe." Darauf Kießling: „Das hoffe ich auch."

ZIVILSCHUTZ

In Stoltenbergs Bundeshaushalt 1989 sind etwas mehr als 800 Millionen Mark für den Zivilschutz vorgesehen; die Steigerung gegenüber 1988 beträgt 0,1 Prozent. Das heißt: Wegen des effektiven Preisverfalls gibt Bonn weniger statt mehr für den Zivilschutz aus. Ein weiterer Wendebetrug, denn vermehrte Anstrengungen zur Sicherung der Zivilbevölkerung zählten zu den Ankündigungen der Wenderegierung.
Das Verteidigungsbudget liegt 1989 bei rund 53 Milliarden Mark. Bonn gibt also 66mal mehr aus für Verteidigung als für den Zivilschutz. Was aber soll die Bundeswehr im Ernstfall noch verteidigen? Lauter Friedhöfe?
Überdies kann kein Zweifel daran bestehen, daß die Wehrbereitschaft eines Soldaten mit dem Wissen um die Sicherheit seiner eigenen Angehörigen zusammenhängt.
Während 100 Prozent der etablierten Bonner Politiker im Ernst- oder Katastrophenfall in Schutzräumen Platz finden, gibt es für 98 Prozent

der Bevölkerung keine Schutzräume. Zudem muß die Bevölkerung noch mit einer unzureichenden medizinischen Betreuung im Ernstfall rechnen. Nur 82000 Betten in Krankenhäusern und Hilfskrankenhäusern stünden dann zur Verfügung. Gehortet werden lediglich Arzneimittel für rund 240000 Patienten und Vorräte an Verbandsstoffen für 290000 Verletzte. Auch Rettung und Hilfeleistung durch den Katastrophenschutz sind nicht gewährleistet.
Zu diesem Problem liegt folgende Verlautbarung der Deutschen Volksunion – Liste D vor:
„Es muß rasch ein umfassendes Programm zur Verbesserung des Katastrophenschutzes, zum Ausbau der Katastrophenmedizin und für gesteigerten öffentlichen Schutzraumbau in Gang kommen. Es ist eine Ungeheuerlichkeit, daß die Bonner Politiker zwar für ihre eigene Sicherheit gesorgt haben, nicht jedoch für die Sicherheit der Bürger. Artikel 12a Grundgesetz gebietet einen ausreichenden Schutz der Zivilbevölkerung; die gegenwärtige Praxis der Herrschenden ist deshalb verfassungsfeindlich und unverantwortlich. Es ist auch eine Täuschung der Öffentlichkeit, wenn man unter Hinweis auf einen alles verzehrenden Holocaust-Krieg jeden Schutzraumbau für sinnlos erklärt. In die Planung von Warschauer Pakt und Nato werden ein begrenzter atomarer Schlagabtausch auf deutschem Boden oder ein konventioneller, also nichtatomarer Krieg, einbezogen. In diesen Ernstfällen würden ausreichende Schutzräume Hunderttausende, sogar Millionen retten; ganz abgesehen von den zahllosen zivilen Katastrophen-Gefahren, denen die Bundesbürger derzeit schutzlos ausgeliefert sind. Das von der DVU geforderte Zivilschutzprogramm wird auch Hunderttausende neue Arbeitsplätze schaffen. Es ist besser, dafür Geld auszugeben, somit also Arbeitsplätze zu vermitteln, als mit vielen Milliarden die Arbeitslosigkeit nur zu verwalten. Die Bundesrepublik soll sich am Beispiel der Schweiz und Schwedens ausrichten, wo Schutzräume für die überwiegende Mehrheit der Zivilbevölkerung geschaffen wurden."